北大社 高职高专"十二五"规划教材

21世纪高职高专能力本位型系列规划教材·物流管理系列

# 物流成本实务

吉 亮◎主 编
李春田 钟茂林◎副主编

## 内 容 简 介

本书的编写结合了现代物流理论和实践中的最新研究成果和技术，力求反映物流成本管理的发展趋势，将物流成本管理的一般运作方法和管理技术较为全面地介绍给读者。全书分为 12 个项目，前 6 个项目是物流成本基础知识，包括物流成本认知、物流成本预测与决策、物流成本预算、物流成本控制、物流成本核算和物流成本分析；后 6 个项目是物流成本实务，包括运输成本实务、仓储成本实务、配送成本实务、包装成本实务、装卸搬运成本实务和流通加工成本实务。

本书理论讲述通俗易懂，案例选取具有典型性，整体注重实用性和可操作性。

本书既可作为高职高专物流管理、经济管理等相关专业的教材，也可作为物流企业经营管理人员的培训教材和参考用书。

### 图书在版编目(CIP)数据

物流成本实务 / 吉亮主编. —北京：北京大学出版社，2016.9
(21 世纪高职高专能力本位型系列规划教材·物流管理系列)
ISBN 978-7-301-27487-3

Ⅰ.①物… Ⅱ.①吉… Ⅲ.①物流管理—成本管理—高等职业教育—教材 Ⅳ.①F253.7

中国版本图书馆 CIP 数据核字(2016)第 212883 号

| | |
|---|---|
| 书　　　名 | 物流成本实务<br>WULIU CHENGBEN SHIWU |
| 著作责任者 | 吉　亮　主编 |
| 策划编辑 | 蔡华兵 |
| 责任编辑 | 李瑞芳 |
| 标准书号 | ISBN 978-7-301-27487-3 |
| 出版发行 | 北京大学出版社 |
| 地　　　址 | 北京市海淀区成府路 205 号　100871 |
| 网　　　址 | http://www.pup.cn　新浪微博：@北京大学出版社 |
| 电子信箱 | pup_6@163.com |
| 电　　　话 | 邮购部 010-62752015　发行部 010-62750672　编辑部 010-62750667 |
| 印　刷　者 | 北京虎彩文化传播有限公司 |
| 经　销　者 | 新华书店 |
| | 787 毫米×1092 毫米　16 开本　15.5 印张　366 千字<br>2016 年 9 月第 1 版　2021 年 3 月第 4 次印刷 |
| 定　　　价 | 40.00 元 |

未经许可，不得以任何方式复制或抄袭本书之部分或全部内容。
**版权所有，侵权必究**
举报电话：010-62752024　电子信箱：fd@pup.pku.edu.cn
图书如有印装质量问题，请与出版部联系，电话：010-62756370

# 前　　言

在经济全球化的今天，现代物流正日益受到企业和社会广泛的重视，并面临着前所未有的发展机遇。加快发展现代物流业，是我国应对新常态下经济转型的迫切需要，对于提高我国经济运行质量和效益、优化资源配置、改善投资环境、增强综合国力和企业竞争力具有重要意义。

作为现代物流体系中重要管理环节之一的物流成本，在当今企业各项成本不断增长的趋势下显得越来越重要。物流成本作为企业的重要成本之一，是企业的"第三利润源泉"。对于企业来说，如何提高物流工作效率、降低物流成本、挖掘企业利润是每个企业都必须面对和解决的问题。

## 关于本课程

"物流成本"是一门综合性很强的学科，它是管理学、经济学、会计学、财务管理和众多技术科学的交叉产物，同时又是一种复杂的、需要运用多种技能与方法的专项活动。"物流成本实务"是高职高专物流管理专业的一门核心课程，学生通过系统地学习本课程，可了解初级的理论体系，掌握基础的实践操作技能，为以后在物流工作过程中发现物流成本优化的途径奠定基础，从而为降低企业物流成本、提高利润做出贡献。

因此，本课程的教学过程必须理论联系实际，充分体现能力本位的思想，注重基础理论知识与实践能力的培养，将围绕学生专业技能培养的实训教学贯穿于教学过程。

## 关于本书

本书首先从财务成本的角度出发，系统地讲述了物流成本的核算、物流成本的预测、物流成本的分析、物流成本的控制等物流成本的基础理论知识，再从物流活动涉及的主要功能出发，详细讲述了运输成本、仓储成本、包装成本等物流各环节成本的具体内容。

本书结合现代物流理论和实践中的最新研究成果和技术，力求反映物流成本管理的发展趋势，将物流成本管理的一般运作方法和管理技术较为全面地介绍给读者。无论从物流管理的角度，还是从成本管理的角度看，本书的知识体系都比较完整。

## 如何使用本书

本书可按照32~46学时安排教学，具体学时分配：项目一为3~4学时，项目二为3~4学时，项目三为3~4学时，项目四为2~3学时，项目五为3~6学时，项目六为3~4学时，项目七为3~4学时，项目八为3~4学时，项目九为2~3学时，项目十为3~4学时，项目十一为2~3学时，项目十二为2~3学时。用书教师可根据教学过程中的具体情况，灵活安排学时；重点难点内容可引导学生进行拓展阅读。

## 本书编写队伍

参加本书编写的人员都具有多年的企业工作经历，具有丰富的实践经验和很强的实际操作技能；同时，所有的编写人员都是来自教学第一线的教师，教学实践经验丰富，是名副其实的"双师型"教师团队。本书由吉亮担任主编，由李春田、钟茂林担任副主编，负责制定大纲和定稿；参编人员还有初蓓、杨双林、唐少艺。

本书的编写分工为：项目一、项目八由初蓓编写，项目二、项目五由钟茂林编写，项目三、项目四由杨双林编写，项目六、项目七由李春田编写，项目九、项目十二由唐少艺编写，项目十、项目十一由吉亮编写；全书由吉亮统稿。

由于编者水平有限，编写时间仓促，书中难免存在不妥之处，敬请广大读者批评指正。您的宝贵意见请反馈到电子信箱 sywat716@126.com。

编　者

2016 年 3 月

# 目 录

## 项目一 物流成本认知

任务1　初识物流成本 ………………………… 2
　　一、物流成本的含义 ………………………… 3
　　二、物流成本的构成与分类 ………………… 3
　　三、物流成本的特点与影响因素 …………… 7
　　四、降低物流成本的途径和措施 …………… 10
任务2　物流成本管理 ………………………… 11
　　一、初识物流成本管理 ……………………… 11
　　二、物流成本管理的作用 …………………… 11
　　三、物流成本管理的内容 …………………… 11
任务3　物流成本学说 ………………………… 13
　　一、物流成本冰山理论 ……………………… 13
　　二、"黑大陆"学说 ………………………… 14
　　三、"第三利润源泉"说 …………………… 15
　　四、效益背反理论 …………………………… 15
　　五、其他物流成本学说 ……………………… 17
项目小结 …………………………………………… 19
项目实训 …………………………………………… 19
思考与练习 ………………………………………… 20

## 项目二 物流成本预测与决策

任务1　物流成本预测 ………………………… 24
　　一、成本预测的意义 ………………………… 25
　　二、成本预测步骤 …………………………… 26
　　三、成本预测的基本方法 …………………… 26
任务2　物流成本决策 ………………………… 30
　　一、成本决策的意义 ………………………… 30
　　二、成本决策的基本要素 …………………… 30
　　三、成本决策的基本程序 …………………… 31
　　四、成本决策的方法 ………………………… 32
项目小结 …………………………………………… 39
项目实训 …………………………………………… 39
思考与练习 ………………………………………… 40

## 项目三 物流成本预算

任务1　成本预算的意义与体系 ……………… 45

　　一、物流成本预算的意义 …………………… 45
　　二、物流成本预算的体系 …………………… 46
任务2　成本预算的编制方法 ………………… 47
　　一、弹性预算 ………………………………… 47
　　二、零基预算 ………………………………… 51
　　三、滚动预算 ………………………………… 53
项目小结 …………………………………………… 53
项目实训 …………………………………………… 54
思考与练习 ………………………………………… 55

## 项目四 物流成本控制

任务1　物流成本控制的意义与种类 ………… 61
　　一、物流成本控制的意义 …………………… 61
　　二、物流成本控制的种类 …………………… 62
任务2　责任成本控制 ………………………… 63
　　一、采用责任成本法对物流成本
　　　　控制的意义 ……………………………… 63
　　二、成本责任单位的划分 …………………… 63
　　三、责任成本法在物流企业中的
　　　　具体应用 ………………………………… 64
　　四、责任成本对单位业绩的
　　　　评价与考核 ……………………………… 64
　　五、物流责任成本的综合管理 ……………… 65
任务3　目标成本控制 ………………………… 66
　　一、目标成本法的含义 ……………………… 66
　　二、目标成本法的三种形式 ………………… 67
　　三、物流目标成本的制定程序 ……………… 68
　　四、物流目标成本控制
　　　　——价值工程 …………………………… 70
　　五、物流目标成本的控制 …………………… 73
　　六、物流目标成本的考核 …………………… 74
项目小结 …………………………………………… 75
项目实训 …………………………………………… 75
思考与练习 ………………………………………… 76

## 项目五 物流成本核算

任务1　物流成本核算对象 …………………… 80

一、成本计算对象 …………… 81
　　二、成本费用承担实体 ………… 81
　　三、成本计算期间 …………… 81
　　四、成本计算空间及其选取 …… 82
任务2　物流成本核算的方法 ………… 83
　　一、品种法 …………………… 83
　　二、分批法 …………………… 84
　　三、分步法 …………………… 85
　　四、作业成本法 ……………… 88
项目小结 ………………………………… 95
项目实训 ………………………………… 96
思考与练习 ……………………………… 97

## 项目六　物流成本分析

任务1　物流成本分析的方法 ………… 102
　　一、指标对比法 ……………… 102
　　二、因素对比法 ……………… 103
　　三、作业成本分析法 ………… 106
任务2　物流成本分析指标 …………… 106
　　一、物流营运能力指标 ……… 106
　　二、物流获利能力指标 ……… 108
任务3　物流成本综合分析 …………… 110
　　一、物流成本综合分析的
　　　　含义及特点 ………… 110
　　二、物流成本综合分析的方法 … 111
项目小结 ………………………………… 115
项目实训 ………………………………… 115
思考与练习 ……………………………… 116

## 项目七　运输成本实务

任务1　识别运输成本 ………………… 123
　　一、运输概述 ………………… 123
　　二、认识运输成本 …………… 128
任务2　运输成本的构成与核算 ……… 130
　　一、运输成本的构成 ………… 130
　　二、影响运输成本的因素 …… 131
　　三、运输费用的核算 ………… 132
任务3　运输成本优化 ………………… 135
　　一、不合理运输 ……………… 135

　　二、运输合理化及影响因素 …… 137
　　三、运输成本优化措施 ……… 137
项目小结 ………………………………… 140
项目实训 ………………………………… 140
思考与练习 ……………………………… 141

## 项目八　仓储成本实务

任务1　识别仓储成本 ………………… 146
　　一、认识仓储 ………………… 146
　　二、仓储的作用及对物流
　　　　成本的影响 ………… 147
　　三、仓储成本的含义及特点 … 149
任务2　仓储成本的构成与核算 ……… 150
　　一、仓储成本的构成 ………… 150
　　二、仓储成本的核算 ………… 152
任务3　仓储成本优化 ………………… 155
　　一、仓储成本管理的原则 …… 155
　　二、仓储的合理化 …………… 156
　　三、仓储成本的控制 ………… 157
　　四、降低仓储成本的方法与措施 … 160
项目小结 ………………………………… 162
项目实训 ………………………………… 162
思考与练习 ……………………………… 163

## 项目九　配送成本实务

任务1　识别配送成本 ………………… 169
　　一、配送的含义 ……………… 169
　　二、配送的作用 ……………… 169
　　三、配送的组织形式 ………… 170
　　四、配送的流程 ……………… 172
任务2　配送成本构成及核算 ………… 173
　　一、配送成本的构成 ………… 173
　　二、配送成本的核算 ………… 174
任务3　配送成本的优化 ……………… 179
　　一、配送合理化的判断标志 … 179
　　二、配送合理化的方法 ……… 181
项目小结 ………………………………… 183
项目实训 ………………………………… 184
思考与练习 ……………………………… 184

# 项目十　包装成本实务

## 任务1　识别包装成本 ……………………… 189
一、包装 …………………………………… 189
二、物流包装的功能 ……………………… 190
三、物流包装技术 ………………………… 191

## 任务2　包装成本的构成与核算 …………… 193
一、包装成本的构成 ……………………… 193
二、包装成本的核算 ……………………… 195

## 任务3　包装成本的优化 …………………… 199
一、建立规范的包装作业制度 …………… 200
二、优化包装设计 ………………………… 200
三、合理实现包装机械化 ………………… 200
四、实现包装标准化 ……………………… 200
五、加强包装物的回收利用 ……………… 200
六、优化包装作业 ………………………… 200
七、合理选择包装材料 …………………… 201
八、包装尺寸的标准化 …………………… 201

项目小结 ……………………………………… 201
项目实训 ……………………………………… 201
思考与练习 …………………………………… 202

# 项目十一　装卸搬运成本实务

## 任务1　识别装卸搬运 ……………………… 206
一、装卸搬运的含义 ……………………… 206
二、装卸搬运活动的重要性 ……………… 208

## 任务2　装卸搬运成本的构成和核算 ……… 209
一、装卸搬运成本构成 …………………… 209
二、装卸搬运的人力成本及核算 ………… 209
三、装卸搬运的机械成本及核算 ………… 211

## 任务3　装卸搬运成本优化 ………………… 216
一、装卸搬运作业的合理化 ……………… 216
二、减少装卸搬运损失 …………………… 219

项目小结 ……………………………………… 219
项目实训 ……………………………………… 219
思考与练习 …………………………………… 220

# 项目十二　流通加工成本实务

## 任务1　识别流通加工 ……………………… 223
一、流通加工的含义 ……………………… 223
二、流通加工与物流 ……………………… 226

## 任务2　流通加工成本的构成和核算 ……… 227
一、流通加工成本的主要构成 …………… 227
二、流通加工成本的计算 ………………… 228

## 任务3　流通加工成本优化 ………………… 233
一、不合理流通加工若干形式 …………… 233
二、流通加工合理化 ……………………… 234

项目小结 ……………………………………… 236
项目实训 ……………………………………… 236
思考与练习 …………………………………… 237

# 参考文献 …………………………………… 239

# 项目一

## 物流成本认知

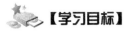【学习目标】

| 知识目标 | 能力目标 |
| --- | --- |
| 1. 理解物流成本和物流成本管理的含义； | 1. 能掌握物流成本学说； |
| 2. 明确物流成本管理的意义和作用； | 2. 能对实际发生的物流成本归类； |
| 3. 掌握了解物流成本的特点、影响因素。 | 3. 能辨别社会物流费用的构成。 |

### 导入案例

#### 物流成本：让你赢得最后一桶金

当你在超市里花6元钱买一瓶2.25升的可口可乐时，有没有想过这6元钱里，包含多少人工成本、多少原材料成本、多少利润，又有多少是物流的成本呢？你也许听到答案后会感到吃惊：制造的成本，也就是把人工和原材料的费用加在一起，也不过4元左右，利润不过几毛钱，而相比之下，物流的成本超过了1元钱。

一瓶可乐（图1.1），它在仓储、运输上消耗的费用能够占到销售价格的20%～30%。事实上，物流成本已经成为企业生产成本中不可忽视的一部分。在市场竞争日益激烈的今天，原材料和劳动力价格利润空间日益缩小，劳动生产率的潜力空间也有限，加工制造领域的利润趋薄，靠降低原材料消耗、劳动力成本或大力提高制造环节的劳动生产率来获取更大的利润已较为困难。因而，商品生产和流通中的物流环节成为继劳动力、自然资源之后的"第三利润源泉"，而保证这一利润源泉实现的关键是降低物流成本。

图1.1　可口可乐

（资料来源：http：//www.kjcity.com/news_614165.html，有改动）

## 任务1　初识物流成本

经济的发展使得科学技术与生产经营日益结合，企业一方面靠科学技术积极开拓市场，另一方面注重管理，挖掘内部潜力，控制和降低成本，以低成本高质量求生存。因而成本管理是企业的一个重要组成部分。企业要想大幅度降低成本并提高质量，必须注重对物流这个"第三利润源泉"的管理。而人们对物流管理的关心首先是从关心物流成本开始的，因此要完善成本管理体系，推动成本管理发展，以及加强物流在企业经营中的职能，就必须加强物流成本管理。物流成本是物流的核心概念之一，如何计算物流成本，不仅关系到如何从宏观上认识我国的物流现状,也关系到具体物流成本的核算和评价。现代物流认为:物流成本的降低是企业获得利润的第三方源泉,物流成本管理在物流管理中占有重要的地位。

## 一、物流成本的含义

物流是集现代运输、仓储、保管、搬运、包装、产品流通加工及物流信息于一体的综合性活动,是沟通原料供应商、生产厂商、批发商、零售商、物流公司及最终用户的桥梁,其目的是实现商品从生产到消费的各个流通环节有机地结合,并使之成为一个整体。

在物流过程中,为了提供有关服务,要占用和耗费一定的活劳动和物化劳动,这些活劳动和物化劳动的货币表现,即为物流成本,也称物流费用。

物流成本包括物流各项活动的成本,是特殊的成本体系。现代物流泛指原材料、产成品从起点直至终点及相关全过程。它将运输、仓储、装卸、加工、配送、信息等方面有机地结合,形成完整的供应链管理。对于物流成本问题,有必要建立一套完整的理论体系,以指导实践,把物流成本管理提升到企业会计管理的高度,这样才能纳入企业常规管理范畴之内。另外,从企业组织结构来看,有必要从根本上改变企业部门和职能的结构,成立诸如物流部、物流科等职能部门,如此才有可能对物流成本实行单独核算,并对物流成本进行系统分析与控制。

根据《中华人民共和国国家标准 物流术语》(GB/T 18354—2006),物流成本(Logistics Cost)可定义为"物流活动中所消耗的物化劳动和活劳动的货币表现",即产品在实物运动过程中,如包装、运输、储存、流通加工、物流信息等各个环节所支出的人力、物力和财力的总和。它是完成物流活动所需的全部费用。

## 二、物流成本的构成与分类

1. 物流成本的构成

1) 关于物流成本范围的认识

研究物流成本的构成必须首先弄清楚关于物流成本的三个方面的内容。

(1) 物流成本的计算范围,即物流的起止问题。物流的范围是相当大的,它包括原材料物流;工厂内物流;从工厂到仓库、配送中心的物流;从配送中心到顾客的物流;随售出产品的退货而发生的物流;由于产品包装或运输容器、材料等的废弃而发生的物流等部分。把整个物流过程中的物流费用都作为物流成本计算范围,与从这些物流中选择部分作为物流成本的计算范围显然有明显的差别。现代物流成本的计算范围应该是整个物流过程。

(2) 在运输、储存、装卸搬运、包装、配送、流通加工等诸种物流活动环节中,是把所有活动环节都作为物流成本的计算对象,还是以哪几种活动环节作为物流成本的计算对象?以所有的物流活动作为对象计算出来的物流成本,与只以其中部分物流活动(如运输、仓储)为对象计算出来的物流成本当然是有差别的。现代物流成本的计算对象应该包括所有的这些物流活动。

（3）把哪几种费用列入物流成本中？物流过程中的运费、保管费等企业外部支付的物流费，或人工费、折旧费、修缮费、燃料费等企业内部的费用支出，究竟其中的哪一部分列入物流成本中进行计算，将直接影响到物流成本的大小。现代物流成本应该把两者都计入物流成本。

2）物流成本的组成部分

物流成本主要由以下七部分组成。

（1）物流工作人员的工资、奖金、补贴以及其他的各种劳务费用。企业内直接从事产品的包装、装卸搬运、运输、储存以及流通加工的工作人员和从事物流管理工作的管理人员的工资、补贴、奖金、加班费等各种劳务支出，为上述职工提供的各种教育培训费用和为职工提供的各种福利费，以及退休人员的工资都是物流成本的组成部分。

（2）物流过程中的物质消耗，如包装材料、电力、燃料等消耗，固定资产的磨损等。一方面，产品在物流过程中需要一些消耗性材料，如包装需要消耗一定的包装原材料；另一方面，在物流过程中需要一定的设备，如用于运输的车辆、用于装卸货物的自动搬运设备、自动堆码取货设备等，这些设备在使用过程中会产生磨损；另外，设备的运作需要能量来源，例如车辆的运行需要燃料，自动化设备的运作需要电力。这些物质消耗所产生的费用也是物流成本的重要组成部分。

（3）物品在运输、保管等过程中的合理损耗。产品在包装、装卸搬运、运输、储存、流通加工过程中有时会产生损坏、遗失、缺货、差货等现象，如果其损耗是在合理范围之内，则该损耗与由于自然灾害给物流部门带来的损耗一起都计入物流成本。

（4）属于再分配项目的支出，如支付银行贷款的利息等。企业的物流部门的运行需要投入一定的人力、物力，同时也需要投入一定的财力。企业为了提高物流服务水平，创造更好的经济效益，往往需要增加投资，用于扩大规模或更新设备。在自身资金困难的情况下，企业往往会向银行贷款。而银行的贷款是需要支付利息的，企业向银行支付的利息也属于物流成本的一部分。

（5）在组织物流的过程中发生的其他费用，如有关物流活动进行的旅差费、办公费、交通费、招待费等。物流管理部门和各业务部门需要共同组织安排整个物流活动，在此过程中会产生一定的费用，如工作人员的办公费、用于接待客户的接待费、工作人员因工作需要出差产生的差旅费等，这些费用都应计入物流成本。

（6）在生产过程中一切由物品空间运动（包括静止）引起的费用支出，如原材料、半成品、制品、产成品等的运输、装卸搬运、储存等费用。在产品的整个生产过程中，物品包括原材料、半成品、制品、产成品等，需要在生产车间内或者生产车间之间进行运输、装卸搬运或者在车间或仓库内进行储存、保管，由此所带来的费用也应该计入物流成本。

（7）物流过程的研究设计、重构和优化等费用。由于科学技术的不断发展，竞争的日益激烈，人们对物流服务的要求也越来越高，企业为了满足用户的需求，提高物流服务水平，提高自身的竞争力，往往会投入一定的资金对物流过程进行研究与设计，或者重构企业的物流系统，推动企业物流系统的合理化和优化。这种投资也应计入物流成本。

目前，物流过程的实现有两种方式，一种是依靠企业自己的物流系统完成，另一种是依靠物流企业来完成。企业依靠自己的物流系统完成物流过程，其物流成本就应该包括以上的物流成本的七个组成部分。但是物流企业的物流成本与企业自身的物流成本的内容有所区别。因为物流企业并不从事产品的生产，主要是接受货主企业的委托，实现货物从制造商到最终消费者的流通，其中包括产品包装、装卸、储存、流通加工和搬运等环节。因此，物流企业的物流成本实际上就是整个企业的总成本。也就是说，物流企业的所有的成本都是企业的物流成本。其成本的内容应该包括上面所说的除了在生产过程中一切由物品空间运动（包括静止）引起的费用支出以外的所有其他六个部分。

2. 物流成本的类别

物流成本可以按照不同的分类标准进行分类。主要包括以下三种：按物流活动范围分类的成本（简称活动范围别成本）、按支付形态分类的成本（简称支付形态别成本）和按物流功能分类的成本（简称物流功能别成本）。

1）按物流活动范围分类

这是以物流活动的范围进行成本分类的方法，可分为供应物流费、生产物流费、企业内物流费、销售物流费、退货物流费和废弃物流费六种。

（1）供应物流费。供应物流费是指原材料（包括容器、包装材料）采购这一物流过程中所需的费用。

（2）生产物流费。生产物流费包括在整个生产过程中一切由物品空间运动（包括静止）引起的费用支出，如原材料、半成品、制品、产成品等的运输、装卸搬运、储存等费用。

（3）企业内物流费。企业内物流费包括从产品运输、包装开始到最终确定向顾客销售这一物流过程所需的费用。企业生产出来的产品在最终向顾客销售之前往往要经过包装加工，并且还需要运往仓库，在仓库内储存和保管。在此期间产品的包装需要购买包装材料，产品的运输需要投入运费，产品的储存保管也需要投入搬运装卸费、仓库管理费以及场地费，并且这一过程还需要投入人力。另外，产品在此过程中还会产生损耗，所有这些费用都属于企业内物流费。

（4）销售物流费。销售物流费包括从确定向顾客销售商品到将产品送到顾客指定的位置这一物流过程所需的费用。当产品确定向顾客销售之后，往往要按照顾客的要求将产品送往顾客指定的地点。在这一过程中，首先需要将产品从仓库中搬运出来，然后装车，再送往顾客指定的地点。所有环节的完成既需要支出人工费、差旅费，还需要支出搬运费、装车费、运输费、保险费，另外在搬运、装车和运输过程中所产生的产品的损耗费都应该计入销售物流费。

（5）退货物流费。退货物流费包括随售出产品的退货而发生的物流活动过程中所需的费用。退货物流费也是企业物流成本的一个重要组成部分，它往往占有相当大的比例。随着退货会产生一系列的搬运费、储存费、退货商品损耗，以及处理退货商品所需的人工费等各种事务性费用，都属于退货物流费。

（6）废弃物流费。废弃物流费包括由于产品包装或运输容器、材料等的废弃而发生的物流活动过程中所需要的费用。这些废弃物往往需要通过销毁、掩埋等方式予以处理。在处理过程中，废弃物的装卸、运输、处理所需的人工费、搬运费、运输费及其各种其他的费用都属于废弃物流费。

2）按支付形态分类

这是以与财务会计有关的费用发生形态为基础，对物流费用进行的分类，分为本企业支付物流费和外企业支付物流费。其中本企业支付的物流费包括企业物流费和委托物流费，外企业支付物流费包括购买外企业商品由外企业支付的物流费和外企业购买本企业商品并且由外企业自己支付的物流费。

（1）企业物流费。企业物流费是指企业利用自己的物流系统完成物流工作所支付的费用。企业物流费可以按照支付形态细分为材料费、人工费、公益费、维护费、一般经费和特殊经费。

① 材料费：包括包装物质材料费、燃料费、消耗性工具费、器具费以及备品费等随物品消耗而发生的费用。在企业的整个物流过程中，包括供应、生产、销售、售后服务过程中所消耗的所有的物质材料、燃料、消耗性工具、器具以及备用品所产生的费用都属于材料费。

② 人工费：包括工资、补贴、奖金、杂费、退休金、福利费、保险费、职工教育培训费等劳务费用。企业内直接从事产品的包装、装卸搬运、运输、储存以及流通加工的工作人员和从事物流管理工作的管理人员的工资、补贴、奖金、加班费等各种劳务支出，为了提高企业物流部门的服务水平和管理水平而投入的各种职工培训教育费用和为职工提供的各种福利费，以及退休人员的工资都属于人工费。

③ 公益费：包括向电力、煤气、自来水、电信等公益服务部门支付的电费、煤气费、自来水费和电信费等。完成企业的物流工作，往往会消耗一定的电力、煤气等，另外，信息的传递和交流也离不开电信部门的服务，所有这些向公益服务部门支付的费用都属于公益费。

④ 设备、实施维护费：包括设备、实施的维修费、消耗材料费、课税、租赁费、保险费等费用。企业用于物流工作建仓库所使用的土地使用费、维护费，用于储存产品的仓库的维修费，用于租赁仓库的租赁费，用于运输的运输工具的维修费、保险费，以及一些消耗性的材料的费用支出都属于维护费。

⑤ 一般经费：包括差旅费、交通费、办公费、招待费、杂费以及因商品变质、污损、失窃所付出的费用及其事故费等一般支出。物流管理部门和各业务部门需要共同组织安排整个物流活动，在此过程中产生的费用构成一般经费。

⑥ 特别经费：包括折旧费和企业贷款利息等。企业完成物流工作往往需要投入一定的资金购买所需要的各种设备，这些设备在使用的过程中会产生的磨损，企业对设备要进行折旧。另外企业如果向银行贷款往往还需要向银行支付利息。折旧费和企业支付的利息一起构成了特别经费。

（2）委托物流费。委托物流费包括向外企业支付的包装费、运输费、保管费、出入库装卸费、手续费等物流业务费用。企业除了依靠自己的物流系统完成物流工作，还会委托专门从事物流工作的物流企业为其承担部分物流工作。企业要向被委托的物流企业支付产品包装费、运输费、保管费、出入库装卸费、手续费等费用。这些费用都属于委托物流费。

按支付形态分类的物流费如图1.2所示。

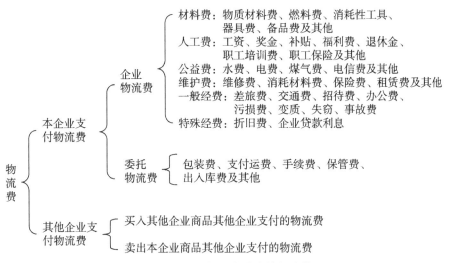

**图1.2　按支付形态分类的物流费**

3）按物流功能分类

这是按照运输、储存、包装等物流功能对物流成本进行的分类，分为物品流通费、信息流通费、物流管理费三种。物品流通费是指物品在整个物流过程中的包装、运输、储存、装卸搬运以及流通加工各个环节所产生的费用。物品流通费可以细分为运输费、包装费、储存费、装卸搬运费、流通加工费。信息流通费是指随着整个物流过程中信息的收集、加工、整理、传递、交流所产生的费用。物流管理费是指对整个物流活动进行组织、管理所产生的费用。按物流功能分类的物流费如图1.3所示。

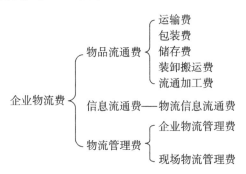

**图1.3　按物流功能分类的物流费**

## 三、物流成本的特点与影响因素

1. 物流成本的特点

从企业的物流实践中反映出物流成本有以下重要特性。

1）物流成本的隐含性

物流在企业财务会计制度中没有单独的科目，较难对企业发生的各种物流费用做出明确、全面的计算与分析。在通常的企业财务决算表中，物流成本的核算是企业对外部运输业务所支付的商品运输、保管费用等传统物流成本，对于企业内与物流相关的人员费、设备折旧费、固定资产税等各种费用则与其他经营费用统一计算。因而，从现代物流管理的角度来看，企业难以正确把握实际的企业物流成本。先进国家的实践经验表明，实际发生的物流成本往往要超过外部支付额的5倍以上。

2）物流成本削减的乘数效应

物流成本的控制对企业利润的增加具有显著作用。例如，如果销售额为100万元，物流成本为10万元，那么物流成本降低10%，就直接产生1万元的利润。如果利润率占销售额的5%，则增加1万元的利润，就需要增加20万的销售额，即降低10%的物流成本所起的作用相当于销售额增加20%。这就是物流成本削减的乘数效应。

3）物流成本的核算范围、核算对象、核算方法难以统一

一是物流在企业财务会计制度中没有单独的科目，一般所有成本都列在费用一栏中，无法分离，较难对企业发生的各种物流费用做出明确、全面的计算与分析。

二是物流成本的计算和控制各企业通常是分散进行的，也就是说，各企业根据自己不同的理解和认识来把握物流成本，这样就带来了一个管理上的问题，即企业之间无法就物流成本进行比较分析，也无法得出产业平均物流成本值。不同的企业外部委托物流的程度是不一致的，由于缺乏相互比较的基础，无法真正衡量各企业相对的物流绩效。

4）物流成本中有不少是物流部门不能控制的

在一般的物流成本中，物流部门完全无法掌握的成本很多，例如，保管费中过量进货、过量生产，销售残留品的在库维持以及紧急输送等产生的费用都是纳入其中的，从而增加了物流成本管理的难度。

5）物流成本之间存在二律背反现象

物流成本中各项目之间、物流服务水平与物流成本之间存在着此消彼长的关系，亦即某些项目成本的削减，可能会引起其他项目成本的增加，因此，物流成本之间各项目是相互关联的。由于二律背反现象的存在，必须考虑整体最佳成本，也就是说，物流管理的目标是追求物流总成本的最优化。

综合以上物流成本特点可以看出，对于企业来讲，要实施现代化的物流管理，首要是全面、正确地把握包括企业内外发生的所有物流成本在内的企业整体物流成本，也就是说，要削减物流成本必须以企业整体成本为对象。此外，在努力削减物流成本时应当注意不能因为降低物流成本而影响对用户的物流服务质量。特别是最近流通业中多频度、定时进货的要求越来越广泛，这就要求物流企业或部门能顺应流通发展的这种新趋向。例如，为了符合客户的要求，及时、迅速地配送发货，企业需要进行物流中心等设施的投资，显然，如果仅为了削减物流成本而节省这种投资，则会影响企业对客户的物流服务质量。

从当今先进企业的管理实践来看，对物流成本进行管理的总的思路是，不仅仅要把握企业内部的物流费用，更要掌握企业对外发生的物流费用，也就是说，从现代物流管理的观念来控制物流成本。具体地讲，对物流成本的计算，除了通常所理解的仓储、运输等传统物流费用外，还应当囊括流通过程中的基础设施投资、商品在库维持等一系列费用，诸如，配送中心的建设、EDI等信息系统的构筑、商品在库保管方面等相关的费用都是现代物流管理中重要的物流成本。正因为如此，物流成本的管理不仅要考虑物流本身效率，而且还要综合考虑提高客户服务、削减商品在库量以及与其他企业相比能取得更高的投资竞争优势等各种因

素，只有这样才有可能取得较高回报率，从而在真正意义上降低整体物流成本。

### 2. 物流成本的影响因素

在对企业的物流成本实施有效的管理之前，全面地了解其影响因素将会使管理活动的针对性增强，达到事半功倍的效果。影响企业物流成本的因素很多，在此着重分析对企业物流成本有重大影响的四个因素。

1）管理制度因素

无论是生产企业还是流通企业，对存货实行控制、严格掌握进货数量、次数和品种，都可以减少资金占用和贷款利息支出，降低库存、保管、维护等成本。良好的物品保管、维护、发放制度，可以减少物品的损耗、霉烂、丢失等事故，从而降低物流成本。

2）产品因素

企业因产品的特性不同也会影响物流成本，主要表现为以下几方面。

（1）产品价值。产品价值的高低会直接影响物流成本的大小。随着产品价值的增加，每一物流活动的成本都会增加。一般来讲产品的价值越大，对其所需使用的运输工具要求越高，仓储和库存成本也随着产品价值的增加而增加。高价值意味着存货中的高成本及包装成本的增加。

（2）产品密度。产品密度越大，相同运输单位所装的货物越多，运输成本就越低；同理，仓库中一定空间领域存放的货物越多，库存成本就会降低。

（3）产品的废品率。高质量的产品可以杜绝因次品、废品等回收、退货而发生的各种物流成本。

（4）产品破损率。易损性的产品对物流各环节如运输、包装、仓储等提出了更高的要求，因此，产品的破损率对物流成本的影响是显而易见的。

（5）特殊搬运。对搬运提出特殊要求会增加物流成本。如长而大的物品在搬运过程中需用特殊装载工具，有些物品在搬运过程中需加热或制冷等。

3）竞争因素

企业的竞争除了产品的性能、价格、质量外，优质的客户服务是决定竞争成败的又一个关键因素。如果企业能够及时可靠地提供产品和服务，则可以有效地提高客户服务水平，而客户的服务水平又直接决定物流成本的高低。企业必须对竞争做出反应。影响客户服务水平的因素主要有以下几个方面。

（1）订货周期高效的物流系统可以缩短企业的订货周期、降低客户的库存，从而降低客户的库存成本，提高客户的服务水平、提高企业竞争力。

（2）库存水平。缺货成本与存货成本成反比，库存水平直接影响缺货成本，虽然库存水平高能够降低缺货成本，但过高的库存水平，会使存货成本显著增加。因此，合理的库存应保持在使总成本最小的水平上。

（3）运输。采用更快捷的运输方式，虽然会增加运输成本，却可以缩短运输时间，降低库存成本，提高企业的快速反应能力。

4）环境因素

环境因素包括空间因素、地理位置及交通状况。空间因素主要指物流系统中企业制造中心或仓库相对于目标市场或供货点的位置关系。若企业距离目标市场太远，交通状况较差，则必然增加运输及包装成本。若在目标市场建立或租用仓库，也会增加库存成本。因此环境因素对物流成本的影响是很大的。

## 四、降低物流成本的途径和措施

物流成本的降低是企业获得利润的重要方面。降低物流成本是企业的"第三利润源泉"，也是企业可以挖掘利润的一片新的绿地。从长远的角度来看，降低物流成本可以通过以下几个途径加以实现。

### 1. 树立现代物流理念，健全企业物流管理体制

企业降低物流成本首先要从健全物流管理体制入手，从企业组织上保证物流管理的有效进行，要有专门物流管理的部门，实现物流管理的专门化。树立现代物流理念，重新审视企业的物流系统和物流运作方式，吸收先进的物流管理方法，结合企业自身实际，寻找改善物流管理，降低物流成本的最佳途径。

### 2. 树立物流总成本观念，增强全员的物流成本意识

现代物流的一个显著特征，是追求物流总成本的最小化，这一点对于企业构筑和优化物流系统、寻找降低物流成本的空间和途径具有特别重要的意义。随着物流管理意识的增强和来自降低成本的压力，不少企业开始把降低成本的眼光转向物流领域，这无疑是值得肯定的。但是，在实践中发现，不少企业把降低物流成本的努力只是停留某一项功能活动上，而忽视了对物流活动的整合。其结果，一是由于忽视了物流功能要素之间存在着的效益背反关系，虽然在某一项物流活动上支付的费用降低了，但总体物流成本并没有因此下降，甚至反而出现增加；二是将降低物流成本的努力变成只是利用市场的供求关系，向物流服务提供商提出降低某项服务收费标准的要求。如果物流服务供应商无法承受、而又可以拒绝的话，降低物流成本的努力便无功而返。

### 3. 加强物流成本的核算，建立成本考核制度

物流成本核算的基础是物流成本的计算，物流成本计算的难点在于缺乏充分反映物流成本的数据，物流成本数据很难从财务会计的数据中剥离出来。因此，要准确计算物流成本，首先要做好基础数据的整理工作。

同时，为了保证企业物流成本的可比性，需要确定一个物流成本计算的统一标准（例如，日本原运输省在1977年制定了《物流成本计算统一标准》），用以统一企业物流成本计算的口径。

### 4. 优化企业物流系统，寻找降低成本的切入点

对企业的物流系统进行优化，就是要结合企业的经营现状寻找一个恰当的物流运作方式。物流系统优化是关系到企业的竞争能力、影响到企业盈利水平的重大问题，应该得到企业上层领导的高度重视，从战略的高度规划企业的物流系统。同时，要协调各部门之间的关系，使各个部门在优化物流系统的过程中相互配合。

物流管理部门作为直接对企业物流系统规划和运营负责的部门，理所应当成为企业物流系统优化的主导者。优化物流系统不仅是物流部门自身的工作，还涉及生产、销售等部门，物流部门在企业的地位的高低直接关系到物流系统工作的质量。

从物流部门的角度出发，作为优化物流系统的基本方法之一，首先从改善物流作业效率入手，以此为切入点，对物流系统进行优化。但仅此还不能达到物流系统优化的最终目的，还需要将企业的物流活动与生产和销售活动连为一体，实现生产、销售和物流一体化，进而实现供应链过程的一体化。只有这样，才可以实现真正意义上的物流系统优化，降低物流成本。

【任务操作】

讨论我国社会物流费用的构成及发展趋势。

## 任务2　物流成本管理

### 一、初识物流成本管理

物流成本管理，是指有关物流成本方面的一切管理工作的总称，具体而言是从物流设计到物流运行再到物流结算的全过程中，对物流成本的形成所进行的计划、组织、指挥、监督和调控。

物流成本管理是通过成本去管理物流，即管理对象是物流而不是成本，其实质是依据现代企业的经营目标和顾客的要求，以物流成本管理的手段，实现物流系统高效率，提高现代企业的物流绩效。

### 二、物流成本管理的作用

成本管理在物流经营中占有重要地位，是企业对物流进行有效管理的手段，也是企业物流合理化的评价手段，降低物流成本是继增加销售和降低生产费用之后的第三利润源泉。加强对物流成本的管理对降低物流成本，提高物流活动的经济效益具有十分重要的作用。

（1）通过对物流成本的设计，可以了解物流成本的大小和它在生产成本中所占的地位，从而提高企业内部对物流重要性的认识，并且从物流成本的分布，可以发现物流活动中存在的问题。

（2）根据物流成本计算结果，制订物流计划，调整物流活动并评价物流活动效果，以便通过统一管理和系统优化降低物流费用。

（3）根据物流成本计算结果，可以明确物流活动中不合理环节的责任者。

总之，如果能准确地计算物流成本，就可以运用成本数据大大提高物流管理的效率。

### 三、物流成本管理的内容

物流成本管理主要包含以下内容。

1. 物流成本预测

物流成本预测是指人们运用一定的技术方法，根据有关物流成本数据和企业具体的发展情况，对未来物流成本水平及其变动趋势做出科学估计。现代物流管理着眼于未来，它要求做好事前的成本预测工作，制定出目标成本，然后据此对成本加以控制，以促进目标成本的实现。在物流成本管理的许多环节都存在成本预测问题。如仓储环节的库存预测，流通环节的加工预测，运输环节的货物周转量预测等。

2. 物流成本决策

物流成本决策是指结合其他技术、经济因素等有关资料，运用一定的科学方法进行研究、分析，决定采取的行动方针，进行可行性分析；然后从若干个方案中选择一个技术上先进、经济上合理的最佳方案的过程。从物流整个流程来看，有配送中心新建、改建、扩建的决策；有装卸搬运设备、设施的决策；有流通加工如合理下料的决策等。进行物流成本决策，确定目标物流成本是编制物流成本计划的前提，也是实现物流成本的事前控制，提高效益的重要途径。

3. 物流成本计划

物流成本计划是指根据成本决策所确定的方案、计划期的生产任务、降低成本的要求及有关资料，通过一定的程序，运用一定的方法，以货币形式规定计划期物流各环节耗费水平和成本水平，并提出保证成本计划顺利实现而采取的措施。物流成本计划是物流企业计划体系中的重要组成部分，是物流成本决策的具体化和数量化，同时也是企业组织物流成本管理工作的主要依据。物流成本有月度计划、季度计划、年度计划和短期、中期、长期计划等计划体系。

4. 物流成本控制

物流成本控制是根据计划目标，对成本发生和形成过程及影响成本的各种因素和条件施加主动的影响，以保证实现物流成本计划的一种行为。成本控制是现代企业管理的一个重要方面，因为成本偏高，会失去产品的市场竞争力，同时也会削弱企业的竞争能力，导致企业营利性下降，甚至会威胁企业的生存。

从整个经营过程来看，物流成本控制包括物流成本的事前控制、事中控制和事后控制。事前成本控制活动主要有物流配送中心的建设控制、物流设施、设备的配备控制、物流过程改进控制等。成本的事中控制是对物流作业过程的实际劳动耗费的控制，包括设备耗费的控制、人工耗费的控制、劳动工具耗费和其他费用支出的控制等方面。成本的事后控制是通过定期对过去某个阶段物流成本控制的总结、反馈来控制物流成本。

通过对物流成本控制，可以及时发现存在的问题，采取纠正措施，保证成本目标的实现。

5. 物流成本核算

根据企业确定的成本计算对象，采用与之相适应的成本计算方法，按规定的成本项目，通过一系列的物流费用汇集与分配，从而计算出各物流活动成本计算对象的实际总成本和单位成本。

6. 物流成本分析

物流成本分析是在成本核算及其他有关资料的基础上，运用一定的方法揭示物流成本的变动，找出影响成本升降的主客观因素，通过物流成本分析，检查和考核成本计划的完成情况，总结经验，发现问题。

以上各项成本管理活动的内容是相互配合、相互依存的一个有机整体。成本预测是成本决策的前提，成本计划是成本决策所确定目标的具体化。成本控制是对成本计划的实施进行监督，以保证目标的实现。成本分析是对目标是否实现的检验。

## 任务3　物流成本学说

### 一、物流成本冰山理论

"物流冰山"说是日本物流成本学说的权威学者、日本早稻田大学西泽修教授研究有关物流费用问题所提出的一种形象比喻，在物流学界，现在已经把它延伸成基本理论之一。

物流成本冰山理论指出，在企业中，绝大多数物流发生的费用，是被混杂在其他费用之中，而能单独列入企业会计项目的，如直接支付的运费、仓库保管费、装卸作业费、包装费等，只是其中很小一部分，这一部分是可见的，常常被人们误解为就是物流费用的全部，其实这些费用只不过是浮在水面上的，能被人所见的冰山的一角而已。因为在企业内部占压倒多数的物流成本，未作为物流费用单独计算，而是混杂在制造成本、销售成本及一般经费之中，难以明确掌握，比如，公司以500元/单位的价格向外购买设备的配件，这一费用在财务上自然归入制造成本。实际上，这500元当中，包含了相当比例的物流费用；再如自有货运汽车司机的人工费与销售部门等其他部门工作人员的人工费混列于人工费项下；货运汽车的折旧、修理费和燃料费也和人工费一样，与其他设施、设备的折旧、修理费一起列入折旧费、修理费的开支项目中。购买原材料所支付的物流费用是计算在原材料成本中的；自运运输费和自用保管费是计入营业费用中的。另外，与物流有关的利息和其他利息一起是计入财务费用之中的。如果把这些来自制造成本、原材料、营业费用和财务费用之中的有关物流部分费用划分出来，并单独加以汇总计算，就会对物流费用的全部有进一步的了解，并会为其巨大的金额而感到惊讶。

西泽修教授根据这种情况，提出"物流冰山"说（图1.4）。"物流冰山"说的用意在于让人们不要只看到冰山的一角，而要了解冰山的全部，即不要只看到明显的物流费用，而是要掌握全部物流费用，以此引起人们对物流成本的重视。

理论研究表明，解决上述问题的根本方法就是进行物流成本计算，将混入其他费用科目的物流成本全部抽出来，使人们清晰地看到潜藏在海平面下的物流成本的巨大部分，挖掘出降低成本的宝库和"第三利润源泉"。

但理论研究与实际管理毕竟是有所区别的。根据物流冰山理论（图1.4），要把隐藏在水面下的物流成本全部核算出来是不可能的。传统的会计体系不仅不能提供足够的物流成本分

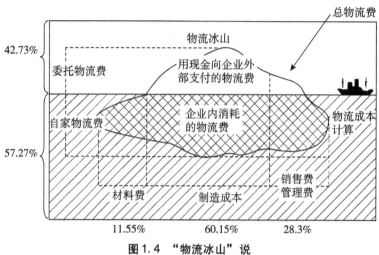

图1.4 "物流冰山"说

摊数据,而且也没有这个必要。在企业物流管理中,也不可能为了建立物流独立核算体系而破坏其他若干成熟的财务会计核算体系,实际上真正需要纳入管理的是有影响的数据。

在现实工作中,仍然只是把"冰山浮出水面的一角"作为物流成本核算的对象。主要的核算范围是:运输成本、仓储成本、保管成本、搬运装卸成本、包装成本、流通加工成本、配送成本、物流信息管理成本等。在许多企业中,包装成本仍然单独核算,没有进入物流成本核算体系中。

## 二、"黑大陆"学说

"黑大陆"学说的基本思想与"物流冰山"说类似。由于物流成本在财务会计中被分别计入了生产成本、管理费用、营业费用、财务费用和营业外费用等项目,因此,在损益表中所能反映的物流成本在整个销售额中只占很小的比重,因此物流的重要性当然不会被认识到,这就是物流被称为"黑大陆"的一个原因。

由于物流成本管理存在的问题以及有效管理对企业赢利、发展的重要作用,1962年,世界著名管理学家彼得·得鲁克在《财富》杂志上发表了题为《经济的黑色大陆》一文,他将物流比作"一块未开垦的处女地",强调应高度重视流通以及流通过程中的物流管理。彼得·得鲁克曾经指出:"流通是经济领域里的黑色大陆。"这里彼得·得鲁克虽然泛指的是流通,但是由于流通领域中物流活动的模糊性特别突出,是流通领域中人们认识不清的领域,所以"黑大陆"学说主要是针对物流而言的。

"黑大陆"学说主要是指尚未认识、尚未了解。在"黑大陆"学说中,如果理论研究和实践探索照亮了这块黑大陆,那么摆在人们面前的可能是一片不毛之地,也可能是一片宝藏之地。"黑大陆"学说是对20世纪中经济学界存在的愚昧认识的一种批驳和反对,指出在市场经济繁荣和发达的情况下,科学技术也好,经济发展也好,都没有止境。"黑大陆"学说也是对物流本身的正确评价,这个领域未知的东西还很多,理论与实践皆不成熟。

从某种意义上看,"黑大陆"学说是一种未来学的研究结论,是战略分析的结论,带有较强的哲学抽象性,这一学说对于研究这一领域起到了启迪和动员作用。

【任务操作】

分析一般企业的销售费用中包含哪些物流成本。

## 三、"第三利润源泉"说

"第三利润源泉"的说法是西泽修教授在 1970 年提出的。三个利润源着重开发生产力的三个不同要素:第一个利润源挖掘对象是生产力中的劳动对象;第二个利润源挖掘对象是生产力中的劳动者;第三个利润源挖掘对象则是生产力中劳动工具的潜力,同时注重劳动对象与劳动者的潜力,因而更具有全面性。

从历史发展角度来看,在生产力相对落后、社会产品处于供不应求的历史阶段,由于市场商品匮乏,制造企业无论生产多少产品都能销售出去,于是就大力进行设备更新改造、扩大生产能力、增加产品数量、降低生产成本,以此来创造企业剩余价值,即第一利润。当产品充斥市场,转为供大于求,销售产生困难时,也就是第一利润源达到一定极限,很难持续增长时,便采取扩大销售的办法寻求新的利润源泉。人力资源领域最初是廉价劳动,其后则是依靠科技进步提高劳动生产率,降低人力消耗或采用机械化、自动化来降低劳动耗费,从而降低人工成本,增加利润,被称之为"第二利润源泉"。然而,在前两个利润源潜力越来越小、利润开拓越来越困难的情况下,物流领域的潜力被人们所重视,于是出现了西泽修教授的"第三利润源泉"说。同样的解释还反映在日本另一位物流学者谷本谷一先生编著的《现代日本物流问题》一书和日本物流管理协会编著的《物流管理手册》中。

第三个利润源,是对物流潜力及效益的描述。经过半个世纪的探索,人们已肯定第三利润源泉是富饶之源。随着经济的发展,物流已牢牢建立了自己的发展地位。

第三个利润源的理论最初认识是基于以下几个方面。

(1) 物流是可以完全从流通中分化出来,自成体系,它有目标、有管理,因而能进行独立的总体判断。

(2) 物流和其他独立的经济活动一样,它不是总体的成本构成因素,而是单独赢利因素,物流可以成为"利润中心"。

(3) 从物流服务角度来说,通过有效的物流服务,可以给接受物流服务的生产企业创造更好的赢利机会,成为生产企业的"第三利润源泉"。

(4) 通过有效的物流活动,可以优化社会经济系统和整个国民经济的运行,降低整个社会的运行成本,提高国民经济的总效益。

经济界的一般理解,是从物流可以创造微观经济效益来看待"第三利润源泉"的。

## 四、效益背反理论

效益背反理论又称为物流成本交替损益(Trade-off)规律、物流成本二律背反效应。效益背反是物流领域中很经常、很普遍的现象,是这一领域中内部矛盾的反映和表现。

物流成本有着交替损益性的基本特征。所谓交替损益性是指改变系统中任何一个要素,都会影响到其他要素的改变。具体地说,要使系统中任何一个要素增益,必将对系统中其他要素产生减损的作用。虽然在许多领域中这种现象都是存在的,但物流领域中这个问题似乎尤其严重。物流成本的交替损益性主要表现在以下两个方面:物流服务与物流成本之间的交替损益性和物流系统各子系统成本之间的交替损益性。这也被称为物流成本的"二律背反"。

1. 物流成本与服务水平的效益背反

物流成本与服务水平的效益背反是指物流服务的高水平必然带来企业业务量的增加,收入增加,同时却也带来企业物流成本的增加,使得企业效益下降,即高水平的物流服务必然伴随着高水平的物流成本,而且物流服务水平与物流成本之间并非呈现线性关系。在没有很大技术进步的情况下,企业很难做到同时提高物流服务水平和降低物流成本。如图 1.5 所示,物流服务如处于低水平阶段,追加成本 $X$,物流服务水平就上升到 $Y$;如果处于高水平阶段,同样追加 $X$,则服务水平就上升到 $Y'$,但希 $Y'$ < 希 $Y$。

从图 1.5 中我们可以看出,投入相同的物流成本并非可以得到相同的物流服务质量提高。

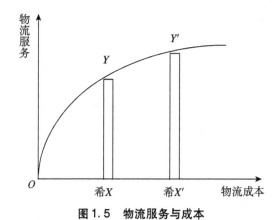

图 1.5　物流服务与成本

与处于竞争状态的其他企业相比,在处于相当高的服务水平的情况下,要想超过竞争对手、维持更高的服务水平,就需要有更多的投入。美国营销专家 P. 科特勒指出:"物流的目的必须引进投入与产出的系统效率概念,才能得出较好的定义。"即把物流看成是由多个效益背反的要素所构成的系统,避免为了片面达到某一单一目的,而损害企业的整体利益。

一般在对物流服务和物流成本做决策时,以价值工程理论为指导,可以考虑以下四种方法。

(1) 保持物流服务水平不变,尽量降低物流成本。在不改变物流服务水平的情况下,通过改进物流系统来降低物流成本,提高物流价值。这种通过优化系统结构、降低物流成本来维持一定物流服务水平的方法,称为追求效益法。

(2) 提高物流服务水平,增加物流成本。这是许多企业提高物流服务水平的做法,是物流企业面对特定客户或其面临竞争对手时所采取的具有战略意义的做法。

(3) 保持物流成本不变,提高服务水平。这是一种积极的物流成本对策,是一种追求效益的办法,也是一种有效的利用物流成本性能的方法。

(4) 用较低的物流成本,实现较高的物流服务。这是一种增加效益、具有战略意义的方法。物流企业只有合理运用自身的资源，才能获得这样的成果。

企业采取哪种物流成本策略，要综合各个方面的因素。

2. 物流各功能活动的效益背反

现代物流是由运输、包装、仓储、装卸及配送等物流活动组成的集合。物流各功能活动的效益背反是指物流各项功能活动处于一个统一且矛盾的系统中，在同样的物流总量需求和物流运行情况下，一种功能成本的削减会使另一种功能成本增多。因为各种费用互相关联，必须考虑整体的最佳成本。

例如，减少物流网络中仓库的数目并减少库存，必然会使库存补充变得频繁而增加运输的次数，这样库存成本的降低，使得运输成本增加；将铁路运输改为航空运输，虽然增加了运费，却提高了运输速度，减少了库存，降低了库存费用。

再如包装问题，在产品销售市场和销售价格都不变的前提下，假定其他成本要素也不变，那么包装方面每少花一分钱，这一分钱就必然转到收益上来，包装越省，利润则越高。但是，一旦商品进入流通之后，如果包装降低了产品的防护功能，造成了大量损失，就会造成储存、装卸、运输功能要素的损失和效益减少。虽然，包装活动的效益是以其他功能要素的损失为代价的。中国流通领域每年因包装不善出现的上百亿元的商品损失，就是这种"效益背反"的实证。所有这些表明，在设计物流系统时，要综合考虑各方面因素的影响，使整个物流系统达到最优。

由此可见，物流系统就是以成本为核心，按最低成本的要求，使整个物流系统化。它强调的是调整各要素之间的矛盾，把他们有机地结合起来，使物流总成本达到最低。

企业物流成本的效益背反关系实质上是研究企业物流的经营管理问题，即将管理目标定位于降低物流成本的投入并取得较大的经营效益。在物流成本管理中，作为管理对象的是物流活动本身，物流成本是作为一种管理手段而存在的。一方面，成本能真实地反映物流活动的实态；另一方面，物流成本可以成为评价所有活动的共同尺度。

企业物流管理肩负着"降低企业物流成本"和"提高服务水平"两大任务，这是一对相互矛盾的对立关系。整个物流合理化，需要用总成本评价，这反映出企业物流成本管理的效益背反特征及企业物流对整体概念的重要性。

## 五、其他物流成本学说

除了上述较有影响的物流成本理论学说之外，还有一些物流成本学说在物流学界广为流传。

1. "成本中心"说

"成本中心"说的含义是：物流在整个企业战略中，只对企业营销活动的成本发生影响。物流是企业成本的重要的产生点，因而解决物流的问题，并不只要搞合理化、现代化，不只为了支持保障其他活动，重要的是通过物流管理和物流的一系列活动降低成本。所以，成本中心既是指主要成本的产生点，又是指降低成本的关注点，物流是"降低成本的宝库"等说法正是这种认识的形象表述。

2. "利润中心"说

"利润中心"说的含义是：物流可以为企业提供大量直接和间接的利润，是形成企业经营利润的主要活动。非但如此，对国民经济而言，物流也是国民经济中创利的主要活动。物流的这一作用，被表述为"第三利润源泉"。

3. "服务中心"说

"服务中心"说代表了美国和欧洲等一些国家学者对物流的认识。这种认识认为，物流活动最大的作用，并不在于为企业节约了消耗，降低了成本或增加了利润，而是在于提高企业对用户的服务水平进而提高了企业的竞争能力。因此，他们在使用描述物流的词汇上选择了"后勤"一词，特别强调其服务保障的职能。通过物流的服务保障，企业以其整体能力来压缩成本，增加利润。美国著名物流学家詹姆斯·约翰逊及唐纳德·伍德等在他们所著的《现在物流工程管理》一书中指出："物流学是一门充满活力的新的学科领域。""为了使市场经济达到使企业和客户在适当的时候花费最小的成本费用，获得他们所需要的产品和服务这一目标，一个有效的物流系统是关键。"

4. "系统"说

过去一说物流是第三利润源泉，就有些企业经营者急于求成，动辄向物流要效益，这是对"物流是利润源泉"提法的误解。物流产生利润实际上是物流成本、物流利润的一种重新划分，它至少包括以下几个部分。

（1）物流时间的节省，物料、半成品、产成品在物流各个环节停留时间的减少，意味着物资和资金流转速度的加快。

（2）物流费用的降低。

（3）用户满意度的增加。物流费用的降低当然可以直接体现出物流利润的增加，但物流速度的提高所产生的效益主要表现为生产周期的缩短，企业物资及资金流转速度的加快；用户满意度的提高有利于产品形象和企业形象的优化。这就是说，物流利润的大部分会间接地转移到企业整体效益的提高上，不能仅从物流费用的节省来简单地衡量物流利润。

5. "战略"说

物流"战略"说是当前非常盛行的说法。实际上，学术界和产业界越来越多的人已逐渐认识到，物流更具有战略性，是企业发展的战略而不是一项具体操作性任务，应该说这种看法把物流放在了很高的位置。企业战略是什么呢？是生存和发展。物流会影响企业总体的生存和发展，而不是在哪个环节搞得合理一些。将物流和企业的生存和发展直接联系起来的战略说的提出，对促进物流的发展有重要意义。高效、合理的物流管理既能够降低企业的经营成本，又能为企业提供优质的服务；既能使企业获得成本优势，又能使企业获得价格优势。因此，企业不应该追求物流的一时一事的效益，而要着眼于总体，着眼于长远，物流管理被纳入企业战略管理的范围，甚至成为企业发展战略的基石。

【任务操作】

比较各种物流成本学说的优、缺点。

项目小结

本项目阐明了物流成本的含义、特征，介绍了物流成本的构成，从物流活动范围、支付形态、物流功能三个方面对物流成本进行分类，阐明了物流成本影响因素及降低物流成本的途径，在此基础上介绍了物流成本管理的内容。最后介绍冰山理论、"黑大陆"学说、"第三利润源泉"说等几种物流成本学说。

 项目实训

### 欧美发达国家与我国物流成本现状比较

【实训背景】

无论对于企业还是国家来说，物流成本绝非一个小数目。国际上通常是以物流成本占GDP的比重这一指标来衡量一个国家的物流发展水平的，2014年中国社会物流总费用为10.6万亿元，占GDP比重的16.6%，而发达欧美国家物流成本的比重一般在10%左右，美国、加拿大、日本等国的物流成本降到了10%以下。

【实训目的】

1. 使学生了解欧美发达国家物流成本与我国物流成本的基本情况。
2. 我国和欧美国家的物流发展相比，差距在哪些方面？
3. 寻找降低物流成本的措施。

【实训准备】

1. 基本数据。
2. 学会制作PPT。

【实训步骤】

1. 分组，每组不超过4人。
2. 上网或通过其他途径获取基本的数据。
3. 对比分析，找出差距。
4. 探讨降低物流成本的措施。
5. 将结果制作成PPT，在班上讨论。

## 思考与练习

一、单项选择题

1. 物流成本管理的前提是(　　)。
   A. 市场机制　　B. 公平竞争　　C. 价格策略　　D. 物流成本计算
2. 美国、日本等国家的实践表明，企业实际物流成本的支出往往要超过企业对外支付物流成本额的(　　)倍以上。
   A. 3　　　　　B. 5　　　　　C. 7　　　　　D. 10
3. 降低物流成本是企业的(　　)。
   A. "第一利润源泉"　　　　　　　B. "第二利润源泉"
   C. "第三利润源泉"　　　　　　　D. "第四利润源泉"
4. 根据"物流成本冰山"说，露在水面之上的部分是(　　)。
   A. 企业内部消耗的物流费　　　　B. 制造费用
   C. 委托的物流费用　　　　　　　D. 自家物流费
5. 第二个利润源的挖掘对象是生产力中的(　　)。
   A. 劳动者　　B. 劳动对象　　C. 劳动产品　　D. 劳动工具
6. 物流活动中所消耗的物化劳动和活劳动的货币表现称为(　　)。
   A. 物流成本　B. 物流收益　　C. 物流价值　　D. 物流价格
7. 物流成本的削减，对(　　)具有乘数效应。
   A. 企业利润的减少　B. 企业资产的增加　C. 企业利润的增加　D. 企业资产的减少
8. 效益背反理论主要包括(　　)与服务水平的效益背反和物流各功能活动的效益背反。
   A. 物流价格　B. 物流收益　　C. 物流价值　　D. 物流成本
9. 产品密度越大相同运输单位所装的货物越多运输成本就(　　)。
   A. 越高　　　B. 越低　　　　C. 不变　　　　D. 以上均不是
10. 物流成本可以按其所处的领域不同可分为生产企业物流成本和(　　)物流成本。
    A. 流通企业　B. 运输企业　　C. 配送企业　　D. 销售企业

二、多项选择题

1. 按照物流功能可把物流成本分为(　　)。
   A. 社会物流成本　B. 物品流通费　C. 信息流通费　D. 物流管理费
   E. 物流企业的物流成本
2. 物流成本占一国GDP的比重会因为(　　)等差异存在。
   A. 经济结构　B. 发展阶段　　C. 政策法规　　D. 测算指标
   E. 统计口径
3. 可以认为，社会物流成本由(　　)几部分构成。
   A. 运输成本　B. 生产成品　　C. 包装成本　　D. 存货持有成本

E. 物流行政管理成本

4. 流通企业物流成本的基本构成有（　　）。

A. 企业员工工资及福利费　　　　B. 支付给有关部门的服务费
C. 经营过程中的合理消耗费　　　D. 支付的贷款利息
E. 经营过程中的各种管理成本

5. 物流成本的相关学说有（　　）。

A. 冰山理论　　B. 黑大陆学说　　C. 第三利润源泉　　D. 成本中心说
E. 服务中心说

三、判断题

1. "黑大陆"学说是一种历史学的研究结论。（　　）
2. 物流成本是以物流活动的整体为对象。（　　）
3. 在许多企业中仓储成本是物流总成本的一个重要组成部分，物流成本的高低常常取决于仓储管理成本的大小。（　　）
4. 加强物流成本的核算，建立成本考核制度可以降低物流成本。（　　）
5. 企业物流信息系统的管理与维护费用随着信息流量的变化而变化。（　　）
6. 存货的成本减少也可以减少缺货成本即缺货成本与存货成本成正比。（　　）
7. 高水平的物流服务是由高水平的物流成本作保证的。（　　）
8. 企业物流成本是原材料成本之外的最大成本项目。（　　）

四、思考题

1. 什么是物流成本？物流成本如何分类？
2. 简述物流成本的特点及影响因素。
3. 什么是物流成本管理？物流成本管理的作用有哪些？
4. 简述物流成本管理的主要内容。
5. 简述降低物流成本的方法和措施。
6. 简述"物流冰山"说。

五、案例分析

## 丰田汽车总裁丰田章男向中国消费者鞠躬致歉

中新网2010年3月1日电　丰田汽车总裁丰田章男今日在北京举行记者会，丰田章男在发言中表示，丰田汽车包括中国在内，在全球范围实施了大规模的召回，也给中国消费者带来了影响和担心，他对此表示真诚道歉（图1.6）。

包括丰田章男在内的有关高层今天的发布会都悉数到场，可见其对于中国市场的重视。会议上，丰田章男正式就脚垫、油门踏板、制动系统三方面问题进行了说明，并表示："丰田汽车认为发生了问题重要的是不隐瞒，一定要把顾客的安全放在第一位，而且根据当地的法律采取适当的市场对策，并且问题发生的原因一定要深挖，防止再次发生。"

丰田因多次大规模召回汽车备受关注。中国质检总局就丰田汽车公司部分车型缺陷发出

图 1.6　丰田汽车记者招待会

风险警示通告称，使用丰田品牌或雷克萨斯品牌车辆的车主如发现车辆加速踏板和制动系统的功能表现异常，请立即反映有关情况。

丰田对从日本进口的"雷克萨斯 ES350"和运动型多功能车（SUV）等 4 种车型共约 4.3 万辆车进行召回。2011 年 1 月下旬再次向中国主管部门申请召回中国国内生产的约 7.5 万辆 SUV。

（资料来源 http://auto.ifeng.com/roll/20100302/222600.shtml）

**分组讨论：**

1. 从这则新闻中你得到什么启示？
2. 这次召回事件中涉及哪些物流成本？

# 项目二

## 物流成本预测与决策

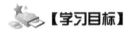【学习目标】

| 知识目标 | 能力目标 |
| --- | --- |
| 1. 掌握物流成本预测与决策的含义；<br>2. 理解和掌握常用的物流成本预测的方法；<br>3. 理解和掌握常用的物流成本决策的方法。 | 1. 能根据实际情况选择相应的方法对物流成本进行预测；<br>2. 能选用相应的决策方法进行决策。 |

### 导入案例

#### 金融危机下宅急送是决策失误还是漂亮转型

2007年前，在全国各地，印有宅急送LOGO（图2.1）白绿相间的货车穿行在大街小巷。但是这家自诩为"急送"的公司，大部分业务却集中在时效性并不高的物流项目上。受到快递市场丰厚利润的刺激，2007年，宅急送创始人陈平决定进行业务转型，逐渐从物流市场转移到快递市场，同时将资金大量投入到各地宅急送网点的建设。

图2.1　宅急送LOGO

但是，大量的网点投入和建设并没有带来业务的相应增加，还造成了宅急送的资金困局。2008年9月份，宅急送爆出巨亏的消息，开始在全国范围内大幅裁员，陈平也暂时离开了工作岗位。

物流市场到快递市场的转换，究竟是宅急送的决策失误，还是一个漂亮的转型呢？

不过宅急送总裁陈平对此依然显得很乐观。宅急送"大裁员"之后，陈平在博客中这样写道："这次调整优化，是基于公司的长远发展和战胜眼前困难的重大举措，宅急送从创立到现在，十几年留下来了很多错综复杂的人际关系，二线、三线与一线的人员比例严重失调，机构臃肿、人浮于事的现象只有通过大手术才能解决，这样企业才能轻装上阵，迎接更大的挑战。"

熊大海对此也毫不讳言。"宅急送创建了15年，内部关系比较复杂，有时候会出现亲戚托亲戚的情况，我们也努力向现代管理过渡。"他告诉记者，目前宅急送已经把分公司的行政管理等职权收回，只留下客户和市场让分公司专注做好业务。

此外，宅急送管理层还新建立了三个委员会，即决策委员会，对重大政策等进行投票表决；运营委员会，对服务等进行管理；预算委员会，实现财务的科学决策。

近期，宅急送对资金困局的官方回复中显示："业务的优化，让宅急送经营已走入良性发展阶段，2008年9月份实现了收支平衡，小件业务已由原来占收入20%上升到51%，并以20%多的速度在增长。宅急送的转型是一次漂亮的大转身。"

（资料来源：http://www.chinawuliu.com.cn/xsyj/200812/08/140362.shtml，有改动）

## 任务1　物流成本预测

预测，就是对未来进行预计和推测。它是根据已知推测未来，根据过去和现在的状况预计将来的趋势，是对未来不确定的事件预先提出的看法和判断。

成本预测，是以预测理论为指导，根据有关历史成本资料、成本信息数据，在分析目前技术经济条件、市场经营环境等内外条件变化的基础上，对未来成本水平及发展趋势所做的定性描述、定量估计和逻辑推断。

成本预测是确定目标成本和选择达到目标成本最佳途径的重要手段。加强成本预测工作，可以挖掘企业内部一切潜力，即以尽可能少的人力、物力、财力来实现企业的经营目标，保证企业获得最佳的经济效益。从这种意义来说，成本预测过程实际上是成本决策过程。

成本预测，可以是近期的，也可以是远期的。如月度和季度的成本预测，一般只对成本完成情况进行估计，不全面考虑降低成本的措施。又如企业负责人在月底前，预测哪些成本项目将会超支，从而采取措施，以期取消超支现象。远期成本预测，在预计成本完成情况的同时，并全面考虑降低成本的措施。

## 一、成本预测的意义

凡事预则立，不预则废。成本预测是企业经济预测的重要组成部分，是成本管理的重要环节。在社会主义市场经济中，特别是现代科技和技术更新的加速，市场经济下竞争的激烈，企业进行有效的成本预测，对提高经济效益，降低成本，在竞争中求生存求发展，有着十分重要的现实意义。

1. 成本预测是成本决策的依据

预测的要点在于揭示和描述经济变动趋势，从而为确定经营目标和方向提供依据。但预测本身并不是目的，其目的在于提供反映未来状况的情况，以便做出尽可能合理的定性分析和尽可能精确的定量分析，为成本决策提供有科学依据和有说服力的数据。通过成本预测，对未来经营活动中可能出现的有利和不利因素，进行全面、系统、尽可能准确的分析，以避免成本决策的片面性和局限性，将未来不确定性的程度降低到最低限度。

2. 成本预测是成本计划的基础

计划是对未来的具体要求和部署，预测是对未来事件的描述，两者通过决策环节相连接。预测提出可行的备选方案，决策从备选方案中确定最佳的可行方案，计划则是对决策确定的最佳方案做出实施的具体规划。所以，成本预测是企业编制成本计划过程中必不可少的科学分析阶段，是成本计划的基础工作。没有成本预测，也就无所谓成本决策，更谈不上对决策所选定的方案进行成本计划。

3. 成本预测是市场经济和企业管理的必然要求

企业为了增强自身的竞争能力和适应能力，必然要通过成本预测预计企业产品在市场竞争中的地位和获利水平，并不断将本企业的成本水平与采用新技术、新设备、新工艺后的成本水平相比较，克服盲目性，增强竞争能力。实践证明，市场经济越发展，成本预测越重要。

## 二、成本预测步骤

### 1. 提出一个初步目标成本

其提出方法,一是选择某一先进成本作为目标。可选取国内外同行业的先进成本水平,也可选取企业历史上的最好成本水平,还可以根据定额成本的降低率来进行确定。另一种方法是,先确定目标利润,在收入(扣除税金)中减除目标利润即为初步目标成本。

### 2. 收集预测资料

物流成本指标是一项综合性指标,涉及企业的生产技术、生产组织和经营管理等各个方面。在进行物流成本预测前,必须尽可能全面地占用相关的资料,并应注意去粗取精、去伪存真。

### 3. 建立预测模型

在进行预测时,必须对已收集到的有关资料,运用一定的数学方法进行科学的加工处理,建立科学的预测模型,借以揭示有关变量之间的规律性的联系。

### 4. 评价与修正预测值

以历史资料为基础建立的预测模型可能与未来的实际状况有一定的偏差,且数量方法本身就有一定的假定性,因此必须采用一套科学的方法对预测的结果进行综合分析与判断,对存在的偏差及时予以修正。

## 三、成本预测的基本方法

### 1. 时间序列预测法

这种方法的基本思路是把时间序列作为随机变量序列的一个样本,应用概率统计的方法,尽可能减少偶然因素的影响,做出在统计意义上较好的预测。

1)简单平均数法

某期预测值 = 该期之前的 $N$ 期值之和 / $N$($N$ 的取值可以根据实际需要而定)

【例 2 - 1】某物流公司 2014 年各月的实际物流成本见表 2 - 1,预测 2015 年 1 月份的成本。

1 月份的成本 = (51 + 53 + 55 + 52 + 51 + 53 + 58 + 60 + 65 + 61 + 66 + 67)/12 = 57.7

表 2 - 1  某物流公司 2014 年各月的实际物流成本汇总表  单位:万元

| 月份 | 1 | 2 | 3 | 4 | 5 | 6 | 7 | 8 | 9 | 10 | 11 | 12 |
| --- | --- | --- | --- | --- | --- | --- | --- | --- | --- | --- | --- | --- |
| 成本 | 51 | 53 | 55 | 52 | 51 | 53 | 58 | 60 | 65 | 61 | 66 | 67 |

2)趋势移动平均法

此法建立在过去的成本趋势及其规律性依然不变这一假定之上。其基本计算公式如下:

某期预测值 = 最后一期移动平均数 + 推后期数 × 最后一期趋势移动平均数

【例 2 - 2】某物流公司 2014 年各月的实际物流成本见表 2 - 1,请按趋势移动平均法预测该公司2015年第一季度各月的物流成本(设按三期移动平均)(见表2-2)。

表2-2 某物流公司2015年第一季度各月的物流成本预测计算表 单位：万元

| 时间/月 | 实际生产成本 | 三期平均 | 变动趋势 | 三期趋势平均数 |
| --- | --- | --- | --- | --- |
| 1 | 51 | | | |
| 2 | 53 | 52.67 | | |
| 3 | 54 | 53.00 | +0.33 | |
| 4 | 52 | 52.33 | -0.67 | -0.22 |
| 5 | 51 | 52.00 | -0.33 | +0.33 |
| 6 | 53 | 54.00 | +2.00 | +1.56 |
| 7 | 58 | 57.00 | +3.00 | +3.00 |
| 8 | 60 | 61.00 | +4.00 | +2.67 |
| 9 | 65 | 62.00 | +1.00 | +2.33 |
| 10 | 61 | 64.00 | +2.00 | +1.22 |
| 11 | 66 | 64.67 | +0.67 | |
| 12 | 67 | | | |

根据上表的有关数据，可按上述公式进行生产成本的预测：

2015年1月份物流成本 = 64.67 + 2 × 1.22 = 67.11(万元)

2015年2月份物流成本 = 64.67 + 3 × 1.22 = 68.33(万元)

2015年3月份物流成本 = 64.67 + 4 × 1.22 = 69.55(万元)

显然，采用趋势平均法计算若干期的平均数和趋势平均数时，前后各个时期所用的是同一个权数，即认为这些数据对未来的预测值具有同等的影响。因此，用此法预测的结果与实际情况往往差异较大。为了弥补这一缺陷，可以采用指数平滑法进行预测。

3) 指数平滑法

设以 $F_n$ 表示下期预测值，$F_{n-1}$ 表示本期预测值，$D_{n-1}$ 表示本期实际值，$a$ 为平滑数(其取值范围为 $0 < a < 1$)，则 $F_n$ 的计算公式为：

$$F_n = F_{n-1} + a(D_{n-1} - F_{n-1}) = aD_{n-1} + (1-a)F_{n-1}$$

由上式类推下去，可得展开式：

$$F_n = aD_{n-1} + a(1-a)D_{n-1} + a(1-a)^2 D_{n-2} + \cdots + a(1-a)^{t-1}D_{n-t} + (1-a)^t F_{n-t}$$

可见，指数平滑法在预测时分别以 $a$、$a(1-a)$、$a(1-a)^2$ 等系数对过去各期的实际数进行了加权。远期的实际值影响较小，因而其权数也较小；近期的实际值影响较大，因而其权数也较大。显然，这种预测方法更符合客观实际，但 $a$ 的确定具有较大的主观因素。

【例2-3】某物流公司2015年1—9月份的实际物流运作成本分别为93万元、85万元、90万元、88万元、92.5万元、90万元、95万元、94万元、95.5万元。设1月份的成本预测值为91.5万元、$a = 0.5$，请按指数平滑法预测该物流中心10月份的物流运作成本。

可按公式计算如下：

$F_1 = 915\ 000(元)$

$F_2 = 0.5 × 930\ 000 + (1 - 0.5) × 915\ 000 = 922\ 500(元)$

$F_3 = 0.5 × 850\ 000 + (1 - 0.5) × 922\ 500 = 886\ 250(元)$

$F_4 = 0.5 \times 900\,000 + (1 - 0.5) \times 886\,250 = 893\,125(元)$
$F_5 = 0.5 \times 880\,000 + (1 - 0.5) \times 893\,125 = 886\,562.5(元)$
$F_6 = 0.5 \times 925\,000 + (1 - 0.5) \times 886\,562.5 = 905\,781.25(元)$
$F_7 = 0.5 \times 900\,000 + (1 - 0.5) \times 905\,781.25 = 902\,890.63(元)$
$F_8 = 0.5 \times 950\,000 + (1 - 0.5) \times 902\,890.63 = 926\,445.31(元)$
$F_9 = 0.5 \times 940\,000 + (1 - 0.5) \times 926\,445.31 = 933\,222.66(元)$
$F_{10} = 0.5 \times 955\,000 + (1 - 0.5) \times 933\,222.66 = 944\,111.33(元)$

结论：该物流中心 2015 年 10 月份的物流运作成本预测值为 944 111.33 元。

【任务操作】

将【例 2-1】和【例 2-3】分别用指数平滑法和简单平均数法预测，比较两种方法测算的结果有何不同，并探讨各自的优、劣势。

2. 回归分析法

它是通过对观察值的统计分析来确定它们之间的联系形式的一种有效的预测方法。从量的方面来说，事物变化的因果关系可以用一组变量来描述，因为因果关系可以表述为变量之间的依存关系，即自变量与因变量的关系。运用变量之间这种客观存在着的因果关系，可以使人们对未来状况的预测达到更加准确的程度。

回归分析法分为一元线性回归预测和多元线性回归预测，这里我们重点介绍一元线性回归预测。

利用线性回归分析法时，首先要确定自变量 $X$ 与因变量 $Y$ 之间是否线性相关及其相关程度，判别的方法主要有"散布图法"与"相关系数法"。所谓散布图法，就是将有关的数据绘制成散布图，然后依据散布图的分布情况判断 $x$ 与 $y$ 之间是否存在线性关系；所谓相关系数法，就是通过计算相关系数 $r$ 判别 $x$ 与 $y$ 之间的关系。相关系数可按下列公式进行计算：

$$r = \frac{\sum x_i y_i - n \bar{x} \bar{y}}{\sqrt{[\sum x_i^2 - n(\bar{x})^2][\sum y_i^2 - n(\bar{y})^2]}}$$

判断标准见表 2-3。

表 2-3 相关系数相关性判断

| 相关系数的数值 | $\|r\|>0.7$ | $0.3<\|r\|<0.7$ | $\|r\|<0.3$ | $\|r\|=0$ |
| --- | --- | --- | --- | --- |
| 因变量与自变量的关系 | 强相关 | 显著相关 | 弱相关 | 不相关 |

在确认因变量与自变量之间存在线性关系之后，便可建立回归直线方程：

$$y = a + bx$$

式中，$y$ 为因变量，$x$ 为自变量，$a$、$b$ 为回归系数。

根据最小二乘法原理，可得到求 $a$、$b$ 的公式：

$$a = \frac{\sum x_i^2 \bar{y} - \bar{x} \sum x_i y_i}{[\sum x_i^2 - n(\bar{x})^2]}$$

$$b = \frac{\sum x_i y_i - n \bar{x} \bar{y}}{\sum x_i^2 - n(\bar{x})^2}$$

【例2-4】某物流公司2014年各月份实际发生的搬运机械工作小时和机械维修成本见表2-4，请采用回归分析法预测该车间2015年第一季度的机械维修成本。

表2-4  某物流中心机械工作数据资料汇总

| 月份 | 机械工作小时 | 机器维修成本（元） |
|---|---|---|
| 1 | 500 | 364 |
| 2 | 460 | 358 |
| 3 | 380 | 330 |
| 4 | 420 | 340 |
| 5 | 360 | 320 |
| 6 | 480 | 356 |
| 7 | 390 | 354 |
| 8 | 394 | 362 |
| 9 | 430 | 352 |
| 10 | 460 | 344 |
| 11 | 396 | 360 |
| 12 | 504 | 370 |

设以 $y$ 代表机械维修成本，$x$ 代表机械工作小时，根据上表提供的资料计算列表见表2-5。

表2-5  计算列表

| 月份 | $x_i$ | $y_i$ | $x_i y_i$ | $y_i^2$ | $x_i^2$ |
|---|---|---|---|---|---|
| 1 | 500 | 364 | 182 000 | 132 496 | 250 000 |
| 2 | 460 | 358 | 164 680 | 128 164 | 211 600 |
| 3 | 380 | 330 | 125 400 | 108 900 | 144 400 |
| 4 | 420 | 340 | 142 800 | 115 600 | 176 400 |
| 5 | 360 | 320 | 115 200 | 102 400 | 129 600 |
| 6 | 480 | 356 | 170 880 | 126 736 | 230 400 |
| 7 | 390 | 354 | 138 060 | 125 316 | 152 100 |
| 8 | 394 | 362 | 142 628 | 131 044 | 155 236 |
| 9 | 430 | 352 | 151 360 | 123 904 | 184 900 |
| 10 | 460 | 344 | 158 240 | 118 336 | 211 600 |
| 11 | 396 | 360 | 142 560 | 129 600 | 156 816 |
| 12 | 504 | 370 | 186 480 | 136 900 | 254 016 |
| 合　计 | 5 174 | 4 210 | 1 820 288 | 1 479 396 | 2 257 068 |

为判断 $x$ 与 $y$ 之间是否存在着线性联系，应计算相关系数：

$$r = \frac{1\,820\,288 - 12 \times 431.17 \times 350.83}{\sqrt{(2\,257\,068 - 12 \times 431.17^2)(1\,479\,398 - 350.83^2)}} = \frac{5\,079.55}{7\,952.17} = 0.638\,87$$

根据前述的判断标准，可以判定 $x$ 与 $y$ 之间呈显著相关状态，建立回归直线方程：

$$a = \frac{2\,257\,068 \times 350.83 - 431.17 \times 1\,820\,288}{2\,257\,068 - 12 \times 431.17^2} = \frac{6\,993\,589.5}{26\,177.17} = 267.16$$

$$b = \frac{1\,820\,288 - 12 \times 431.17 \times 350.83}{2\,257\,068 - 12 \times 431.17^2} = \frac{5\,079.55}{26\,177.17} = 0.19$$

$$y = 267.16 + 0.19x$$

预测各月份的机器维修成本：

设该物流中心 2015 年第一季度的机械工作小时预计分别为 496、512、526，则

1 月份维修成本预测值 = 267.16 + 0.19 × 496 = 361.40(元)

2 月份维修成本预测值 = 267.16 + 0.19 × 512 = 364.44(元)

3 月份维修成本预测值 = 267.16 + 0.19 × 526 = 367.10(元)

## 任务 2　物流成本决策

管理的重心在于经营，经营的重心在于决策，合理的决策为经营目标的实现提供了行为起点。成本决策是为了实现成本目标，根据客观的可能性，在成本预测所提供的成本信息的基础上，运用一定的决策技巧和方法，从多个成本备选方案中选择最优化成本方案的行为过程。

### 一、成本决策的意义

一般意义上的决策，就是为了达到所期望的目标，根据事物现状、环境条件及有关信息，对未来可能采取的行为做出选择的过程。人们在日常工作和生活中，无时无刻不在做出决策，以规划自己的行为。正确的决策产生正确的行为，得出满意的结果。反之，一旦决策失误，将造成无可挽回的损失。因此，决策的作用在于保证行为的合理有效性。

1. 成本决策是现代成本管理的重要特征

决策正确与否，将直接关系到企业的兴衰成败。决策者的职位越高，管辖范围越广，其决策对未来行为的影响也越大。所以，正确的决策是企业合理的生产经营活动的前提和基础。现代化成本管理是由成本决策、成本控制、成本分析等环节构成，成本决策是现代化成本管理的前提环节。而且，成本决策决定着其后成本目标计划的先进性和成本目标实施的可能性，直接影响企业经营管理水平和经济效益的高低。成本决策具有较大的综合性，它对其他经营决策起着指导性作用。

2. 成本决策是经营环境和经济效益的客观要求

市场经济越发展，社会分工越来越细，引起企业外部经营环境急剧变化，企业与外界的联系日趋复杂，企业内部的生产规模和生产过程在不断扩大和复杂化，影响决策的因素也日趋增加，决策的影响后果也越大。企业必须不断扩大市场和降低成本，在市场竞争中以提高经济效益求生存，以加强自身的竞争能力和适应能力，这一切都依赖于科学的成本决策。决策的产生和完善，标志着企业的经营管理已由过去经验式的定性管理发展到科学的定量管理。

### 二、成本决策的基本要素

决策者要进行有效而合理的决策，取决于三个基本要素：合理的决策目标、科学的决策方法和适当的评价标准。在成本决策中，同样要面临着这三个基本要素。进行成本决策的过

程,也就是在一定决策目标下运用决策方法进行定性定量分析,并对决策结果做出评价与判断的过程。

建立目标是决策的前提,它决定着决策的性质。同样一个经营问题,如果所建立的决策目标不同,则决策的性质及其所拟定的方案也会随之改变。同样,所要求的决策目标通常都有一定的附加约束条件,是一种有条件的决策目标。同时,成本本身也可能成为其他经营决策目标的约束条件。这些情况,都是在确立决策目标时所需考虑的。

决策方法是进行决策的手段,方法本身是客观的,但方法的选择是主观的。不同方法的选择首先取决于决策目标的不同,其次还取决于决策期的长短、预测资料的完备可靠程度以及方案本身各变量的状态等。由于不同决策方法的采用,同样会造成不同的决策结果。因此,在具体进行决策时,一定要注意决策方法的约束条件,以及所需决策的事项是否适应于某种所准备采用的决策方法。

为了便于对各种决策方案的优劣程度给予选择和评价,还必须定量地计算出在执行某一方案、出现某种客观状况下,该方案的得失或损益的大小。从理论上来看,评价决策方案优劣的标准应与决策目标的要求一致。在成本决策中,评价的直接标准当然是成本耗费的高低。但还要注意两个原则:首先,决策评价应坚持全面评价的原则,既要考虑经济上的合理性,又要考虑技术上的先进性,同时还要考虑方案的社会效益。其次,决策评价应坚持最优化原则。因此,决策结果的最优是相对于次优而言的,是一种对决策者而言较满意的结果。

## 三、成本决策的基本程序

科学的决策程序贯穿于决策的全过程,也是决策顺利进行的基本保证。决策程序由若干相互联系的步骤组成,其基本步骤如下。

1. 提出决策目标

决策目标是决策的出发点和归结点,没有明确的决策目标只会引起决策过程的混乱和决策的无效。成本决策的总目标是成本最低,在这个总目标下,要注意几点:一是需要与可能相结合;二是目标要具体明确,并尽可能量化;三是适当考虑目标的约束条件;四是正确处理多种目标之间的相互关系。

2. 拟定备选方案

备选方案是能保证决策目标实现的可行方案。拟定备选方案的过程,实际上是根据决策目标的要求对预测资料及其他相关信息进行设想、分析的过程,一个成功的决策应有一定数量和质量的可行性方案作为保证。因此,一定要在可靠的充足的预测资料前提下,制定多个可行的备选方案。在拟定备选方案时,还应注意:一是保持备选方案的全面性和完整性;二是满足备选方案之间的相互排斥性。

3. 选择最优方案

拟定了各种备选方案后,就应对备选方案进行分析评价、效果对比,论证各方案所达到的成本水平和经济效果。选择最优方案的关键是评价标准是否适当,特别是在多目标决策中更应该注意择优标准的多重性和综合性。

#### 4. 方案的实施准备

方案确定后,首先还要考虑其他不可计量的因素,才能作为最后方案加以实施。在实施前,还应根据所选定的方案,拟定落实实施方案的各环节的措施,以保证达到决策目标。

### 四、成本决策的方法

成本决策的方法很多,应根据决策的性质、决策内容和取得资料的不同进行选择。一般可将成本决策方法按照决策的性质划分为定性分析法和定量分析法两大类。

#### 1. 定性分析法

定性分析法又称非数量分析法,它是依靠专家和有丰富知识和经验的专业人员的分析能力,利用直观材料和逻辑推理对所提出的各种备选方案做出正确评价和选择的方法。也正因为定性分析法只是一种直观判断和逻辑推理,因此定性分析法没有固定的模式,根据不同的分析对象和分析要求而灵活运用。一般来说,定性分析法下述几种。

1)头脑风暴法

头脑风暴法又称思维共振法,即通过有关专家之间的信息交流,引起思维共振,产生组合效应,从而导致创造性思维。头脑风暴法是比较常用的群体决策方法,它利用一种思想的产生过程,鼓励提出任何种类的方案设计思想,同时禁止对各种方案的任何批判。因此,这种方法主要用于收集新设想。

在典型的头脑风暴法会议中,群体领导者以一种明确的方式向所有参与者阐明问题,使参与者在完全不受约束的条件下,敞开思路,畅所欲言。在一定的时间内"自由"提出尽可能多的方案,不允许任何批评,并且把所有方案都当场记录下来,留待稍后再讨论和分析。

头脑风暴法的创始人英国心理学家奥斯本为这一决策方法的实施提出了以下四项原则。

(1)对别人的建议不作任何评价,将相互讨论限制在最低限度内。

(2)建议越多越好,在这个阶段,参与者不要考虑自己建议的质量,想到什么就应该说出来。

(3)鼓励每个人独立思考,广开思路,想法越新颖、越奇异越好。

(4)可以补充和完善已有的建议,以使它更具说服力。

头脑风暴法的目的在于创造一种畅所欲言、自由思考的氛围,诱发创造性思维的共振和连锁反应,产生更多的创造性思维。

因此,头脑风暴法仅是一个产生思想的过程,而下面的方法则进一步提供了取得期望决策的途径。

2)哥顿法

"哥顿法"是美国人哥顿于1964年提出的决策方法。该法与头脑风暴法相类似,先由会议主持人把决策问题向会议成员作笼统的介绍,然后由会议成员(即专家成员)海阔天空地讨论解决方案;当会议进行到适当时机,决策者将决策的具体问题展示给小组成员,使小组成员的讨论进一步深化,最后由决策者吸收讨论结果,进行决策。

3)德尔菲法

德尔菲法是由美国著名的兰德公司首创并用于预测和决策的方法。该法以匿名方式通过几轮函询征求专家的意见，组织预测小组对每一轮的意见进行汇总整理后作为参考再发给各专家，供他们分析判断，以提出新的论证。几轮反复后，专家意见渐趋一致，最后供决策者进行决策。

德尔菲法是一种广为适用的预测决策方法，其基本步骤如下。

(1) 确定预测题目。预测题目即预测所要解决的问题，预测题目要具体明确，适合实际需要。

(2) 选择专家。选择专家是德尔菲法的重要环节，因为预测结果的可靠性取决于所选专家对预测主题了解的深度和广度。选择专家须解决四个问题：

① 什么是专家。德尔菲法所选专家是指在预测主题领域从事预测或决策工作10年以上的技术人员或管理者。

② 怎样选专家。要视预测或决策任务而定。如果预测或决策主题较多地涉及组织内部情况或组织机密，则最好从内部选取专家。如果预测或决策主题仅关系某一具体技术的发展，则最好从组织外部挑选，甚至从国外挑选。

③ 选择什么样的专家。所选专家不仅要精通技术，有一定的名望和代表性，而且还应具备一定的边缘科学知识。

④ 专家人数。专家人数要视所预测或决策问题的复杂性而定。人数太少会限制学科的代表性和权威性；人数太多则难以组织。一般以 10~15 人为宜，对重大问题的预测或决策，专家人数可相应增加。

(3) 制定调查表。即把预测或决策问题项目有次序地排列成表格形式，调查表项目应少而精。为了使专家对德尔菲法有所了解，调查表的前言部分应对德尔菲法进行介绍。

(4) 预测过程。德尔菲法决策一般要分四轮进行。第一轮把调查表发给各专家，调查表只提出决策主题，让各专家提出应决策的事件。第二轮由决策者把第一轮调查表进行综合整理，归并同类事件，排除次要事件，做出第二轮调查表再返给各专家，由各专家对第二轮调查表所列事件做出评价，阐明自己的意见。第三轮，对第二轮的结果进行统计整理后再次反馈给每个专家，以便其重新考虑自己的意见并充分陈述理由，尤其是要求持异端意见的专家充分阐述理由，因为他们的依据经常是其他专家所忽略的或未曾研究的一些问题，而这些依据又会对其他成员的重新判断产生影响。第四轮是在第三轮的基础上，让专家们再进行预测，最后由决策者在统计分析基础上做出结论。

(5) 做出决策结论。经过多次反馈后，一般是意见渐趋一致，或对立的意见已十分明显，此时便可把资料整理出来，做出决策结论。

德尔菲法有下述特点。

① 匿名性。为克服专家之间因名望、权力、尊重等心理影响，德尔菲法采用匿名函询征求意见，以保证各成员能独立地做出自己的判断。

② 多轮反馈。通过多轮反馈可使各成员充分借鉴其他成员的意见并对自己的意见不断修正。

③ 统计性。德尔菲法属于定性决策，但对专家成员的意见采用统计方法予以定量处理。

德尔菲法的缺点是比较烦琐，预测所花费的时间和成本比较高。它太耗费时间了，当需要进行一个快速决策时，这种方法通常行不通。

【实用知识】

## 头脑风暴法的一个有趣的应用

有一年，美国北方格外寒冷，大雪纷飞，电线上积满冰雪，大跨度的电线常被积雪压断，严重影响通信。过去，许多人试图解决这一问题，但都未能如愿以偿。后来，电信公司经理应用奥斯本发明的头脑风暴法，尝试解决这一难题。他召开了一种能让头脑卷起风暴的座谈会，参加会议的是不同专业的技术人员，要求他们必须遵守以下原则。

第一，自由思考。要求与会者无拘无束地思考问题并畅所欲言，不必顾虑自己的想法或说法是否"离经叛道"或"荒唐可笑"。

第二，延迟评判。即要求与会者在会上不要对他人的设想评头论足，不要发表"这主意好极了！""这种想法太离谱了！"之类的评语。对设想的评判，留在会后组织专人考虑。

第三，以量求质。鼓励与会者尽可能多而广地提出设想，以大量设想保证质量较高的设想的存在。

第四，结合改善。即鼓励与会者积极进行智力互补，在增加自己提出设想的同时，注意思考如何把两个或更多的设想结合成另一个更完善的设想。

按照这种会议规则，大家七嘴八舌地议论开来。有人提出设计一种专用的电线清雪机；有人想到用电热来化解冰雪；也有人建议用振荡技术来清除积雪；还有人提出能否带上几把大扫帚，乘坐直升机去扫电线上的积雪。对于这种"坐飞机扫雪"的设想，大家心里尽管觉得滑稽可笑，但在会上也无人提出批评。

相反，有一工程师在百思不得其解时，听到用飞机扫雪的想法后，大脑突然受到冲击，一种简单可行且高效率的清雪方法冒了出来。他想，每当大雪过后，出动直升机沿积雪严重的电线飞行，依靠高速旋转的螺旋桨即可将电线上的积雪迅速扇落。他马上提出"用直升机扇雪"的新设想，顿时又引起其他与会者的联想，有关用飞机除雪的主意一下子又多了七八条。不到一小时，与会的10名技术人员共提出90多条新设想。

会后，公司组织专家对设想进行分类论证。专家们认为设计专用清雪机，采用电热或电磁振荡等方法清除电线上的积雪，在技术上虽然可行，但研制费用大，周期长，一时难以见效。那种因"坐飞机扫雪"激发出来的几种设想，倒是一种大胆的新方案，如果可行，将是一种既简单又高效的好办法。经过现场试验，发现用直升机扇雪真能奏效，一个久悬未决的难题，终于在头脑风暴会中得到了巧妙解决。

2. 定量分析法

定量分析法是运用一定的数学原理，将决策所涉及的变量与决策目标之间关系，用一定的数学模式或公式表达并据以决策的分析方法。由于决策的方案中数据预测结果的确定性程度有强有弱，所采用的相应决策方法也不尽相同。根据数学模型涉及的决策问题的性质（或者说根据所选方案结果的可靠性）的不同，定量决策方法一般分为确定型决策、风险型决策和不确定型决策三类。下面分别予以介绍。

1）确定型决策方法

确定型决策方法的特点，是只要满足数学模型的前提条件，模型就给出特定的结果。属于确定型决策方法的模型很多，如盈亏平衡点法、线性规划等。这里主要介绍盈亏平衡点法。

盈亏平衡点法又称量本利分析法或保本分析法，是进行产量决策常用的方法。该方法基本特点，是把成本分为固定成本和可变成本两部分，然后与总收益进行对比，以确定盈亏平衡时的产量或某一盈利水平的产量。其中，可变成本与总收益为产量的函数，当可变成本、总收益与产量为线性关系时，总收益、总成本和产量的关系如图2.2所示。

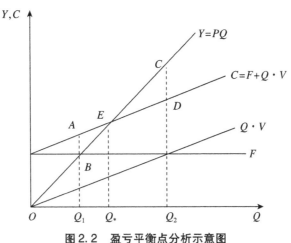

图2.2　盈亏平衡点分析示意图

$$Q_* = F/(P - V)$$

上式中有四个变量，给定任何三个便可求出另外一个变量的值。

【例2-5】某物流公司提供某种物流服务，其固定成本为50万元，单位可变成本为10元，服务单位售价为15元，其盈亏平衡点的产量为：

$$Q_* = F/(P - V) = 500\,000/(15 - 10) = 10(万件)$$

【例2-6】某物流公司仓库加工某产品固定成本为50万元，产品单位售价为80元，本年度产品订单为1万件，问单位可变成本降至什么水平才不至于亏损？

据题意有　　　$10\,000 = 500\,000/(80 - V)$

解之得　　　　$V = 30$(元/件)

2）风险型决策方法

在比较和选择决策方案时，如果未来情况不止一种，而是两种以上，管理者不知道到底哪种情况会发生，但知道每种情况发生的概率，这种情况下选择任何一个方案，都存在一定的风险，则可采用风险型决策方法。常用的风险型决策方法是决策树法。

风险型决策的标准是期望值。所谓期望值实质上是各种状态下加权性质的平均值。当决策指标为收益时，应选取期望值最大的方案；当决策指标为成本时，应选取期望值最小的方案。一个方案的期望值是该方案在各种可能状态下的损益值与其对应的概率的乘积之和。用期望值决策既可用表格表示，也可用树状图表示，后者称决策树法。下面以决策树为例说明风险型决策方法的应用。

决策树法是用树状图来描述各方案在不同情况（或自然状态）下的收益，据此计算每种方案的期望收益从而做出决策的方法。

决策树的基本形状如图2.3所示。图中显示了具有两个方案两种自然状态的决策树结构。

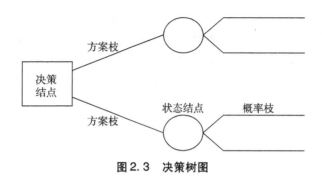

图 2.3 决策树图

【例 2-7】某物流中心为了扩大物流服务,拟建设新的物流中心。据市场预测,所提供的物流服务销路好的概率为 0.7,销路差的概率为 0.3。有三种方案可供企业选择:

方案Ⅰ,新建大物流中心,需投资 300 万元。据初步估计,销路好时,每年可获利 100 万元;销路差时,每年亏损 20 万元。服务期为 10 年。

方案Ⅱ,新建小物流中心,需投资 140 万元。销路好时,每年可获利 40 万元;销路差时,每年仍可获利 30 万元。服务期为 10 年。

方案Ⅲ,先建小物流中心,3 年后销路好时再扩建物流中心,需追加投资 200 万元,服务期为 7 年,估计每年获利 95 万元。问哪一种方案最好?

绘制该问题的决策树,如图 2.4 所示。

方案Ⅰ(结点①)的期望收益为:$[0.7 \times 100 + 0.3 \times (-20)] \times 10 - 300 = 340$(万元)

方案Ⅱ(结点②)的期望收益为:$(0.7 \times 40 + 0.3 \times 30) \times 10 - 140 = 230$(万元)

至于方案Ⅲ,由于结点④的期望收益 $465(=95 \times 7 - 200)$ 万元大于结点⑤的期望收益 $280(=40 \times 7)$ 万元,所以销路好时,扩建比不扩建好。

方案Ⅲ(结点③)的期望收益为:$(0.7 \times 40 \times 3 + 0.7 \times 465 + 0.3 \times 30 \times 10) - 140 = 359.5$(万元)。

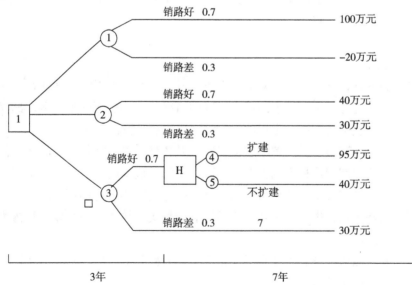

图 2.4 一个多阶段决策的决策树

计算结果表明,在三种方案中,方案Ⅲ最好。

需要说明的是,在上面的计算过程中,我们没有考虑货币的时间价值,这是为了使问题简化。但在实际中,多阶段决策通常要考虑货币的时间价值。

3) 不确定型决策方法

(1) 冒险法(大中取大法)。大中取大法又称乐观法,是指愿承担风险的决策者在方案取舍时以各方案在各种状态下的最大损益值为标准(即假定各方案最有利的状态发生),在各方案的最大损益值中取最大者对应的方案。

【例2-8】某物流企业拟开发新服务,有三种设计方案可供选择。因不同的设计方案的制造成本、产品性能各不相同,在不同的市场状态下的损益值也各异。有关资料见表2-6(损益值数据只为说明问题,不考虑单位)。

表2-6 各方案损益值表

| 损益值 市场状态<br>设计方案 | 畅销 | 一般 | 滞销 | max |
|---|---|---|---|---|
| Ⅰ | 50 | 40 | 20 | 50 |
| Ⅱ | 70 | 50 | 0 | 70 |
| Ⅲ | 100 | 30 | -20 | 100 |

在不知道各种状态的概率时,用大中取大法选择方案的过程如下。

① 在各方案的损益中找出最大者;

② 在所有方案的最大损益值中找最大者,即 max{50, 70, 100} = 100,它所对应的方案Ⅲ就是用该法选出的方案。

(2) 保守法(小中取大法)。小中取大法又称悲观法,是指决策者在进行方案取舍时以每个方案在各种状态下的最小值为标准(即假定每个方案最不利的状态发生),再从各方案的最小值中取最大者对应的方案。

仍以上表资料为例,用小中取大法决策时先找出各方案在各种状态下的最小值,即{20, 0, -20},然后再从中选取最大值:max{20, 0, -20} = 20,对应的方案Ⅰ即为小中取大法选取的决策方案。该方案能保证在最坏情况下获得不低于20单位的收益,而其他方案则无此保证。

(3) 折中法。保守法和冒险法都是以各方案不同状态下的最大或最小极端值为标准的。但多数情况下决策者既非完全的保守者,也非极端的冒险者,而是在介于两个极端的某一位置寻找决策方案,即折中法。折中法的决策步骤如下。

① 找出各方案在所有状态下的最小值和最大值。

② 决策者根据自己的风险偏好程度给定最大值系数 $\alpha(0<\alpha<1)$,最小值的系数随之被确定为 $1-\alpha$。$\alpha$ 也叫乐观系数,是决策者冒险(或保守)程度的度量。

③ 用给定的乐观系数 $\alpha$ 和对应的各方案最大、损益值计算各方案的加权平均值。

④ 取加权平均最大的损益值对应的方案为所选方案。

仍以表2-6所给数据资料为例,计算各方案的最小值和最大值见表2-7。

表 2-7 平均收益值比较表

| 方案 | min | max | 加权平均值($\alpha=0.75$) |
| --- | --- | --- | --- |
| Ⅰ | 20 | 50 | 42.5 |
| Ⅱ | 0 | 70 | 52.5 |
| Ⅲ | -20 | 100 | 70 |

设决策者给定最大值系数 $\alpha=0.75$，最小值系数即为 0.25，各方案加权平均值如下：

Ⅰ：$20 \times 0.25 + 50 \times 0.75 = 42.5$

Ⅱ：$0 \times 0.25 + 70 \times 0.75 = 52.5$

Ⅲ：$(-20) \times 0.25 + 100 \times 0.75 = 70$

取加权平均值最大者：$\max\{42.5, 52.5, 70\} = 70$，对应的方案Ⅲ即为最大值系数 $\alpha=0.75$ 时的折中法方案。

用折中法选择方案的结果，取决于反映决策者风险偏好程度的乐观系数的确定。上例中，如 $\alpha$ 取 0.2，$1-0.2=0.8$，方案的选择结果是Ⅰ，而非Ⅲ。当 $\alpha=0$ 时，结果与保守法相同；当 $\alpha=1$ 时，结果与冒险法相同。这样，保守法与冒险法便成为折中法的两个特例。

(4) 后悔值法（大中取小法）。后悔值法是用后悔值标准选择方案的方法。所谓后悔值是指在某种状态下因选择某方案而未选取该状态下的最佳方案而少得的收益。如在某种状态下选择某方案，其损益值为 100，而该状态下诸方案中最大损益值为 150，则因选择该方案要比最佳方案少收益 50，即后悔值为 50。用后悔值法进行方案选择的步骤如下。

① 计算损益值的后悔值矩阵。方法是用各状态下的最大损益值分别减去该状态下所有方案的损益值，从而得到对应的后悔值。

② 从各方案中选取最大后悔值。

③ 在已选出的最大后悔值中选取最小值，对应的方案即为用最小后悔值法选取的方案。

仍以上例资料为例，计算出的后悔值矩阵见表 2-8。

各方案的最大后悔值为 $\{50, 30, 40\}$，取其最小值 $\min\{50, 30, 40\} = 30$，对应的方案Ⅱ即为用最小后悔原则选取的方案。

表 2-8 最大后悔值比较表

| 后悔值<br>设计方案 \ 市场状态 | 畅销 | 一般 | 滞销 | max |
| --- | --- | --- | --- | --- |
| Ⅰ | 50 | 10 | 0 | 50 |
| Ⅱ | 30 | 0 | 20 | 30 |
| Ⅲ | 0 | 20 | 40 | 40 |

(5) 等概率法。当无法确定某种自然状态发生的可能性大小及其顺序时，可以假定每一自然状态具有相等的概率，并以此计算各方案的期望值，进行方案选择，这种方法也称莱普勒斯法。由于假定各种状态的概率相等，等概率法实质上是简单算术平均法。

仍以上例资料为例，各方案有三种状态，因此每种状态的概率为 1/3，各方案的平均值为：

Ⅰ：$50 \times 1/3 + 40 \times 1/3 + 20 \times 1/3 = 110/3$

Ⅱ：70×1/3＋50×1/3＋0×1/3＝40
Ⅲ：100×1/3＋30×1/3＋（－20）×1/3＝110/3
max{110/3，40，110/3}＝40，所以应选方案Ⅱ。

【任务操作】

讨论等概率法与平均值是否一致？

 项目小结

本项目主要讲述了物流成本预测和决策的相关知识，重点介绍了物流成本预测和决策的各种方法。物流成本的预测法介绍了时间序列预测法和回归预测法两种方法；物流成本决策的方法介绍了定性预测法和定量预测法，重点阐述了定量预测法中的确定型决策、风险型决策和不确定型决策等。

 项目实训

### 我国快递市场未来发展情况预测和决策

【实训背景】

2014年快递服务企业业务量完成139.6亿件；业务收入完成2 045.4亿元；
2013年快递服务企业业务量完成91.9亿件；业务收入完成1 441.7亿元；
2012年快递服务企业业务量完成56.9亿件；业务收入完成1 055.3亿元；
2011年快递服务企业业务量完成36.7亿件；业务收入累计完成758亿元；
2010年快递服务企业业务量完成23.4亿件；业务收入完成574.6亿元。

根据上述资料对今后几年内快递市场的发展作出预测；假如你是一家快递公司的市场分析人员，你将给经理提出什么建议？

【实训目的】

1. 使学生了解目前我国快递市场的基本情况。
2. 进一步熟悉相关的预测方法和决策方法。
3. 学会数据的处理。

【实训准备】

1. 认真阅读所给材料。
2. 选择预测与决策的方法。
3. 学会用Excel制图。

【实训步骤】

1. 两人一组。

2. 采用某种方法对数据进行处理。
3. 给出本组的结果。
4. 根据结果提出相关建议。
5. 将结果制作成PPT，在班上讨论。

### 思考与练习

一、单项选择题

1. 下列各项中，属于因果预测分析法的是(　　)。
   A. 趋势平均法　　　B. 移动平均法　　　C. 回归分析法　　　D. 平滑指数法
2. 下列各项中，不属于定量分析法的是(　　)。
   A. 判断分析法　　　B. 算术平均法　　　C. 回归分析法　　　D. 平滑指数法
3. 已知上年利润为100 000元，下年的经营杠杆系数为1.4，销售量变动率为15%，则下一年的利润预测额为(　　)。
   A. 150 000元　　　B. 140 000元　　　C. 125 000元　　　D. 121 000元
4. 如果经营杠杆系数等于1，表明企业的(　　)。
   A. 固定成本等于零　B. 固定成本大于零　C. 固定成本小于零　D. 固定成本为任意值
5. 某物流企业每月固定成本2 000万元，单价200元，计划提供服务50万次，欲实现目标利润1 000万元，其单位变动成本应为(　　)。
   A. 120元/件　　　B. 130元/件　　　C. 140元/件　　　D. 150元/件
6. 通过一组专家共同开会讨论，进行信息交流和相互启发，从而诱发专家们发挥其创造性思维，促进他们产生"思维共振"，达到相互补充并产生"组合效应"的预测方法为(　　)。
   A. 头脑风暴法　　　B. 德尔菲法　　　C. PERT预测法　　　D. 趋势判断预测法
7. 根据历年各月的历史资料，逐期计算环比加以平均，求出季节指数进行预测的方法称为(　　)。
   A. 平均数趋势整理法　B. 趋势比率法　　　C. 环比法　　　D. 温特斯法
8. (　　)是从最好情况出发，带有一定冒险性质，反映了决策者冒进乐观的态度。
   A. 折中法　　　B. 冒险法　　　C. 保守法　　　D. 等概率决策准则
9. 如果某企业规模小，技术装备不良，担负不起较大的经济风险，则该企业应采用(　　)。
   A. 保守法　　　B. 冒险法　　　C. 折中法　　　D. 等概率决策准则
10. 决策的程序为(　　)。
    ①评价优选方案；②搜集资料确定方案；③实施验证；④发现问题，确定目标。
    A. ④②①③　　　B. ②④①③　　　C. ④①③②　　　D. ④②③①

二、多项选择题

1. 定量决策的方法有(　　)。

A. 头脑风暴法　　　B. 哥顿法　　　C. 德尔菲法　　　D. 盈亏平衡法
E. 决策树

2. 成本预测的基本方法有（　　）。
A. 简单平均法　　　B. 趋势平均法　　C. 指数平滑法　　D. 回归分析法
E. 以上都是

3. 定性决策的方法有（　　）。
A. 头脑风暴法　　　B. 哥顿法　　　C. 德尔菲法　　　D. 盈亏平衡法
E. 决策树

### 三、思考与练习

1. 物流成本分析的原则是什么？
2. 简述物流成本决策的方法。
3. 简述物流成本预测的概念。
4. 简述物流成本预测的步骤。

### 四、计算题

1. 某物流企业1—6月份的配送成本为：42万元、43.5万元、44.1万元、43万元、47万元、45万元，企业规模和技术水平保持不变，请用简单平均法和趋势平均法预测7月份配送成本，并比较结果。

2. 某企业6月份的实际配送成本为45万元，6月份的预测成本为46.5万元，$\alpha=0.4$，用指数平滑法预测7月份配送成本。

3. 某配送中心为适应市场的需要，准备扩大服务能力，有两种方案可供选择：第一方案是建大配送中心；第二方案是先建小配送中心，后考虑扩建。如建大配送中心，需投资700万元，在市场销路好时，每年收益210万元，销路差时，每年亏损40万元。在第二方案中，先建小配送中心，如销路好，3年后进行扩建。建小配送中心的投资为300万元，在市场销路好时，每年收益90万元，销路差时，每年收益60万元，如果3年后扩建，扩建投资为400万元，收益情况同第一方案一致。未来市场销路好的概率为0.7，销路差的概率为0.3；如果前3年销路好，则后7年销路好的概率为0.9，销路差的概率为0.1。无论选用何种方案，使用期均为10年，试做决策分析。

4. 某物流中心2015年1—10月份的实际物流运作成本依次为50万元、52万元、48万元、49万元、42万元、43万元、47万元、51万元、52.4万元、50.6万元。该年1月份的成本预测值为49万元，设平滑系数$\alpha$为0.3。应用指数平滑法预测该物流中心2015年11月份的物流运作成本。

### 五、案例分析

#### 联邦快递适时的业务战略调整

分析联邦快递之所以能在不利的市场环境下取得良好业绩表现，还与联邦快递成功实施了"全方位服务的运输公司，提供业内最广泛的选择"这一战略有关，这一战略的长远目标是为联邦快递寻找一个更高层次的发展方向。

联邦快递(图2.5)集团迄今仍是美国最大的空运服务供应商,但美国本土快递市场整体的增长放慢,空运服务需求下降,所以联邦快递加大了在陆路运输方面的投入。1997年,联邦快递收购了好几家运输企业组成了一个运输集团,开始提供全方位的服务给客户。集团旗下公司包括:全球最大的速递运输公司FedEx Express、北美第二大少量货件陆运公司FedEx Ground、北美最大的区域散货运输公司之一FedEx Freight、北美最大的紧急货件速递公司FedEx Custom Critical以及提供贸易促进方案的公司FedEx Trade Networks。这项措施的效果从第四财季报告中就可看出:美国本土的少量货件陆运公司(FedEx Ground)和区域散货运输公司(FedEx Freight)均取得强劲的营业额和盈利增长。

图2.5 联邦快递

目前,美国本土快递市场的增长已经慢了下来,美国的快递公司都在寻找新的增长业务空间。而物流正是适应这种增长的发展方向。陈嘉良在谈到物流业务时很肯定地说:"业务增长的空间有好几个方面,物流和供应链管理是未来很有前景的一个市场,所以物流一直是联邦快递重点发展的方向。"在过去的几年里,联邦快递采取了许多措施来发展物流业务。它近年来收购了以运输公司为主的许多公司,为的就是加强公司的整个物流体系,并通过旗下多家独立营运的附属公司提供综合供应链管理服务。公司还进行了专门的改组,使管理层能把更多的管理时间花在物流业务上去。而通过管理商务活动的物流、信息流和资金流运转,为企业提供全方位的增值快递服务的物流解决方案,已经被公认为是快递业发展的方向。

陈嘉良认为,作为一家国际性的货运公司,联邦快递最大的优势在于自己强大的技术实力,这是为客户服务的基础。如何用科学技术来帮助客户整合供应链流程是联邦快递的目标所在。陈嘉良说,联邦快递不会花太多的钱去建设仓库之类的设施,因为这些硬件设施不是客户最需要的,客户最为关心的是怎么使自己的业务流程更有效率、更加经济,这也是物流服务提供者最应该做出的贡献。

对于中国物流市场,陈嘉良更是信心十足,"中国现在不仅仅是全球潜力最大的市场,也逐渐在成为全球最大的制造中心和采购中心之一。这种趋势会越来越加快,随着进出口贸易量的增加，中国市场必然带来巨大的物流服务需求。"

（资料来源：杨育生. 联邦快递：实现独有的价值定位 [J]. 市场周刊：新物流，2007 (10)：34-37）

**问题讨论：**

1. 联邦快递为什么要调整业务？
2. 联邦快递调整的业务方向是什么？

# 项目三

## 物流成本预算

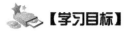【学习目标】

| 知识目标 | 能力目标 |
| --- | --- |
| 1. 了解物流成本预算的意义；<br>2. 掌握物流成本预算的三种编制方法。 | 1. 能根据实际选择预算编制方法；<br>2. 能独立完成预算的编制。 |

### 导入案例

## 武汉钢铁集团成功实施浪潮 ERP 动态预算管理系统

武汉钢铁集团(图 3.1)是新中国成立后由国家投资建设的第一个特大型钢铁联合企业,地处"九省通衢"的武汉市东郊,长江南岸,主体厂区坐落在武汉市青山区。武钢 1999 年开始推行预算管理,首先在组织结构上进行了配套改革,成立了公司预算管理委员会,并利用机构改革之机,把公司的年度生产经营计划和公司财务管理部门合并,组建了计划财务部,优化了预算管理的组织结构。利用计划财务部这个组织结构平台,不断吸纳生产、销售、设备、运输、能源等各个专业的管理专家,使预算管理真正超越财务管理的范畴,使预算管理部门成为一个综合性的管理部门。

图 3.1 武汉钢铁集团

2005 年 1 月,武钢集团携手浪潮 ERP,全面启动集团财务信息化项目。项目选择矿业公司作为试点单位,软件历经 3 个月的成功运行后,集团决定进行全面推广。截至 2005 年年末,浪潮已完成集团公司所属 200 余家二级集团、子公司的项目实施,全面达到项目预期的会计核算和财务管理要求。

(资料来源:浪潮 ERP-GS 成功构建武汉钢铁集团财务管理系统[J]. 中国总会计师,2006(10):48-49,有改动)

## 任务 1 成本预算的意义与体系

### 一、物流成本预算的意义

物流成本预算包括预算编制和预算控制两项职能。作为计划本身与计划实施、控制的中间环节,物流成本预算具有重大的意义。

1. 物流成本预算可以使计划目标进一步明确化、具体化

企业的物流活动要有目标，它不仅要指明未来行动的方向，而且还要说明行动结果的数量要求，否则就无法实现对物流活动的有效控制。物流成本预算加强了计划目标的可比性，在计划执行过程中作为依据即时明确地提供偏差信息，以便管理层采取有效措施，扩大收益或减少损失。同时，物流成本预算使计划目标明确化，便于个人与组织理解和把握，帮助其了解自身在企业整体工作中的地位和作用，从而强化了计划目标的指导性和激励性。

2. 物流成本预算可以协调企业的物流活动

企业物流的总体经营目标，如成本降低，必须层层分解为物流各部门、人员和经营环节上的具体目标才能够得到落实。而最重要的是各部门、个人和经营环节的具体目标在方向上必须与总体经营目标保持一致，总体经营目标才有可能最终实现。通过编制物流成本预算可以把各组织层次、部门、个人和环节的目标有机地结合起来，明确他们之间的数量关系，有助于各个部门和经营环节通过正式渠道加强内部沟通并互相协调，从整个物流系统的角度紧密配合，取得最大的经济效益。

3. 物流成本预算是控制日常物流活动的标准

在日常物流活动中，各项物流活动进展如何，是否符合预定进程，能否实现计划目标，都需要根据一定的标准进行分析和判断，以便及时采取措施。有了物流成本预算，有关部门和单位就可以以预算为依据，通过计量、对比，及时提供实际执行结果与预算标准之间的差异数额，分析其原因，采取有效的措施，保证预算任务和目标的顺利实现。

4. 物流成本预算是评价物流工作业绩的依据

物流成本预算在确立组织内部各部门、环节、个人行动目标的同时，也进一步明确了他们所承担的经济责任，是之能够被客观评价并具有可考核性，即通过实际数与预算数的比较分析，可以检查评价各部门、个人和环节的经济责任和计划任务的完成情况。

## 二、物流成本预算的体系

企业的物流成本可以按各种不同的标准进行分类核算，与此相适应，这些按照各种不同的标准进行分类编制的物流成本预算形式就构成了物流成本预算的体系，具体包括以下几个方面的内容。

1. 物流成本形态的预算

物流成本形态的预算即按物流成本的形态编制的物流成本预算，包括物流人员工资、物流设备折旧费、耗用品费、修缮费以及各种其他费用的预算。这种形式的物流成本预算有利于评价、分析一定时期内企业物流的财务状况，但不利于企业的物流管理。

2. 物流成本功能的预算

物流成本功能的预算即按物流成本的功能编制的物流成本预算，它包括包装成本预算、运输成本预算和仓储成本预算等，这种形式的物流成本预算能够将预算同物流部门及其工作人员有机地结合起来，提高物流部门及其工作人员降低物流成本的积极性。只要将预算与实

际作一比较，就能知道各物流部门的预算执行情况，便于明确责任，从而有利于物流成本的降低。

3. 物流成本对象的预算

物流成本对象的预算即按物流成本的发生对象编制的物流成本预算，该预算通常是按不同商品、不同地区或不同用户编制的。这种形式的物流成本预算包括主要商品的物流成本预算、主要销售地区的物流成本预算和主要用户的物流成本预算。其中，主要商品的物流成本预算是按企业中若干主要商品编制的物流成本预算，它便于企业有效控制这些主要商品的物流成本支出，进行重点管理，从而达到降低物流成本的目的。主要采购和销售地区的物流成本预算是指企业在采购和销售商品的主要地区所花费的物流成本的预算，它有利于控制企业在主要采购和销售地区的物流成本支出，便于在主要采购和销售地区采取措施完成预算，进而降低物流成本。主要用户的物流成本预算是指企业在采购和销售商品时，向不同用户支付的物流成本的预算。这种形式的预算有利于调整企业和用户之间服务与成本的关系，经过努力可以实现既不影响对用户的服务质量，也不会因过高的服务水平而花费巨额的物流成本，从而有利于物流成本的降低。可见，第三种形式的物流成本预算，其主要作用是通过编制不同地区、不同商品、不同用户的物流成本预算来实现重点管理，加强企业物流成本支出的重点控制，从而提高物流成本管理的有效性。

## 任务2  成本预算的编制方法

预算与控制密不可分。物流预算编制既是一个计划过程，同时也是确定控制标准的过程，而物流预算的执行过程也就是根据预算对实际物流经营过程进行控制的过程，即预算控制。一般而言，企业的物流活动及其所处的环境并非如此简单明确，作为控制手段的预算必须根据其特点而采用不同的形式。实际上，管理人员在编制物流预算时，要考虑到预算控制的要求，针对不同企业和不同特点的物流经营活动进行有效控制的需要，使用比一般预算方法更先进的方法编制物流预算。物流预算编制的具体方法和技巧是否恰当，是物流预算控制能否成功的一个重要方面。

## 一、弹性预算

1. 弹性预算法的含义、特点与原理

弹性预算（Flexible Budget）又称变动预算，是按照多种物流经营活动水平和收入、成本、费用与物流经营活动之间的数量关系来编制预算。具体来说，就是在编制物流成本费用预算时，预先估计到预算期间业务量可能发生的变化，编制出一套能适应多种业务量水平的成本费用预算，以便分别反映在各种业务量水平下所应开支的费用水平。弹性预算的特点是，在企业物流规模和业务量水平不断发生变化时，预算数额能够随着业务量水平的变化而做机动的调整，使之仍然能够准确真实地反映某一特定物流经营规模和业务量，通过编制弹性预算,能够提供与实际业务量水平相适应的预算额,从而能够使预算指标与实际业绩进行比较,有利于对这些物流经营活动进行有效的控制。

由于物流成本费用中均包含变动费用和固定费用两部分,因此在编制弹性预算时,应首先将有关预算中的全部成本费用分为固定和变动两部分。只要在相关范围内,固定费用不随业务量的增减而变动,因此,不论业务量多少都无须变动原先的预算数;对于变动费用,则应按不同的业务量对原定的预算数进行适当调整。调整方法如下:假定原定物流费用预算总数为 $Y$,其中固定费用总数为 $a$,原计划业务量按物流商品流转额计算为 $x$,变动费用总额为 $bx$($b$ 为单位业务量变动成本),原预算中的费用预算总数为 $Y = a + bx$。假定实际业务量为 $X$,按实际业务量调整后的物流费用预算总数即为 $Y = a + bX$。

2. 物流成本弹性预算的编制步骤

1) 确定物流成本费用的成本依存度

所谓成本依存度是指成本总额对业务量的依存关系。弹性预算的编制以成本依存度的划分为基础,因此必须先确定各物流成本项目的成本依存度,将它们划分为变动成本、固定成本和混合成本。变动成本是随业务量变化而呈正比例变化的成本,如运输中的燃料费、包装消耗的直接材料费。固定成本是不受业务量影响的成本,如物流设施和设备的折旧费。混合成本是随业务量变化而变化,但与业务量变化不成正比例变化的成本,如物流机械设备的修理费。

2) 选取恰当的业务量计量对象

编制弹性预算时要随业务量水平的变化,计算出不同的计划成本。因此,应选择有代表性、直观性强的业务量作为计量对象,并要求所选取的计量对象与预算中的变动部分有直接联系。如销售部门其推销及管理费用预算的业务量计量对象可选取实物量,也可选取销售额,但销售额的多少常常与价格有关,因此选取实物量作为业务量计量对象的代表性与直观性更强。经常选取的业务量有:直接人工工时、运输吨(千米)、作业工人工资、机械运转时数等。

3) 确定各项物流成本与业务量之间的数量关系

确定各项物流成本与业务量之间的数量关系即根据各项物流成本与业务量之间的数量关系来确定哪些属于固定成本,哪些属于变动成本以及哪些属于混合成本,并将混合成本分解为固定成本和变动成本。混合成本的分解过程如下。

(1) 设 $y = a + bx$,其中 $y$ 为混合成本,$a$ 为混合成本中的固定部分,$b$ 为混合成本中单位业务量变动成本,$x$ 为业务量。

(2) 将已知的两个业务量和相应的混合成本代入方程,联立方程组,求解得出 $a$ 与 $b$。

【例 3-1】已知某汽车的修理费,运行 600 小时是 600 元,运行 540 小时是 544 元,则可设方程

$$y = a + bx$$

代入数据,得到

$$600 = a + b \times 600$$

$$500 = a + b \times 540$$

解得
$$a = 40, b = 0.93$$

即在这部分汽车修理费中,其中有40元属于固定成本开支,其余开支为汽车每运行一小时,增加修理费0.93元。

4)选择弹性预算的表达方式

弹性预算的表达方式主要有列表法和公式法两种。

(1)列表法。

列表法是先确定业务量变化范围,划分出若干个业务量水平。再分别计算各项物流成本项目的预算成本,汇总列入一个预算表格。确定业务量变动范围时应满足业务量实际变动需要,确定的方法有以下几种。

① 把业务量范围确定在正常业务量的70%~110%。

② 把历史上的最低业务量和最高业务量分别作为业务量的下限和上限。

③ 对企业预算期的业务量做出悲观预测和乐观预测,分别作为业务量的下限和上限。

(2)公式法。

公式法是将所有物流成本项目分解为固定成本和变动成本两部分,确定预算成本计算式 $y = a + bx$ 中的系数,其中 $a$ 为混合成本中的固定部分加固定成本的总和,$b$ 为混合成本中单位业务量变动成本加变动成本的总和,$x$ 为业务量。利用这个公式可计算任一水平下业务量的预算物流成本。

【例3-2】假定某公司业务量(物流商品流转量)由30 000、25 000、20 000、15 000个单位发生变化,物流费用的弹性预算见表3-1。

表3-1 物流费用弹性预算　　　　　　　　　　　　　　　单位:元

| 费用明细项目 | | 变动费用分配率(元/件) | 商品流转量 | | | |
|---|---|---|---|---|---|---|
| | | | 30 000(件) | 25 000(件) | 20 000(件) | 15 000(件) |
| 变动费用 | 包装费 | 0.4 | 12 000 | 10 000 | 8 000 | 6 000 |
| | 运输费 | 0.6 | 18 000 | 15 000 | 12 000 | 9 000 |
| | 搬运费 | 0.3 | 9 000 | 7 500 | 6 000 | 4 500 |
| | 流通加工 | 0.5 | 15 000 | 12 500 | 10 000 | 7 500 |
| | 装卸费 | 0.2 | 6 000 | 5 000 | 4 000 | 3 000 |
| | 小计 | | 60 000 | 50 000 | 40 000 | 30 000 |
| 固定费用 | 保管费 | | 15 000 | 15 000 | 15 000 | 15 000 |
| | 订货处理 | | 15 000 | 15 000 | 15 000 | 15 000 |
| | 信息流通 | | 25 000 | 25 000 | 25 000 | 25 000 |
| | 物流管理 | | 5 000 | 5 000 | 5 000 | 5 000 |
| | 客户服务 | | 2 000 | 2 000 | 2 000 | 2 000 |
| | 小计 | | 62 000 | 62 000 | 62 000 | 62 000 |
| 物流费用总计 | | | 122 000 | 112 000 | 102 000 | 92 000 |

【例3-3】光明配送中心正常情况下,通常每月消耗工时为30 000小时,要求在正常工时90%~120%的变动范围内,以10%的变动间隔来编制弹性预算。各项成本费用资料如下:

| 维护费 | 5 200 元 | 材料费用 | 0.42 元/工时 |
| 折旧费 | 8 200 元 | 维护费用 | 0.40 元/工时 |
| 管理费 | 7 500 元 | 水电费 | 0.50 元/工时 |
| 保险费 | 6 600 元 | 机物料消耗费 | 0.38 元/工时 |
| 财产税 | 2 100 元 | 工人工资 | 0.60 元/工时 |

解：根据上述资料将各项费用按照成本特性划分为固定成本和单位变动成本，然后根据工时间隔采用列表法来编制弹性预算，见表 3-2。

表 3-2 光明工厂费用弹性预算表

| 成本项目 | 单位变动成本/(元/工时) | 27 000 工时 | 30 000 工时 | 33 000 工时 | 36 000 工时 |
| --- | --- | --- | --- | --- | --- |
| 变动成本： | | | | | |
| 材料费用/元 | 0.42 | 11 340 | 12 600 | 13 860 | 15 120 |
| 维护费用/元 | 0.40 | 10 800 | 12 000 | 13 200 | 14 400 |
| 水电费用/元 | 0.50 | 13 500 | 15 000 | 16 500 | 18 000 |
| 机物流消耗费用/元 | 0.38 | 10 260 | 11 400 | 12 540 | 13 680 |
| 工人工资/元 | 0.60 | 16 200 | 18 000 | 19 800 | 21 600 |
| 变动成本合计 | | 62 100 | 69 000 | 75 900 | 82 800 |
| 固定成本： | | | | | |
| 维护费用/元 | 5 200 | 5 200 | 5 200 | 5 200 | 5 200 |
| 折旧费用/元 | 8 200 | 8 200 | 8 200 | 8 200 | 8 200 |
| 管理费用/元 | 7 500 | 7 500 | 7 50 | 7 500 | 7 500 |
| 保险费用/元 | 6 600 | 6 600 | 6 600 | 6 600 | 6 600 |
| 财产税/元 | 2 100 | 2 100 | 2 100 | 2 100 | 2 100 |
| 固定成本合计 | 29 600 | 29 600 | 29 600 | 29 600 | 29 600 |
| 总计 | — | 91 700 | 98 600 | 105 500 | 112 400 |

应该注意的是，弹性预算不仅适用于物流费用预算的编制和控制。实际上，任何随业务量的变化而变化的预算项目均可以采用这种方法为其编制预算，从而为预算控制提供一个坚实的基础。

【任务操作】

华明仓库通常每月正常工时为 30 000 工时。

要求：(1) 利用公式法编制该企业的成本计算公式。

(2) 计算当消耗工时为正常工时的 90% 和 110% 时，该企业的总成本。

各项成本费用资料如下。

维护费：固定支出 4 000 元，另加每工时负担 0.50 元

管理费：7 500 元

折旧费：8 500 元

工人工资：基本工资 1 000 元，另加 0.60 元/工时

材料费：0.32 元/工时

水电费：0.50 元/工时

机物料消耗：0.18 元/工时

3. 物流成本弹性预算的应用

1）控制物流支出

物流成本弹性预算给出了不同业务量水平下的预算物流成本，使不同水平业务量都有成本限额，在成本发生时就能进行控制。

2）考核物流业绩

计划期末，将物流成本执行情况与预算进行比较，分析成本差异的原因，并评价各部门物流成本的执行情况。

物流成本弹性预算为不同的业务量提供了物流成本预算依据，在实践中应用非常广泛。

## 二、零基预算

按传统方法编制物流成本费用预算，一般是以基期的各种物流费用项目的实际开支数为基础，然后结合预算期内可能会使各种费用项目发生变动的有关因素，如业务量的增减等，从而确定预算期内应增应减的数额，即在原有的基础上增加或减少一定的百分率来编制物流预算，成为增量预算。这种传统的方法过分受基期的约束，往往不能做到实事求是、精打细算，造成较大的浪费，使企业的物流资源运用效率下降。20 世纪 60 年代美国人彼得·派尔（Peter Pyhrr）提出了"以零为基础的编制预算和计划的方法"，即零基预算（Zero-Based Planning and Budgeting，ZBB），被认为是管理间接费用的有效方法。按照零基预算的思想，企业在编制物流成本费用预算时，对于任何一个预算期，任何一种项目的开支数，不是从原有的基础出发，即不考虑基期的费用开支水平，而是以零为起点，从根本上考虑各种费用项目的必要性和开支数目。编制物流零基预算的具体方法，大体可以分为三个步骤。

1. 提出物流预算目标

提出物流预算目标即由企业物流各部门和员工根据本企业在预算期内的总体经营目标和各部门应当完成的任务，在充分沟通酝酿的基础上提出必须安排的物流费用项目，并为每一物流费用项目编写一套开支方案，明确费用开支的目的和金额。

2. 进行成本效益分析

进行成本效益分析即对每一个预算项目的所得与花费进行比较，以其计算、对比的结果衡量评价各预算项目的经济效益，在权衡各个物流费用开支项目轻重缓急的基础上决定对所有预算项目资金分配的先后顺序。

3. 分配资金，落实预算

分配资金，落实预算即根据以上确定的预算项目的先后次序，将企业物流活动在预算期内可动用的资金或其他经济资源在有关项目之间进行合理分配，既保证优先预算项目的资金需要，又要使预算期内各项物流经营活动得以均衡协调发展。

【例 3-4】假定某公司采用零基预算法编制下一年度物流费用预算，具体过程如下。

第一步，由物流部门根据企业下年度利润目标、销售目标和成本目标以及物流部门具体承担的物流经营任务的要求，提出计划期各项费用及其水平，见表3-3。

表3-3 计划期各项费用及其水平　　　　　　　　　　　　　　单位：元

| 项目 | 金额 |
| --- | --- |
| 物流部门人员工资及福利费 | 200 000 |
| 有关设备、仓库折旧费 | 50 000 |
| 生产要素采购费用 | 35 000 |
| 广告宣传费 | 350 000 |
| 仓库挑选、整理、保管费 | 25 000 |
| 物流信息费 | 120 000 |

第二步，根据有关历史资料，对各种费用进行"成本效益"分析。

生产要素采购费用和仓库挑选、整理、保管费属于变动性物流费用，与特定的业务量相联系，是完成计划规定的物流业务活动必不可少的开支。

有关设备、仓库折旧费和物流部门人员工资及福利费属于约束性固定成本，仍是企业必不可少的开支项目。

广告宣传费和物流信息费属于酌量性固定成本，根据以往有关的平均费用金额和相应的平均销售金额，计算成本收益比率，见表3-4。

表3-4 计算成本效益比例　　　　　　　　　　　　　　单位：元

| 明细项目 | 平均费用金额 | 平均收益金额 | 成本效益比例 |
| --- | --- | --- | --- |
| 广告宣传费 | 20 000 | 400 000 | 20 |
| 物流信息费 | 40 000 | 400 000 | 10 |

第三步，安排各项费用的开支顺序。

生产要素采购费用和仓库挑选、整理、保管费是必须指出项目，需全额保证，列为第一层次。

有关设备、仓库折旧费和人员工资福利费，列为第二层次。

广告宣传费成本收益水平高于物流信息费，列为第三层次。

物流信息费列为第四层次。

第四步，分配现有资金和落实预算，如果企业可供物流部门使用的资金为730 000元，则分配结果见表3-5。

表3-5 分配现有资金和落实预算　　　　　　　　　　　　　　单位：元

| 项目 | 金额 |
| --- | --- |
| 生产要素采购费用 | 35 000 |
| 仓库挑选、整理、保管费 | 25 000 |
| 有关设备、仓库折旧费 | 50 000 |
| 物流部门人员工资及福利费 | 200 000 |
| 以上费用合计 | 310 000 |
| 广告宣传费 | (730 000 - 310 000) × 20/30 = 280 000 |
| 物流信息费 | (730 000 - 310 000) × 10/30 = 140 000 |

物流零基预算的优点是不受历史资料和先行预算的限制，对一切物流业务活动及其费用开支都要同组织第一次创立一样，以零为起点来考虑其必要性和重要程度，然后重新分配企业的物流预算资金，因此，这种预算方式可以有效地压缩经费开支，提高资金的使用效果和合理性。当然，零基预算法的工作量较增量预算要繁重得多，所以企业可以每隔几年编制一次物流零基预算，而在其他时间仍编制增量预算。

### 三、滚动预算

通常情况下，物流成本预算的预算期是一年，以便和会计年度相配合，对预算执行结果进行分析和评价。但是，这种固定以一年为期的预算，在实际运用中存在诸多的缺陷。比如，由于对预算年度中靠后月份的物流经营活动无法准确预测，企业在编制物流预算时只能对其进行大致的估计和推测，这就造成预算数往往不能符合实际情况，给预算执行造成很大的困难。再如，固定期间的预算，在执行一段时期后，往往会使管理人员只考虑剩余月份的物流经济活动，因而缺乏长期打算。为了解决固定预算的上述问题，企业可采用滚动预算（Rolling Budget）的方法编制物流成本预算。这种方法要求预算始终保持12个月的时间跨度，其中前几个月的预算详细完整，后几个月的预算可以笼统概括一些。每过一个月（或季度），就根据新的情况修订调整后几个月的预算使之逐渐细化，并在原有的预算期末补充一个月（或季度）的预算，逐期向后滚动。

由于滚动预算的预算期不是固定的，而是连续不断的，故又被称为永续预算。这种预算方法符合企业持续经营的一般假设，使预算具有连续性和完整性，帮助管理者通过动态的预算过程对企业未来较长一段时间的物流经营活动做出详细而全面的考虑。此外，滚动预算方法符合人们对事物的认识过程，允许对预算做出调整和修正以适应变化了的实际情况，从而提高了预算的科学性和有效性。

【任务操作】

按照滚动预算的编制方法，编制自己今后半年生活费用的预算。

## 项目小结

项目介绍了物流成本预算的意义与体系以及物流成本预算的方法。其中物流成本预算的体系从物流成本的形态、功能和发生对象三个方面介绍物流成本预算。物流成本预算的方法主要介绍了弹性预算法、零基预算法和滚动预算法，通过原理介绍和举例阐明了弹性预算法和零基预算法，对于滚动预算法仅仅介绍了它的基本原理。

## 项目实训

### 大众配送中心预算的编制

【实训背景】

大众配送中心要编制 2016 年的预算,相关资料如下:

维护费:固定支出 2 000 元,另加每工时负担 0.08 元;工人工资:基本工资 3 000 元,另加每工时津贴 0.10 元;材料费:0.15 元/工时;折旧费:5 000 元;水电费:基数为 1 000 元,另加每工时津贴 0.20 元。

根据上述资料采用列表法编制弹性预算(工时在 3 000~6 000 范围内,按间隔 1 000 来编制,完成表 3-6)。

表 3-6 预算表                    单位:元

|  | 单位变动成本 | 3 000 工时 | 4 000 工时 | 5 000 工时 | 6 000 工时 |
| --- | --- | --- | --- | --- | --- |
| 变动成本: |  |  |  |  |  |
| 固定成本: |  |  |  |  |  |
| 合计 |  |  |  |  |  |

【实训目的】

1. 理解预算编制的各种方法。
2. 能编制一份预算表。

【实训准备】

1. 掌握弹性预算的编制。
2. 相关工具,如计算器。

【实训步骤】

1. 选择一种预算编制方法。
2. 根据基本数据完成预算编制。
3. 探讨预算编制的合理性与依据。

## 思考与练习

### 一、单项选择题

1. 物流企业经营业务预算的基础是( )。
   A. 生产预算　　　　B. 现金预算　　　　C. 销售预算　　　　D. 成本预算
2. 根据预算期内正常的可能实现的某一业务活动而编制的预算是( )。
   A. 零基预算　　　　B. 滚动预算　　　　C. 弹性预算　　　　D. 固定预算
3. 预算在执行过程中自动延伸,使预算期永远保持在一年的预算成为( )。
   A. 固定预算　　　　B. 滚动预算　　　　C. 弹性预算　　　　D. 概率预算
4. 为了克服固定预算的缺陷,可采用的方法是( )。
   A. 定期预算　　　　B. 滚动预算　　　　C. 弹性预算　　　　D. 增量预算
5. 为区别传统的增量预算可采用的方法是( )。
   A. 零基预算　　　　B. 滚动预算　　　　C. 定期预算　　　　D. 固定预算

### 二、多项选择题

1. 弹性预算的成本分为( )。
   A. 固定成本　　　　B. 变动成本　　　　C. 期间费用　　　　D. 期间费用
   E. 销售费用
2. 弹性预算的表达方式有( )。
   A. 公式法　　　　　B. 分步法　　　　　C. 列表法　　　　　D. 矩阵法
   E. 以上都是
3. 预算的编制方法包括( )。
   A. 弹性预算　　　　B. 滚动预算　　　　C. 损益预算　　　　D. 零基预算
   E. 以上都是

### 三、思考题

1. 物流成本预算的含义和作用是什么？
2. 什么是物流弹性预算？如何编制？
3. 什么是物流零基预算？其编制步骤是什么？
4. 什么是滚动预算？为什么要编制滚动预算？

### 四、计算题

1. 某物流企业 2014 年的正常物流作业量为 10 000 人工小时,物流费用的有关资料见表 3-7。

根据表 3-7 提供的资料,以 10 个百分点为间隔,编织物作业量在 80%～110% 的物流弹性费用预算。

表 3-7 物流费用资料

| 项目 | | 物流费用额/元 |
|---|---|---|
| 变动费用 | 包装费 | 2 500 |
| | 运输费 | 2 100 |
| | 搬运费 | 1 860 |
| | 装卸费 | 1 340 |
| 固定费用 | 保管费 | 2 000 |
| | 订货处理费 | 6 500 |
| | 物流管理费 | 3 550 |
| | 客户服务费 | 1 050 |

2. 设某物流企业 2016 年度可用于行政管理和产品推销的资金额为 30 000 元，根据各部门讨论协商提出的预算项目和所需资金见表 3-8。

表 3-8 预算项目及资金

| 项目 | 单位/元 |
|---|---|
| 房屋租金 | 5 000 |
| 办公费 | 3 000 |
| 职工薪金 | 5 000 |
| 差旅费 | 2 000 |
| 广告费 | 8 000 |
| 培训费 | 10 000 |

广告费和培训费的成本收益率分别为 1∶20 和 1∶30。请为该企业编制零基预算。

3. 下面是某机械厂一仓库流通加工组的弹性预算资料：

正常业务量为 6 000 工时；电力消耗：每工时 1 元；材料消耗：每工时 0.1 元；折旧费：3 000 元；人员工资 1 000 元；混合成本：工时 6 000 时，混合成本 2 800 元；工时 5 400 时，混合成本 2 740 元。

要求：

（1）利用公式法将混合成本分解。

（2）列出成本预算总额公式。

（3）计算当业务量分别为正常业务量的 90% 和 110% 时的成本预算总额。

五、案例分析

## 某物流公司预算实例

由企业有关部门根据公司下一年度的利润目标、销售目标、成本目标以及销售和管理部门具体承担的经营管理任务的要求，经多次讨论研究，反复协商，提出下一年度各费用项目及其预计的开支水平，见表 3-9。

表3-9 公司销售及管理费用预计开支额及可动用的财力资源表　　　　单位：元

| 费用项目 | 预计开支金额 | 费用项目 | 预计开支金额 |
|---|---|---|---|
| 工资 | 15 000 | 差旅费 | 1 900 |
| 保险费 | 2 800 | 广告费 | 4 000 |
| 办公费 | 2 200 | 培训费 | 3 000 |
| 运输费 | 2 100 | 合计 | 31 000 |
| 可动用的财力资源 | 30 000 | | |

如何安排资金预算？为什么？还需要搜集哪些资料？

分析：在上述费用中，工资、保险费、办公费、运输费、差旅费等费用项目均属于预算期间必不可少的费用开支，必须足额保证；广告费和培训费可根据公司的财务状况适当调整，根据以往有关平均费用金额与其相应的平均收益金额，计算出两项费用的成本收益率见表3-10。

表3-10 公司有关成本费用与对应效益分析表　　　　单位：元

| 明细项目 | 平均成本 | 平均收益 | 每元成本收益额 |
|---|---|---|---|
| 广告费 | 3 800 | 83 600 | 22 |
| 培训费 | 1 900 | 34 200 | 18 |

分析：将费用项目按其性质、轻重缓急以及分析结果，进行排序。

（1）预算期内不可缺少，需要全额保证的工资、保险费、办公费、运输费、差旅费。

（2）可根据预算期间企业财务的承担能力酌情增减的广告费。因其成本收益率大于培训费的成本收益率，故列为第二层次。

（3）培训费。性质与广告费相同。但其每元的成本收益小于广告费成本收益，因此列为第三层次。

根据上述费用可动用的财力资源，按以上排列顺序、层次分配资金、落实预算。首先足额保证必须开支项目，余下金额按每元的成本收益额在可增减成本之间分配，分配结果见表3-11。

表3-11 公司销售及管理费用预算表(零基预算)　　　　单位：元

| 费用项目 | 金额 |
|---|---|
| ①工资 | 15 000 |
| ②保险费 | 2 800 |
| ③办公费 | 2 200 |
| ④运输费 | 2 100 |
| ⑤差旅费 | 1 900 |
| ⑥广告费 | 3 300 |
| ⑦培训费 | 2 700 |
| 合　计 | 30 000 |

其中，必须足额保证的开支项目安排后的资金余额在广告费和培训费之间的分配情况如下：

分配率 = (30 000 - 15 000 - 2 800 - 2 200 - 2 100 - 1 900)/(22 + 18) = 6 000/40 = 150；
广告费 = 22 × 150 = 3 300(元)；培训费 = 6 000 - 3 300 = 2 700(元)。

由此可制定出该公司 2015 年度成本预算(见表 3 - 12)。

表 3 - 12　公司 2015 年度成本预算(滚动预算)　　　　　单位：元

| 项　目 | 单位成本 (元/件) | 各月预计生产量/件 | | | | | |
|---|---|---|---|---|---|---|---|
| | | 1 月份 | 2 月份 | 3 月份 | 4 月份 | … | 12 月份 |
| | | 800 | 600 | 700 | 1 000 | … | 850 |
| 变动生产成本 | | | | | | | |
| 直接材料 | 12 | 9 600 | 7 200 | 8 400 | 12 000 | … | 10 200 |
| 直接人工 | 8 | 6 400 | 4 800 | 5 600 | 8 000 | … | 6 800 |
| 变动制造费用 | 5 | 4 000 | 3 000 | 3 500 | 5 000 | … | 4 250 |
| 小计 | 25 | 20 000 | 15 000 | 17 500 | 25 000 | … | 21 250 |
| 固定制造费用 | | 7 500 | 7 500 | 7 500 | 7 500 | … | 7 500 |
| 生产成本合计 | | 27 500 | 22 500 | 25 000 | 32 500 | … | 28 750 |

(*代表预算执行期，下同)。假定根据对 1 月份预算执行情况的分析，预计 2 月份生产量为 650 件，预计 3 月份生产量为 800 件，其他情况不变。预计 2016 年 1 月份生产能力、固定资产没有变化。由此对 2、3 月份的预算进行调整，并根据下年度 1 月份预计生产量(设为 900 件)，编制滚动预算见表 3 - 13。

表 3 - 13　2015 年度成本预算滚动(滚动预算)　　　　　单位：元

| 项　目 | 单位成本 元/件 | 各月预计生产量/件 | | | | | | |
|---|---|---|---|---|---|---|---|---|
| | | 2 月份 | 3 月份 | 4 月份 | 5 月份 | … | 12 月份 | 2016 年 1 月 |
| | | 650 | 800 | 1 000 | 1 300 | … | 850 | 900 |
| 变动生产成本 | | | | | | | | |
| 直接材料 | 12 | 7 800 | 9 600 | 12 000 | 15 600 | … | 10 200 | 10 800 |
| 直接人工 | 8 | 5 200 | 6 400 | 8 000 | 10 400 | … | 6 800 | 7 200 |
| 变动制造费用 | 5 | 3 250 | 4 000 | 5 000 | 6 500 | … | 4 250 | 4 500 |
| 小　计 | 25 | 16 250 | 20 000 | 25 000 | 32 500 | … | 21 250 | 22 500 |
| 固定制造费用 | | 7 500 | 7 500 | 7 500 | 7 500 | … | 7 500 | 7 500 |
| 生产成本合计 | | 23 750 | 27 500 | 32 500 | 40 000 | … | 28 750 | 30 000 |

# 项目四

## 物流成本控制

【学习目标】

| 知识目标 | 能力目标 |
| --- | --- |
| 1. 了解物流成本控制的意义；<br>2. 理解物流成本控制的种类。 | 1. 能根据实际运作对成本进行控制；<br>2. 能正确选用成本控制的方法。 |

## 导入案例

### 美的——供应链双向挤压

美的虽然多年名列空调产业的"三甲"之位,但是不无一朝城门失守之忧。在降低市场费用、裁员、压低采购价格等方面,美的频繁变招,其路数始终围绕着成本与效率。在广东地区已经悄悄为终端经销商安装进销存软件,即实现"供应商管理库存"(以下简称VMI)和"管理经销商库存"中的一个步骤。

对于美的来说,其较为稳定的供应商共有300多家,其零配件(出口、内销产品)加起来一共有3万多种。利用信息系统,美的集团(图4.1)在全国范围内实现了产销信息的共享。有了信息平台做保障,美的原有的100多个仓库精简为8个区域仓,在8小时可以运到的地方,全靠配送。这样一来,美的集团流通环节的成本降低了15%~20%。运输距离长(运货时间3~5天的)的外地供应商,一般都会在美的的仓库里租赁一个片区(仓库所有权归美的),并把其零配件放到片区里面储备。在美的需要用到这些零配件的时候,它就会通知供应商,然后再进行资金划拨、取货等工作。这时,零配件的产权,才由供应商转移到美的手上,而在此之前,所有的库存成本都由供应商承担。

图4.1 美的LOGO

此外,美的在企业资源管理(ERP)基础上与供应商建立了直接的交货平台。供应商在自己的办公地点,通过互联页(Web)的方式就可登录到美的公司的页面上,看到美的的订单内容;品种、型号、数量和交货时间等,然后由供应商确认信息,这样,一张采购订单就已经合法化了。

实施VMI后,供应商不需要像以前一样疲于应付美的的订单,而只需做一些适当的库存即可。供应商则不用备很多货,一般有能满足3天的需求即可。其零部件库存也由原来平均的5~7天存货水平,大幅降低为3天左右,而且这3天的库存也是由供应商管理并承担相应成本。库存周转率提高后,一系列相关的财务"风向标"也随之"由阴转晴",让美的"欣喜不已";资金占用降低、资金利用率提高、资金风险下降、库存成本直线下降。

在业务链后端的供应体系进行优化的同时,美的也正在加紧对前端销售体系的管理进行渗透。在经销商管理环节上,美的利用销售管理系统可以统计到经销商的销售信息(分公司、代理商、型号、数量、日期等),而近年来则公开了与经销商的部分电子化往来,以前半年一次的手工性的繁杂对账,现在则进行业务往来的实时对账和审核。在前端销售环节,美的作为经销商的供应商,为经销商管理库存。这样的结果是,经销商不用备货了,"即使备货也是五台十台这种概念"——经销商缺货,美的立刻就会自动送过去,而不需经销商提醒。经销商的库存"实际是美的自己的库存"。这种存货管理上的前移,美的可以有效地削减销售渠道上昂贵的存货，而不是任其堵塞在渠道中，让其占用经销商的大量资金。

美的以空调为核心对整条供应链资源进行整合，更多的优秀供应商被纳入美的空调的供应体系，美的空调供应体系的整体素质有所提升。依照企业经营战略和重心的转变，为了满足制造模式"柔性"和"速度"的要求，美的对供应资源布局进行了结构性调整，供应链布局得到优化。通过厂商的共同努力，整体供应链在"成本""品质""响应期"等方面的专业化能力得到了不同程度的发育，供应链能力得到提升。目前，美的空调成品的年库存周转率大约是接近10次，而美的的短期目标是将成品空调的库存周转率提高1.5~2次。目前，美的空调成品的年库存周转率不仅远低于戴尔等电脑厂商，也低于年周转率大于10次的韩国厂商。库存周率提高一次，可以直接为美的空调节省超过2 000万元人民币的费用。因而保证了在激烈的市场竞争下维持了相当的利润。

（资料来源：张沁．美的——供应链双向挤压［J］．市场周刊：新物流，2006（5）：18，有改动）

## 任务1 物流成本控制的意义与种类

### 一、物流成本控制的意义

物流成本控制在企业物流成本管理过程中具有重大的意义，对提高企业物流活动的竞争力至关重要，主要表现在以下几方面。

1. 能够激发职工对物流成本控制的责任感

建立物流责任成本控制制度，把物流成本按相关标准划分成经济责任，层层落实到部门、物流过程以至个人，把物流成本信息处理及工作考核与各有关的物流成本控制指标紧密联系到一起，这样做可以增强各部门、单位、个人的责任感，促进他们在各自的责权范围内对物流成本行使控制权，达到降低物流成本、提高企业经济效益的目的。

2. 加强企业管理部门对物流各部门的业绩考核监督

物流成本控制，使物流各部门、单位明确责任权限之后有了考核业绩的目标，业绩是好是坏一目了然，能够有效地改变物流过程中的职责不清、功过难分的"大锅饭"现象。由于功过分明便于奖惩，能充分调动物流部门的积极性和创造性，达到物流成本控制的目的。

3. 能够节约资金并合理利用资金

物流成本在企业成本中占有很大的比例，需要投入大量的人力、物力和财力，如果组织和处理不当，就会造成很大的损失和浪费。应把物流设备和物流活动看作一个系统，各要素同处于该系统之中，发挥着各自的功能和作用。努力提高物流效率，可以减少资金占用，缩短物流周期，降低储存费用，从而节省物流成本。

物流成本控制是物流成本管理的重要环节，它贯穿于整个物流过程之中。物流成本控制制度能够把事前物流成本预算和日常的物流成本控制有机地结合起来，因此它是加强物流成本管理、提高物流效率的重要步骤。

## 二、物流成本控制的种类

一般情况下,物流成本可按成本发生的时间先后划分为事前控制、事中控制和事后控制三类,也就是成本控制过程中的设计阶段、执行阶段和考核阶段。

### 1. 物流成本事前控制

物流成本事前控制主要涉及物流系统的设计,如物流配送中心的建设,物流设施、设备的配备,物流作业过程改进控制,物流信息系统投资控制等。通常采用以下几种方法。

1) 目标成本法

目标成本法是指经过物流成本预测和决策,确定目标成本,并将目标成本分解,结合责任制,层层控制。

2) 预算法

预算法是指用制定预算的办法来制定控制标准。有的企业基本上是根据年度的生产销售计划来制定费用开支预算,并把它作为物流成本控制的标准。采用这种方法特别要注意应从实际出发来制定预算。

3) 定额法

定额法是指建立起定额和费用开支限额,并将这些定额和限额作为控制标准来进行控制。在企业里,凡是能建立定额的地方,都应把定额建立起来。实行定额控制的方法有利于物流成本控制的具体化和经常化。在采用上述方法确定物流成本控制标准时,一定要进行充分的调查研究和科学计算。同时还要正确处理物流成本指标与其他技术经济指标的关系(如与质量、生产效率等的关系),从完成企业的总体目标出发,进行综合平衡,防止片面性。必要时,还应搞多种方案的择优选用。

据估计,物流成本中有60%~80%的部分在物流系统设计阶段就已经确定了,因此物流成本事前控制是极为重要的环节,它直接影响到以后物流作业流程成本的高低。

### 2. 物流成本事中控制

要根据控制标准,对物流成本形成的各个项目,经常地进行检查、评比和监督。不仅要检查指标本身的执行情况,而且要检查和监督影响指标的各项条件,如设备、工作环境等基础。

物流成本事中控制通常采用标准成本法,是对物流活动过程中发生的各项费用按预订的成本标准(如设备耗费、人工耗费、劳动工具耗费和其他费用支出等)进行严格审核和监督,通过计算差异、分析差异和及时的信息反馈,来纠正差异。

### 3. 物流成本事后控制

物流成本的事后控制是对目标成本的实际发生情况进行分析评价,揭示问题,查明原因,为以后进行成本控制和制定新的成本目标提供依据。针对物流成本差异发生的原因,查明责任者,分清情况,分清轻重缓急,提出改进措施,加以贯彻执行。对于重大差异项目的纠正,一般采用下列程序。

(1) 提出课题。从各种物流成本超支的原因中提出降低物流成本的课题。这些课题首先应当是那些物流成本降低潜力大、各方关心、可能实行的项目。提出课题的要求，包括课题的目的、内容、理由、根据和与其达到的经济效益。

（2）讨论和决策。课题选定以后，应发动有关部门和人员进行广泛的研究和讨论。对重大课题，可能要提出多种解决方案，然后进行各种方案的对比分析，从中选出最优方案。

（3）确定方案实施的方法、步骤及负责执行的部门和人员。

（4）贯彻执行确定的方案。在执行过程中也要及时加以监督检查。方案实施以后，还要检查方案实施后的经济效益，衡量是否达到了预期的目标。

物流成本控制是加强物流成本管理的一项重要手段，经过一系列的成本控制可以有效分析物流成本居高不下的原因，并找到相应的对策，促使企业不断提高物流管理水平，提高企业的经济效益。

## 任务2　责任成本控制

责任成本是以具体的责任单位（部门、单位或个人）为对象，以其承担的责任为范围所归集的成本，也就是特定责任中心的全部可控成本，责任成本是按照谁负责谁承担的原则，以责任单位为计算对象来归集的，所反映的是责任单位与各种成本费用的关系。

### 一、采用责任成本法对物流成本控制的意义

采用责任成本法，对于合理确定域划分各物流部门的责任成本，明确各物流部门的成本控制范围，进而从总体上有效控制物流成本有着重要的意义。

（1）使物流成本的控制有了切实保障。建立了责任成本制，由于将各责任部门、责任人的责任成本与其自身的经济效益密切结合，可将降低成本的目标落实到各个具体的物流成本部门及个人，使其自觉地把成本管理纳入本部门或个人的本职工作范围，使成本管理落到实处。

（2）使物流成本的控制有了主动性。建立责任成本制，可促使企业内部各物流部门及个人主动寻求降低成本的方法，积极采用新材料、新工艺、新设备，充分依靠科学技术来降低物流成本。

### 二、成本责任单位的划分

计算责任成本的关键是判别每一项物流成本费用支出的责任归属。通常，可以按以下原则确定责任单位的可控成本。

（1）假如某责任单位通过自己的行动能有效地影响某项成本的数额，那么该单位就要对这项成本负责。

（2）假如责任单位有权决定是否使用某种物流，他就应对这种物流服务的成本负责。

（3）某管理人员虽然不直接决定某项物流成本，但是上级要求他参与有关事项，从而对该项成本的支出施加了重要影响，则他对该成本也要承担责任。

通常可按照物流活动过程中特定的经济任务来划分责任单位。物流企业或企业物流部门内部各个活动环节相互紧密衔接并相互交叉，形成一个纵横交错、复杂严密的网络。通常分为横向的责任单位和纵向的责任单位。

横向责任单位是指企业为了满足生产经营管理上的需要而设置的平行职能机构，它们之间的关系是协作关系，而非隶属关系。主要包括：供应部门、销售部门、劳资部门、设计部门、技术部门、设备管理部门、计划部门、质量管理部门等。

纵向责任单位是指企业及其职能部门为了适应分级管理的需要，自上而下层层设置的各级部门或单位。纵向责任单位之间虽然是隶属关系，但因其在成本的可控性上有其各自的责任与职权，所以有必要在责任单位划分上将其区别出来。主要包括：公司总部、分公司、车间、工段、班组等。

### 三、责任成本法在物流企业中的具体应用

为了明确各单位责任的执行情况，必须对其定期进行责任成本的计算与考核，以便对各责任单位的工作做出正确的评价。

责任成本的计算方法有直接计算法和间接计算法。

#### 1. 直接计算法

直接计算法是将责任单位的各项责任成本直接加和汇总，以求得该单位责任成本总额的方法。其计算方法为：

$$某责任单位责任成本 = 该单位各项责任成本之和$$

#### 2. 间接计算法

间接计算法是以本责任单位的物流成本为基础，扣除该责任单位的不可控成本，再加上从其他责任单位转来的责任成本的计算方法。其计算公式为：

$$某责任单位责任成本 = 该责任单位发生的全部成本 - 该单位不可控成本 + 其他单位转来的责任成本$$

这种方法不需要逐笔计算各责任单位的责任成本，所以计算工作量比直接计算法小。在运用此法时，应合理确认该单位的不可控成本和从其他单位转来的责任成本。

### 四、责任成本对单位业绩的评价与考核

在实际工作中，对责任单位的责任成本评价考核的依据是责任预算和业绩报告。对责任单位业绩的考核涉及成本控制报告、差异调查和奖惩等问题。考核的目的是纠正偏差，改进工作。

#### 1. 成本控制报告

成本控制报告也称为业绩报告，其目的是将责任中心的实际成本与限额比较，以判断成本控制的业绩。主要内容包括：实际成本的资料、控制目标的资料和两者之间的差异与原因。良好的业绩报告应该符合下列要求：报告的内容应与其责任范围一致；报告的信息要适合使用人的需要；报告的时间要符合控制的要求；报告的列示要简明、清楚和实用。

### 2. 差异调查

成本控制报告将使人们注意到偏离目标的表现,但它只是提出问题的线索,只有通过调查研究,找到原因,分清责任,才能采取纠正行动,收到降低成本的实效。发生偏差的原因很多,只有通过调查研究,才能找到具体原因,并针对原因采取纠正行动。

### 3. 奖励与惩罚

奖励是对超额完成任务的回报,是表示赞许的一种方式。目前奖励的方式主要是奖金,也会涉及加薪和提升等。惩罚是对不符合期望行为的警示。惩罚的作用在于维持物流企业运转所要求的最低标准,包括产量、质量、成本、安全、出勤和接受上级领导要求等。如果达不到最低要求,物流企业将无法正常运转。对达不到成本要求的惩罚的手段主要是批评和扣发奖金,有时涉及降职、停止提升和免职等。惩罚的目的是避免类似的行为重复出现,包括被惩罚人的行为和物流企业其他人的行为。

### 4. 纠正偏差

纠正偏差是成本控制系统的目的。如果一个成本控制系统不能解释成本差异及其产生的原因,不能解释应由谁对差异负责从而保证采取某种纠正措施,那么这种控制系统就仅仅是一种数字游戏,白白浪费了职能人员的许多时间。纠正偏差是各责任单位主管人员的主要职能,具有责任心和管理才能的、称职的主管人员可以通过调查研究找到具体原因,并有针对性地采取纠正措施。纠正偏差的措施如下。

(1)重新制订计划或修改目标。

(2)采取人事管理手段增加人员、选拔和培训主管人员或者撤换主管人员。

(3)改进指导和领导工作,给下属以更具体的指导,实施更有效的领导机制。

## 五、物流责任成本的综合管理

### 1. 合理划分物流责任中心

根据企业管理体制和经营管理的需要,划分若干责任中心(责任单位),对各自的物流成本负责,并明确各中心应承担的经济责任和拥有的经济权利。例如运输部门负责运输费用,仓储部门负责仓储费用。

### 2. 确定物流责任目标

把物流成本目标分解到每一责任中心,确定其相应的责任目标。各责任中心只对各自的可控成本负责。确定物流责任目标不仅明确了责任中心的工作任务,也为其提供了业绩考核标准。

### 3. 建立物流责任计算系统

为了考核物流成本履行情况,需要建立一套完整的日常记录,计算和考核有关责任预算的执行情况,评价各有关责任中心的工作并及时反映存在的问题。

### 4. 建立内部协调制度

各责任中心都有自己的部门利益,为此往往需要建立监督与协调机制来规范各责任中心的运作。例如，运输部门的经理就不会认同为了降低库存成本而增加运输成本的观点，因库存成本并不在他的预算考核范围内，他的业绩是通过运输成本的降低来衡量的。

5. 定期编制物流业绩报告

责任报告是有关责任中心在一定期间内经营情况的集中反映，是责任中心预算执行结果的概括说明。定期编制物流业绩报告能使各责任中心发现存在的问题，最大限度地降低物流费用水平。

6. 考评物流工作业绩

物流工作业绩的考评也是物流责任控制的重要一环。对发生物流成本费用的责任中心，因其只对范围内的可控成本负责，他的考评指标是成本节约额和成本节约率。而对除了发生物流成本费用外，还向企业内部其他部门或外部顾客收取服务费用的物流责任中心，对他的考评指标是毛利和营业利润等。

物流成本涉及范围广，内容多，物流责任成本的管理既有利于将物流成本落到实处，又有利于物流成本的计算、控制和考核。

## 任务 3　目标成本控制

### 一、目标成本法的含义

目标成本法在物流成本控制中也可以发挥作用。目标成本法是为了更有效地实现物流成本控制的目标，使客户需求得到最大程度的满足，从战略的高度来分析，与战略目标相结合，使成本控制与企业经营管理全过程的资源消耗和资源配置协调起来而产生的成本控制方法。

目标成本法是一种全过程、全方位、全人员的成本管理方法。全过程是指从供应链产品生产到售后服务的一切活动，包括供应商、制造商、分销商在内的各个环节；全方位是指从生产过程管理到后勤保障、质量控制、企业战略、员工培训和财务监督等企业内部各职能部门各方面的工作，以及企业竞争环境的评估、供应链管理、知识管理等；全人员是指从高层经理人员到中层管理人员、基层服务人员和一线生产员工。目标成本法在作业成本法的基础上来考察物流作业的效率、人员的业绩、物流的成本，弄清楚每一项成本费用的来龙去脉，每一项物流作业对整体目标的贡献。传统成本法局限于事后的成本反映，而没有对成本形成的全过程进行监控；作业成本法局限于对现有作业的成本监控，没有将物流的作业环节与客户的需求紧密结合。而目标成本法则保证企业的产品以特定的功能、成本及质量生产，然后以特定的价格销售，并获得令人满意的利润。

目标成本法与传统成本管理方法的明显差异在于，它不是局限于企业内部来计算成本。因此，它需要更多的信息，如企业的竞争战略、产品战略以及供应链战略。一旦有了这些信息，企业就可以从产品开发、设计阶段到制造阶段，以及整个物流的各环节进行成本管理。在目标成本法应用的早期，通常企业首先通过市场调查来收集信息，了解客户愿意为这种产品所支付的价格，扣除利润以及继续开发产品所需的研究经费，这样计算出来的结果就是产品在制造、分销和产品加工处理过程中所允许的最大成本，即目标成本，用公式表示是：产品目标成本 = 售价 – 利润。

一旦建立了目标成本，企业就应该想方设法来实现目标成本。为此，要应用价值工程等方法，重新设计物流过程与分销物流服务体系。一旦企业寻找到在目标成本点满足客户需求的方法，或者企业产品被淘汰以后，目标成本法的工作流程也就宣告结束。目标成本法将客户需求置于企业制定和实施产品战略的中心地位，将满足和超越在产品品质、功能和价格等方面的客户需求作为实现和保持产品竞争优势的关键。

## 二、目标成本法的三种形式

企业物流的功能不同，选择的目标不同，选择的物流目标成本控制方法也不一样。一般来说，目标成本法主要有三种形式，即基于价格的目标成本法、基于价值的目标成本法和基于作业成本管理的目标成本法。

### 1. 基于价格的目标成本法

这种方法最适用于接收订单提供服务的物流企业，这种情况下客户的需求相对稳定，这样物流企业所提供的产品或服务变化较少，也就很少引入新产品。目标成本法的主要任务就是在获取准确的市场信息的基础上，明确产品的市场接受价格和所能得到的利润，并且为成员的利益分配提供较为合理的方案。在基于价格的目标成本法的实施过程中，企业之间达成利益水平和分配时间的一致是最具成效和最关键的步骤。应该是所有物流过程中的企业都获得利益，但利益总和不得超过最大许可的利益；而且，达成的价格应能充分保障企业的长期利益和可持续发展。

### 2. 基于价值的目标成本法

市场需求变化较快，需要产品有相当的柔性和灵活性，特别是在交易型物流关系的情况下，往往采用这种方法。为了满足客户的需要，需求企业向市场提供具有差异性的高价值的产品，这些产品的生命周期也多半不长，这就增大了物流运作的风险。因此，必须重构物流过程，以使其企业的核心能力与客户的现实需求完全匹配。有效地实施基于价值的目标成本法，通过对客户需求的快速反应，能够实质性地增强企业的整体竞争能力。然而，为了实现企业冲突的最小化以及减少参与物流的阻力，企业必须始终保持公平的合作关系。基于价值的目标成本法是以所能实现的价值为导向，进行目标成本控制，即按照物流过程中各种作业活动创造价值的比例分摊目标成本。这种按比例分摊的成本成为支付给企业的价格。一旦确定了物流作业活动的价格或成本，就可以运用这种目标成本法来识别能够在许可成本水平下完成的物流作业活动，并选择对企业最有利的物流方案。

许多企业发现他们始终处于客户需求不断变化的环境中，变换物流程序的成本非常高。要使企业物流顺利进行，企业必须找到满足总在变化的客户需求的方法。在这样的物流环境下，基于价值的目标成本法仍可按照价值比例分摊法在物流作业活动之间分配成本，从而确定物流各项作业成本，以保证物流过程中的各种成本正好与许可的目标成本相一致。

### 3. 基于作业成本管理的目标成本法

这种方法要求所有客户的需求是一致的、稳定的和已知的，通过协同安排实现物流过程的长期稳定。为了有效运用这种方法，要求物流过程能够控制和减少总成本，并使得企业能由此而获益。因此，企业必须尽最大的努力建立作业成本模型，并通过对整体物流过程的作业分析，找出其中不增值的部分，进而从物流作业成本模型中扣除不增值的作业，以联合改善成本管理的作业方案，实现物流总成本的合理化。

目标成本法的作用在于激发和整合企业的物流过程，以连续提升物流企业的成本竞争力。因此，基于作业成本管理的目标成本法实质上是以成本加成定价法的方式运作，企业的物流价格由去除浪费后的完成物流作业活动的成本加市场利润构成。这种定价方法促使企业剔除基于自身利益的无效作业活动。诚然，企业通过"利益共享"获得的利益必须足以使他们致力于物流的完善与发展，而不为优化局部物流成本的力量所左右。

目标成本法追求物流总成本的合理化，而不是物流某个功能成本的最小化。物流成本控制的目标是通过企业物流过程各环节的共同努力，创造企业物流的整体竞争优势。而传统成本管理方法追求的是企业单个部门的成本最低或使客户满意的最大化，可能会损害企业物流的整体绩效。为了适应目标成本法控制管理模式，物流企业必须剔除传统成本法，实施目标成本法，以有效提高客户满意程度，增强整个企业物流的竞争力。

## 三、物流目标成本的制定程序

物流目标成本的制定程序会因企业物流活动内容的不同而不同，但大体上可以分为五个阶段，即初步确定物流目标成本、对物流目标成本可行性分析、物流目标成本分解、实现物流目标成本、物流目标成本的追踪考核与物流目标成本的修订。

### 1. 初步确定物流目标成本

在这一过程中，首先根据企业经营目标确定预计服务收入，其次是根据企业的物流经营决策确定目标利润，物流目标成本可以根据预计服务收入减去物流目标利润的差额来确定，即

$$物流目标成本 = 预计服务收入 - 物流目标利润$$

确定目标利润的方法如下。

#### 1) 目标利润率法

目标利润率法是根据有关的目标利润率指标来测算企业的物流目标利润的一种方法，其计算公式为：

物流目标利润 = 预计服务收入 × 同类企业平均服务利润率

或：物流目标利润 = 本企业净资产 × 同类企业平均净资产利润率

或：物流目标利润 = 本企业总资产 × 同类企业平均资产利润率

【例 4-1】某企业物流运输的同业平均服务利润率为 17.764%，预计本年服务量为 408 万吨/千米，服务的市场价格为 1 元/(吨·千米)。

物流目标利润 = 408 × 1 × 17.764% = 72.5(万元)

物流目标总成本 = 408 × 1 − 72.5 = 335.5（万元）

物流目标单位成本 = 335.5 ÷ 408 = 0.82 元/(吨·千米)

采用目标利润率法的理由是：本企业必须达到同类企业的平均报酬水平，才能在竞争中生存。有的企业甚至使用同类企业先进水平的利润率来预计目标成本，其理由是别人能办到的事情我们也应该做到。

2）上年利润基数法

上年利润基数法是指在上年利润的基础上计算物流目标利润（本年利润）；未来不会重复历史，要预计未来的变化（利润增长率），包括环境的改变和自身的进步。有时候上级主管部门或董事会对利润增长率有明确的要求，也促使企业采用上年利润基数法。按上述方法计算出的物流目标成本，只是初步设想，提供了一个分析问题的合乎需要的起点。它不一定完全符合实际，还需要对其可行性进行分析。

2. 对物流目标成本进行可行性分析

物流目标成本的可行性分析，是指对初步测算得出的物流目标成本是否切实可行做出的分析和判断，包括分析预计服务收入、物流目标利润和目标成本。

企业分析预计服务收入有三种方法，它可以进行市场调研，调查客户需要的物流服务功能和特色，也可以对竞争者进行分析，掌握竞争者物流服务的功能、价格、品质和服务水平等有关资料，并与本企业的资料进行对比。企业在进行客户需求研究、竞争者分析之后，可以通过比较确定自己的预计服务收入的可行性。企业分析物流目标利润应与企业的中长期目标及利润计划相配合，同时考虑销售、利润、投资回报、现金流量、物流服务的品质、成本结构、市场需求、销售政策等因素的影响。最后是企业根据自身实际成本的变化趋势、同类企业的成本水平，充分考虑成本节约的能力，分析物流目标成本的可行性。

3. 物流目标成本分解

所谓物流目标成本分解，是指设立的物流目标成本通过可行性分析后，将其自上而下按照企业的组织结构逐级分解，落实到有关的责任中心。物流目标成本的分解通常不是一次完成的，需要一定的循环，不断修订，有时甚至修改原来设立的目标。

物流目标分解的方法有以下几种。

（1）按管理层次分解。即将物流目标成本按总公司、分公司、班组、个人进行分解，这是一个自上而下的过程。

（2）按管理职能分解。即将物流目标成本在统一管理层次按职能部门分解。例如，推广部门负责推广费用，配送部门负责配送费用，运输部门负责运输费用，劳资部门负责工资成本，后勤部门负责燃料和动力费用，行政部门负责办公费用等。

（3）按服务结构分解。即把服务成本分成各种材料消耗成本或人工成本，分派给各责任中心。

（4）按服务形成过程分解。即按服务设计、服务材料采购、服务的提供、服务的推广过程分解成本，形成每一过程的目标成本。

（5）按成本的经济内容进行分解。即把服务成本分解成固定成本和变动成本，再把固定成本进一步分解成折旧费、办公费、差旅费、修理费等项目，把年度目标成本分解为季度或月份成本目标,甚至分解成旬或日的成本目标;把变动成本分解为直接材料、直接人工、各项变动费用。

#### 4. 实现目标成本

实现目标成本,首先要将企业目前的物流成本与目标成本项比较,计算出成本差距,然后通过运用价值工程、成本分析等方法寻求最佳的物流过程设计,用最低的成本达到客户需求的功能、安全性、品质等。如果此时计算出的最佳物流过程设计下的成本仍高于目标成本,则需要重复应用上述手段寻求最佳成本。

#### 5. 物流目标成本的追踪考核与物流目标成本的修订

此项工作包括对企业物流活动的财务目标和非财务目标完成状况的追踪考核,调查客户的需求是否得到满足和市场变化对物流目标成本有何影响等事项,并根据上述各阶段物流目标成本的实现情况对其进行修订。

【任务操作】

大众物流公司2016年的营业利润率设定为10%,预计完成的运输作业量为1 000万吨·千米,目前的市场价格为1元/吨·千米,怎么控制运输成本确保利润率。

### 四、物流目标成本控制——价值工程

物流目标成本确定后,企业就需组织物流、技术、采购、生产、销售、会计等方面人员重新设计物流过程与分销物流服务方式,想方设法来实现目标成本。其中,价值工程是评价设计方案的一种系统性、基础性的方法。

#### 1. 价值工程的含义

企业物流成本的各项费用,虽然大多数是在物流经营过程中实际发生的,但企业的物流活动应该发生哪些费用、数量是多少,在很大程度上是由物流活动开始前的物流系统设计所决定的。因此,要实现物流成本的控制,可以在物流系统设计阶段,通过对物流系统的价值工程分析,选择最佳方案并确定相应的最低目标成本。

价值工程是以功能分析为中心,使物流的各项作业达到适当的价值,即用最低的成本来实现和创造物流服务应具备的必要功能的一项有组织的活动。它有以下三个方面的含义。

1)价值工程是以最低的成本去实现某项物流作业活动的必要功能,使物流作业达到最佳价值

功能是某项物流作业所负担的职能或所起的作用。功能首先以满足消费者的需求为前提条件,功能的提高是无限的,但它同时受客户需求和成本的制约。价值工程就是要确定物流服务的必要功能,避免功能过度(物流服务功能多于或高于客户所必需的)和功能不足(功能达不到客户的要求)现象的发生。成本则是指物流服务的寿命周期成本,即为实现物流服务的必要功能在整个物流服务过程中发生的成本。价值工程就是在保证物流服务必要功能的前提下,使其寿命成本最低。这里的价值要从功能和成本的关系上来理解,即物流服务的功能和成本的比值,它反映了物流服务物美价廉的程度。物流服务功能与成本之间的关系如下:

$$价值 = 功能/成本，即 V = F/C$$

其中：$V$ 代表价值；$C$ 代表成本；$F$ 代表物流服务的功能。

价值工程是根据物流服务成本和功能的内在联系，通过科学的比较分析，从中找出最佳价值。由于物流服务的功能受客户需求的限制，而客户的需求又受物流服务寿命周期成本的制约，因此，开展价值工程既不能脱离客户成本的约束，片面追求高功能，也不能脱离客户的需求，片面追求低成本，造成物流服务的必要功能不足。价值工程的真正目的在于既实现物流服务的必要功能，又要降低物流服务的寿命周期成本，追求物流服务的最佳价值。要实现这个目的，只能从提高功能和降低成本两个方面入手。

2）价值工程的核心问题是对物流服务活动进行功能分析

在进行物流过程和物流服务方式设计时，着重对物流服务功能进行分析研究，确定实现必要功能最优方案的有效方法。通过功能分析可以发现哪些功能是客户需要的，哪些功能是不必要的，哪些功能是过剩的，哪些功能是不足的，并在改进方案中提出新的解决方法，去掉不必要的功能，削减过剩功能，补足不足的功能，从而使物流服务活动的功能更加合理，以达到既能满足客户需求，保证必要的功能，又能降低物流服务活动的寿命周期成本的目标。

3）价值工程作为一整套的科学方法，是运用集体智慧的一项有组织的活动

由于价值工程既要降低成本，又要提高功能，涉及企业物流经营活动的方方面面，因此，要有效开展价值工程活动，就需要将各部门的专业人员组织起来，紧密配合，运用各方面的指示，充分发挥集体的力量。

2. 价值工程的程序

价值工程活动就是一个发现和解决问题的过程，所研究的问题包括：价值工程的对象是什么？用途是什么？其成本是什么？其价值是多少？有无实现同样功能的其他方法？新方案的成本是多少？价值工程的具体开展包括如下几个阶段。

1）正确选择对象

企业没有必要对所有的物流服务活动都进行价值分析，也没有必要对一项物流服务活动的所有方面都进行价值分析，而应该有所选择。一般而言，要选择那些频率比较高、服务量比较大或成本结构中过高的物流服务活动作为分析研究的对象。

2）根据对象的性质、范围和要求，收集可靠的信息

可靠的信息包括企业的基本情况，如经营方针、产品品种、产量、质量等；有关的技术和经济资料，如本企业或同类物流服务活动的内容、方式、流程及成本的发生；客户的有关意见，如客户对物流服务的要求、目前所存在的问题等。

3）进行功能、成本和价值分析

首先要把价值工程的对象所具有的功能细致地加以研究，了解他们的作用。即分析对象在物流服务活动过程中所采取的每一流程、每道工序、每项作业对构成物流服务活动的最终价值起了什么作用，承担了什么职能，如果没有他们，是否会影响物流活动的使用价值，有无其他形式代替等。所有这些工作就是给每个分析对象的功能下定义的过程，实际上也是发现问题的过程。

其次，就是对已下定义的功能进行分类和整理，即搞清哪些是基本功能，哪些是辅助功能；哪些功能是客户需要的，哪些功能是客户不需要的；哪些是功能过剩，哪些是功能不足；以及各功能之间的关系。通过功能整理，可以具体把握需要改进的功能范围，为进一步提出功能改进方案提供依据。

最后，要进行功能评价。首先是针对不同的分析对象进行评价，然后与现实成本相互比较。求出各分析对象的价值系数。功能评价有多种方法，下面介绍评分法、功能价值评价和成本降低幅度评价。

（1）评分法的含义。评分法即采用5分制、10分制和100分制对物流服务活动各方面的重要性打分，例如，改进某物流服务方式的三种被选方案，从及时性、流程复杂性、操作方便、耗时、准确性、安全性这几方面按10分制进行评分，见表4-1。

表4-1 功能评分表

| 方案 | 及时性 | 流程复杂性 | 操作方便 | 耗时 | 准确性 | 安全性 | 总分 |
| --- | --- | --- | --- | --- | --- | --- | --- |
| 1 | 5 | 10 | 10 | 7 | 4 | 9 | 45 |
| 2 | 9 | 5 | 8 | 5 | 6 | 4 | 37 |
| 3 | 9 | 8 | 10 | 8 | 7 | 9 | 51 |

方案2总分最低，初选淘汰。然后根据估计成本再作比较，见表4-2。

表4-2 估计成本比较表

| 方案 | 一次固定费用 | 直接材料人工费用 | 总成本 |
| --- | --- | --- | --- |
| 1 | 30 | 150 | 180 |
| 3 | 20 | 164 | 184 |

最后进行价值分析。设方案1的成本系数为100，则方案3的成本系数为：

$$(184/180) \times 100 = 102.22$$

所以，方案1和方案3的价值系数分别为：

$$V_1 = 45 \div 100 = 0.46$$

$$V_2 = 51 \div 102.22 = 0.4989$$

对比后选择方案3。

（2）功能价值和成本降低幅度评价。即按价值系数分配目标成本，并求出功能价值或成本的改善期望值（表4-3），其中：

功能价值 = 实现某一功能的目标成本 ÷ 实现某一功能的实际成本

成本降低幅度 = 实现某一功能的目标成本 - 实现某一功能的实际成本

由于一个物流服务环节往往不止一项功能，而且一项功能往往需要不止一个物流服务环节。因此要将市场和技术预测确定的物流服务目标成本，根据有关功能的复杂和重要程度（功能评价系数），按一定标准分摊到此功能上面。其计算公式为：

某一物流服务环节目标成本 = 该物流服务方式目标成本 × 该物流服务环节的功能评价系数

表 4-3 功能价值和成本降低幅度

| 物流服务环节 | 现实成本 | 按功能评价系数分配目标成本 | 功能价值 | 成本降低幅度 |
|---|---|---|---|---|
| A | 237 | 240 | 1.012 | -3 |
| B | 168 | 180 | 1.190 | -12 |
| C | 105 | 90 | 0.857 | 15 |
| D | 281 | 180 | 0.640 | 101 |
| E | 76 | 90 | 1.184 | -14 |
| F | 133 | 120 | 0.92 | 13 |
| 合计 | 1 000 | 900 | | 100 |

4）确定最优方案

确定最优方案即根据上面计算和分析的结果，按客户的需求，提出若干改进价值的新方案，再把各种方案进行分析和评价后，选择功能不变使成本更低或功能更高的最优方案。原则上应选择价值系数大于1或小于1的物流服务环节作为改善对象，因为价值系数为1，说明该物流服务环节的功能与成本平衡，不必作为改善对象；价值系数大于1，说明功能重要性大的物流服务环节实际分配到的成本较少；价值系数小于1，说明功能重要性较小的物流服务环节占用了过多的实际成本。因此可将后两种情况列为提高或降低成本分配的对象。

表 4-3 中物流服务环节 C、D 的价值系数都小于1，尤其是 D 偏低，有降低成本的潜力。

寻求最优的改善方案是价值工程活动的关键，这需要组织各部门集思广益，集中物流、生产、财务、采购部门的人员，一起讨论、评价各方案的可行性，如果测算出的最佳物流服务费仍高于目标成本，则要继续重复上述活动。

5）求出目标成本

求出目标成本即根据筛选出的最优方案进行目标成本的计算，也就是将物流服务的目标成本按功能评价系数分配给各有关的物流服务环节，算出各物流服务环节的目标成本，作为对物流服务成本水平实行有效事前控制的依据。

## 五、物流目标成本的控制

由于企业物流成本管理的多层次和物流过程的多环节，使物流成本控制涉及企业生产经营活动的各个领域，因而，必须建立纵横交错、责任分明、互相衔接和制约的目标成本控制体系。该体系以企业总体物流目标成本控制为核心，横向以各职能管理部门和物流单位为目标成本控制分中心，纵向以各物流活动环节为目标成本控制的基础，实施"横向到边，纵向到底"的目标成本管理，使各责任成本中心的控制状态与企业总体控制目标产生互动与共振。

企业目标成本控制在实施时，应针对企业物流活动不同环节采取不同的控制策略与措施，以保证预期的目标成本的完成与实现。

1. 运输成本的控制

运输成本是运输物料、商品所耗用作业的费用，是影响物流成本的重要因素。运输成本控制的关键点主要在运输方式、运输价格、运输时间、运输的准确性、运输的安全可靠性以及运输批量水平等方面。控制方式是加强运输的服务方式与价格的权衡，从而选择最佳的运输服务方式。

2. 仓储成本的控制

仓储成本是指货物在储存过程中所需要的费用。控制的关键点在于简化出、入库手续、增加仓库的有效利用和缩短储存时间等。控制方式主要有强化仓储各种费用的核算与管理。

3. 包装成本的控制

包装起保护商品、方便储运、促进销售的作用。包装成本控制的关键是包装的标准化和包装材料的耗费。控制方式有：选择包装材料要进行经济效益分析；运用价值分析的方法优化包装的功能和成本；开展包装的回收和旧包装的再利用等；努力实现包装尺寸的标准化，包装作业的机械化；有条件时组织散装物流。

4. 装卸搬运成本的控制

装卸搬运成本是物品在装卸搬运过程中所支出费用的总和。装卸搬运活动是衔接物流各环节活动正常进行的关键，渗透到物流的各个领域。装卸搬运成本控制的关键点在于管理好储存物料与商品，减少装卸搬运过程中商品的损耗率、装卸时间、装卸搬运次数等。控制方式有：对装卸搬运设备的合理选择，防止机械设备的无效作业，合理规划装卸方式和装卸作业过程，如减少装卸次数、缩短操作距离、提高被装卸物品纯度等。

5. 流通加工成本的控制

商品进入流通领域后，按照客户的要求进行一定的加工活动，称为流通加工，由此而支付的费用为流通加工成本。不同的企业，流通加工成本也有所不同。首先应选择反映流通加工特征的经济指标，如流通加工的速度等，观察、测算这些指标，对标准值与观察值的差异，必要时进行适当的控制。控制方式有：合理确定流通加工的方式，合理确定加工能力和改进流通加工的生产管理。

## 六、物流目标成本的考核

物流目标成本完成情况的考核是建立物流目标成本控制体系的重要环节，考核目的在于充分调动职工的积极性，发挥激励机制的作用，将企业的兴衰同管理者和生产者的经济利益紧密挂钩，同时运用目标激励、榜样激励、参与管理激励、自我价值实现激励等精神激励的作用，使全体职工的聪明才智和创造能力得到充分的体现。

物流目标成本完成情况考核分为如下两大部分。

（1）对物流目标成本计划完成情况的考核。由于物流目标成本计划是按各物流部门和各物流活动环节纵横体制制定与分解下达的，因而目标成本考核同样按这一纵横体制设计，即公司对各职能部门实行归口成本指标考核，对物流单位则实行综合成本指标考核。同时，各职能管理部门又对物流单位实行分解分项归口成本指标考核，形成互相强制，双重考核的体系。

（2）对超额完成目标成本计划的考核。对于超额完成目标成本计划的部门、单位和职工个人，采取上不封顶的激励措施，按超额完成的情况，加大经济激励和精神奖励的力度，以充分肯定他们对企业效益和发展所做的贡献。

## 项目小结

本项目介绍了物流成本控制的意义与种类、责任成本控制法和目标成本控制法。其中责任成本控制法从采用责任成本法对物流成本控制的意义、成本责任单位的划分、责任成本法在物流企业中的具体应用、责任成本对单位业绩的评价与考核以及物流责任成本的综合管理几个方面加以阐述；目标成本控制法则是从目标成本法的含义、目标成本法的三种形式、目标成本的制定程序、价值工程和目标成本的考核几个方面加以阐述。

## 项目实训

### 标准成本制定

【实训背景】

某配送中心采用标准成本进行成本控制。现加工一批产品，每件产品需要直接材料2千克，直接材料价格为每千克10元，加工时间为5小时。加工工人的工资按每周40小时（其中加工时间为32小时，8小时为必要的停工和休息时间）支付，每小时20元，五险一金按照工资总额的40%计提，另外产品从配送中心送到销售网点每件运输成本为0.5元，加工废品率为10%，制定该企业的标准成本。

【实训目的】

1. 明确成本控制的方法。
2. 学会标准成本的制定。

【实训准备】

1. 分析基本数据。
2. 标准成本的项目构成。

【实训步骤】

1. 两人一组。
2. 分析所给条件，掌握标准成本的项目构成。
3. 计算直接材料标准成本。
4. 计算直接人工标准成本。
5. 汇总标准成本。

## 思考与练习

一、单项选择题

1. 成本控制区分为事前控制、事中控制和事后控制所依据的分类标志是（　　）。
   A. 成本控制的时间　　　　　　　B. 成本控制的原理
   C. 成本控制的手段　　　　　　　D. 成本控制的对象

2. 事中控制通常采用（　　）。
   A. 目标成本法　　B. 预算法　　C. 定额法　　D. 标准成本法

3. 在下列各项中，属于标准成本控制系统前提和关键的是（　　）。
   A. 标准成本的制定　　　　　　　B. 成本差异的计算
   C. 成本差异的分析　　　　　　　D. 成本差异的账务处理

4. 在标准成本控制中，成本差异是指在一定时期内生产一定数量的产品所发生的（　　）。
   A. 实际成本与标准成本之差　　　B. 实际成本与计划成本之差
   C. 预算成本与标准成本之差　　　D. 预算成本与实际成本之差

5. 企业甲产品消耗直接材料，其中 A 材料价格标准为 3 元/千克，数量标准为 5 千克/件，B 材料价格标准为 4 元/千克，数量标准为 10 千克/件，则甲产品消耗直接材料的标准成本为（　　）。
   A. 15 元　　　B. 40 元　　　C. 55 元　　　D. 65 元

二、多项选择题

1. 成本控制按发生的时间分为（　　）。
   A. 事前控制　　B. 事中控制　　C. 事后控制　　D. 对象控制
   E. 以上都是

2. 目标成本控制的形式有（　　）。
   A. 基于价格的　　B. 基于目标的　　C. 基于价值的　　D. 基于作业成本管理的
   E. 以上都是

三、思考题

1. 物流成本控制的含义和作用是什么？
2. 如何进行物流责任成本管理？
3. 什么是物流目标成本？如何确定物流目标成本？
4. 价值工程的含义与特点是什么？你认为应主要在哪些方面引用价值工程手段进行物流成本控制？

四、计算题

某物流企业的物流成本计算采用标准成本计算系统，A 产品有关的成本资料见表 4-4。

表4-4 产品单位标准成本

|  | 标准价格 | 标准数量 | 标准成本/元 |
|---|---|---|---|
| 直接材料 | 3元/千克 | 10千克 | 30 |
| 直接人工 | 4元/小时 | 4小时 | 16 |
| 变动间接费用 | 1.5元/小时 | 4小时 | 6 |
| 固定间接费用 | 1元/小时 | 4小时 | 4 |
| 单位产品标准成本 |  |  | 56 |

该企业本月生产销售A产品2 450件。购入原材料30 000千克，实际成本88 500元，本月生产消耗原材料25 500千克，实际耗用工时9 750小时，应付生产工人工资40 000元，本月实际发生间接费用15 000元，实际发生固定间接费用10 000元。

要求：计算A产品成本差异。

五、案例分析

## 美国布鲁克林酿酒厂的物流成本控制

布鲁克林酿酒厂（图4.2）在美国分销布鲁克林拉格和布郎浅色啤酒，虽然在美国还没有成为国家名牌，但在日本市场却已创建了一个每年200亿美元的市场。这依靠的是物流成本控制。

图4.2 布鲁克林酿酒厂LOGO

1. 布鲁克林酿酒厂运输成本的控制

布鲁克林酿酒厂于1987年11月装运了它的第一箱布鲁克林拉格到达日本，并在最初的几个月里使用了各种航空承运人。最后日本金刚砂航空公司被选为布鲁克林酿酒厂唯一的航空承运人。金刚砂航空公司之所以被选中，是因为它向布鲁克林酿酒厂提供了增值服务。金刚砂航空公司在其国际机场的终点站交付啤酒，并在飞往东京商航上安排运输，金刚砂航空公司通过其日本报关行办理清关手续。这些服务有助于保证产品完全符合新鲜要求。

2. 布鲁克林酿酒厂物流时间与价格的控制

啤酒之所以能达到新鲜要求，是因为这样的物流作业可以在啤酒酿造后的1周内将啤酒从酿酒厂直接运达顾客手中，而海外装运啤酒的平均订货周期为40天。新鲜啤酒能够超过一般价值定价，高于海运装运的啤酒价格的5倍。虽然布鲁克林拉格在美国是一种平均价位的啤酒，但在日本，它是一种溢价产品，获得了极高的利润。

3. 包装成本控制

布鲁克林酿酒厂通过装运小桶装啤酒而不是瓶装啤酒来降低运输成本。虽然小桶重量与瓶装啤酒相等,但减少了玻璃破碎而使啤酒损毁的机会。此外小桶啤酒对保护性包装的要求也比较低,这将进一步降低装运成本。

(资料来源:http://www.doc88.com/p-669138741609.html,有改动)

问题:
1. 布鲁克林酿酒厂是如何处理好物流成本与服务水平关系的?
2. 布鲁克林酿酒厂物流成本管理有什么特点?
3. 这一案例对提高企业和市场竞争力有什么启示?

# 项目五

## 物流成本核算

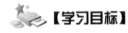
【学习目标】

| 知识目标 | 能力目标 |
| --- | --- |
| 1. 掌握物流成本核算对象；<br>2. 了解品种法、分批法、分步法；<br>3. 理解和掌握作业成本法。 | 1. 能根据实际找出成本计算对象；<br>2. 能熟练应用作业成本法。 |

### 导入案例

## 作业成本法的产生与发展

对作业成本的研究最早可追溯到20世纪40年代,最早提出的概念是"作业会计"(Activity-Based Accounting 或 Activity Accounting)。美国会计学家埃里克·科勒(Eric Kohler)教授于1941年在《会计论坛》杂志发表论文首次对作业、作业账户设置等问题进行了讨论,并提出"每项作业都设置一个账户""作业就是一个组织单位对一项工程、一个大型建设项目、一项规划及一项重要经营的各个具体活动所做出的贡献"。随后的乔治·斯托布斯(George. J. Staubus)教授认为,"作业会计"是一种与决策有用性目标相联系的会计,研究作业会计首先应明确"作业""成本"和"会计目标——决策有用性"三个概念。1971年斯托布斯在具有重大影响的《作业成本计算和投入产出会计》一书中,对"作业""成本""作业成本计算"等概念做了全面阐述,引发了20世纪80年代以后西方会计学者对传统的成本会计系统的全面反思。

1988年,哈佛大学的罗宾·库珀(Robin Cooper)在夏季号《成本管理》杂志上发表了《一论ABC的兴起:什么是ABC系统?》,库珀认为产品成本就是制造和运送产品所需全部作业的成本的总和,成本计算的最基本对象是作业;ABC赖以存在的基础是作业消耗资源、产品消耗作业。接着库珀又连续发表了《二论ABC的兴起:何时需要ABC系统?》《三论ABC的兴起:需要多少成本动因并如何选择?》和《四论ABC的兴起:ABC系统看起来到底像什么?》。他还与罗伯特·卡普兰(Robert. S. Kaplan)合作在《哈佛商业评论》上发表了《计量成本的正确性:制定正确的决策》等论文,对作业成本法的现实意义、运作程序、成本动因选择、成本库的建立等重要问题进行了全面深入的分析,奠定了作业成本法研究的基石。

(资料来源:http://www.chinaacc.com/new/287_288_201009/19li761505630.shtml)

## 任务1 物流成本核算对象

对物流进行有效管理的前提是对物流成本的构成要有全面、系统的认识。据有关专家测算,企业物流成本仅次于原材料本身的价值而在产品成本中占第二位,一般占产品成本的15%~30%,有的甚至高达40%。因此,对物流成本构成进行分析,合理地核算物流成本具有重要意义。

物流成本如何归集与计算,取决于对所评价与考核的成本计算对象选取的正确与否。成本计算对象的选取方法不同,得出的物流成本结果也不同,从而也就导致了不同的成本评价对象与评价结果。

在计算物流成本或收集物流成本数据时,明确成本计算对象是前提条件,如果成本计算对象的选取方法不同,得出的物流成本结果也不同,从而会影响管理者的决策,使得不同的成本评价对象与评价结果没有意义。因此，正确确定成本计算对象是至关重要的，是进行成本计算的基础。

## 一、成本计算对象

成本计算对象，是指企业或成本管理部门为归集和分配各项成本费用而确定的、以一定时期和空间范围为条件而存在的成本计算实体。所谓成本对象，就是成本发生后所达到的目的。"目的"是一个非常宽泛的概念，例如购买一辆轿车、使用一天钻床、执行一套流程、印刷一份杂志等，但有以下三点需要特别注意。

（1）通常成本对象主要是指产品、服务或客户。

（2）在实行成本责任制的条件下，成本对象是指作为决策者的人、计算人的责任成本。这与产品、服务或客户作为成本对象并非相互排斥，例如产品，其在生产过程所耗费的成本都是在决策者的决策下发生的，同时也是决策者的责任成本。

（3）国外最新发展是将作业当作中间性的成本对象。作业是指具有特定目的的工作单位（如一个事件或一项交易等），是描述企业经营过程的一个基本的计量单位。换句话说，企业经营过程或者说产品的生产过程就是由一系列作业组成的。相关的作业连接起来称为作业链，实际上就是流程；优化的流程称为价值链，与企业战略密切相关。将作业当作中间性的成本对象，从而计算作业成本，最终再计算产品成本或责任成本，是一个非常有远见的思路。

物流成本对象的选取，主要决定于物流范围、物流功能范围、物流成本费用范围与物流成本控制的重点。同时还要从成本计算对象的基本构成要素综合地加以考虑。物流企业的任何生产经营活动都是在一定的时空范围内进行的，时间上具有连续性，空间上具有并存性。因此，成本计算对象的三个基本构成要素是：发生期间、发生地点和承担实体。

## 二、成本费用承担实体

成本费用承担实体，是指其发生并应合理承担各项费用的特定经营成果的体现形式，包括有形的各种产品和无形的各种劳务作业等。例如，工业企业的某种、某批或某类产品；服务行业的某一经营项目；施工企业的某项工程；运输业的运输劳务等。就物流企业来说，其成本费用承担实体，主要是各种不同类型的物流活动或物流作业。

## 三、成本计算期间

成本计算期间，是指汇集生产经营费用、计算生产经营成本的时间范围。如工业企业按产品的生产周期和日历月份；服务业、劳务性企业一般按日历月份等作为其成本计算期；农业种植业按一个轮作周期。物流企业的成本计算期根据其物流作业性质，可有不同的确定方法，如对于远洋货物运输作业来讲，航次时限较长，将航次作为生产周期，所以应以航次周期作为成本计算期。

## 四、成本计算空间及其选取

成本计算空间,是指成本费用发生并能组织企业成本计算的地点或区域(部门、单位、生产或劳务作业环节等)。如工业企业的成本计算空间可按全厂、车间、分厂、某个工段或某一生产步骤划分;服务性等企业可以按部门、分支机构或班组等单位来确定各个成本计算空间。物流企业成本计算空间的划分,一般是指对物流活动范围、物流功能范围以及物流成本控制的重点进行选取。

1. 对物流活动范围的选取

物流按照其活动范围可分两大类:企业内部物流与社会物流。企业内部物流是企业内部的物品实体流动,主要是企业内部的生产经营活动中所发生的加工、搬运、储存、包装、装卸等物流活动。社会物流是企业外部的物流活动的总称,包括企业向社会的分销物流、购进物流、回收物流、废弃物流等。

在这些活动中,究竟从哪里开始到哪里为止,作为物流成本的计算对象。起止点的选取不同,其成本计算结果也就不同。显然对于某一物流企业或物流部门来讲,其物流成本计算对象的物流起止点在确定之后,不能任意改变,以符合成本计算上的可比性原则与一贯原则。

成本计算对象对物流活动范围的选取,从物流成本计算对象的角度来讲,就是对物流活动过程的空间上的截取,也就是指对物流的起点与终点以及起点与终点之间的物流活动过程的选取。

2. 对物流功能范围的选取

物流功能范围,是指在运输、搬运、储存、保管、包装、装卸、流通加工和物流信息处理等物流功能中,选取哪种功能作为物流成本计算对象。把所有的物流功能作为成本计算对象与只把运输、保管这两种功能作为成本计算对象,所反映的物流功能范围的成本显然是不同的。

3. 物流成本控制重点的选取

物流成本计算对象的选取,应当放在成本控制的重点上。就物流企业来讲,物流成本的计算并非越全、越细越好,其成本计算对象也并非越全越好,过全、过细的成本计算是不必要的,也是不经济、不可能的。

物流成本计算对象的选取,常常取决于企业领导对各种物流活动代价的关心程度,成本计算人员对成本数据的难易程度、兴趣情绪、能力差别等。严格地讲,这些因素不能作为成本计算对象选取的依据。

成本控制的重点应包括以下几方面。

(1) 按照成本责任划定的责任成本单位。

(2) 当前成本费用开支比重较大,有必要分清并分别计算不同部门及不同作业活动成本的物流活动。

(3) 新开发的物流作业项目等。

由于各个企业对上述三个成本要素的划分范围不尽相同，因此，即使生产或劳务作业类型相同的企业，也可能在进行成本对比时不完全具有可比性。

【任务操作】

调查某一企业物流成本现状，掌握企业如何核算物流成本，把哪些成本归为物流成本？

## 任务2　物流成本核算的方法

实际应用中，常用的、适应一般生产组织和工艺过程的特点以及成本管理需要的成本核算方法，主要有下述四种。

（1）品种法：按照产品的品种核算产品成本。

（2）分批法：按照产品的批别核算产品成本。

（3）分步法：按照产品的生产步骤核算产品成本。

（4）作业成本法：按照劳务作业项目核算劳务成本，又称为ABC法。

### 一、品种法

品种法是以产品品种作为成本计算对象，归集生产费用，计算各种产品成本的一种方法。品种法适用于大量或大批简单生产的企业或车间。在大量大批复杂生产的中小型企业，尽管生产可以间断，可以划分为若干步骤，但因生产规模小，管理上不要求按生产步骤控制生产费用和计算成本，也可采用品种法计算产品成本。

1. 品种法的特点

（1）成本计算对象是产品品种。如果企业只生产一种产品，全部生产费用都是直接费用，可直接记入该产品成本明细账的有关成本项目中。如果企业生产多种产品，间接费用则要采取适当的方法，在各成本计算对象之间进行分配。

（2）成本计算期是定期的（每月月末）。成本计算期是日历月期，即按月定期计算产品成本，与会计报告期一致，与产品生产周期不一定一致。

（3）完工产品和在产品之间分配费用。如果月末有在产品，要将生产费用在完工产品和在产品之间进行分配。

2. 品种法计算成本的基本程序

（1）按照产品的品种，分成本项目设置"基本生产"明细账或成本计算单。

（2）按照产品品种，分成本项目归集生产费用，如果生产一种产品，可采用直接归集的方法；如果生产多种产品，除直接费用采用直接归集的方法外，对于间接费用则通过分配进行归集。

（3）月末，如果不计算在产品成本，各个"基本生产"明细账汇集的生产费用，便是各种完工产品的实际总成本，再除以产量求得单位产品成本。

（4）如果需要计算在产品的实际总成本，需要将在产品换算成完工产品，再除以产量求得单位产品成本。

(5) 如果需要计算在产品成本,应将"基本生产"明细账汇集的生产费用,在完工产品和月末在产品之间进行分配,以便计算完工产品总成本和单位产品成本。

品种法核算程序如图5.1所示。

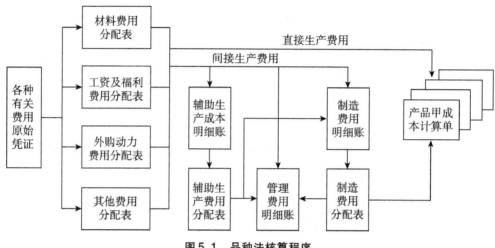

图5.1 品种法核算程序

## 二、分批法

分批法是按照产品的批别或订单作为成本计算对象归集生产费用,计算各批或各件产品成本的一种方法。

1. 分批法的特点

(1) 成本计算对象是产品的批别或产品的订单。

为了计算各批或各订单产品的成本,其成本计算对象是产品的批别或产品的订单。

(2) 分批法是不定期。

各批(各订单)产品的实际成本总额,需待该批(该订单)产品完工后才能结出。因此,完工产品成本计算是不定期的,其成本计算期与生产周期一致,而与会计报告期不一致。

(3) 不存在完工产品和在产品之间分配费用。

分批法成本计算期与产品生产周期基本一致,因而在计算月末产品成本时,一般不存在完工产品和在产品之间分配费用的问题。

2. 分批法计算成本的基本程序

(1) 根据产品的批别,件别或订单,设置"基本生产"明细账或成本计算单,以便归集生产费用,计算产品成本。

(2) 各个基本生产车间、辅助生产车间应将各种费用的原始凭证,按其用途进行归类、整理,据以编制各种费用分配明细表,并在制造费用明细账和产品成本计算当中登记。

(3) 根据"辅助生产"明细账汇集的费用,按照各车间、部门耗用附注生产车间产品或劳务的数量进行分配。

(4) 根据"制造费用"明细账汇集的费用,按照一定标准在各批产品之间进行分配。

(5) 根据"成本计算单"汇集的生产费用和有关生产记录,计算完工产品成本和月末在产品成本。

分批法核算程序如图 5.2 所示。

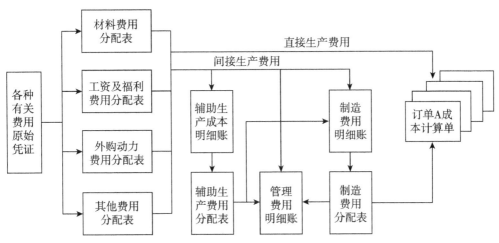

图 5.2 分批法核算程序

【例 5-1】某物流中心,按照购货单位的要求,小批量加工某些产品,采用分批法计算产品成本。该中心 2014 年 11 月投产甲产品 10 件,12 月份全部完工。该批产品成本计算单见表 5-1。

表 5-1 成品成本计算表　　　　　　　　　　　　　单位:元

| 项目 | 直接材料费 | 直接人工费 | 制造费用 | 合计 |
| --- | --- | --- | --- | --- |
| 11 月末余额 | 12 000 | 900 | 3 400 | 16 300 |
| 12 月发生费用: | | | | |
| 据材料费用分配表 | 4 000 | | | 4 600 |
| 据工资费用分配表 | | 1 700 | | 1 700 |
| 据制造费用分配表 | | | 8 000 | 8 000 |
| 合计 | 16 000 | 2 600 | 11 400 | 30 600 |
| 结转产成品成本 | 16 000 | 2 600 | 11 400 | 30 600 |
| 单位成本 | 1 600 | 260 | 1 140 | 3 060 |

## 三、分步法

分步法是按照产品的生产步骤归集生产费用,计算各步骤和最终产品成本的一种方法。这种计算方法,既要求计算各种产品的成本,又要求计算这些产品在各个生产步骤上的成本或份额。

1. 分步法的特点

(1) 成本计算对象。成本计算对象是各种成品的生产步骤。在分步复杂生产中,作为成本计算对象的生产步骤的确定,应根据管理的需要而定。它不一定与实际的生产步骤一致。

（2）成本计算期是定期的（每月月末）。大量大批复杂生产类型的生产周期较长，产品往往跨月连续生产并陆续完工，一般每月均有完工产品，其成本计算是按月定期进行。它与会计报告期一致，而与产品的生产周期不一致。

（3）完工产品和在产品之间分配费用。由于产品陆续完工，月末通常有在产品，因而，在各步骤各种产品的成本计算单上归集的生产费用，还应采用一定的分配方法，在各步骤、各产品的完工产品与月末在产品之间进行分配，以计算各产品、各生产步骤的完工产品成本和月末在产品成本。

2. 分步法计算成本的基本程序

在实际工作中，根据成本管理对各生产步骤成本资料的不同要求（是否要求计算半成品成本）和简化核算的要求，各生产步骤成本的计算和结转，一般采用逐步结转和平行结转两种方法，称为逐步结转分步法和平行结转分步法。

1）逐步结转分步法。

逐步结转分步法是按照产品加工的顺序，逐步计算并结转半成品成本，直到最后加工步骤才能计算产成品成本的一种方法。它是按照产品加工顺序先计算第一个加工步骤的半成品成本，然后结转给第二个加工步骤，这时，第二步骤把第一步骤转来的半成品成本加上本步骤耗用的材料和加工费用，即可求得第二个加工步骤的半成品成本，如此顺序逐步转移累计，直到最后一个加工步骤才能计算出产成品成本。逐步结转分步法就是为了分步计算半成品成本而采用的一种分步法，也称计算半成品成本分步法。

【例 5-2】某物流企业的加工中心加工甲产品，加工生产分两步在两个车间内进行，第一车间为第二车间提供半成品，第二车间加工为产成品。半成品收发通过半成品库进行。

① 根据各种费用分配表、半成品产量月报和第一车间在产品定额成本资料，登记甲产品第一车间（半成品）成本计算单，见表 5-2。

表 5-2　甲产品半成品计算单　　　　　　　　　　　单位：元

第一车间　　　　　　　　　　　　　　　　　　　2015 年 7 月

| 项目 | 产量/件 | 直接材料费 | 直接人工费 | 制造费用 | 合计 |
|---|---|---|---|---|---|
| 月初在产品成本（定额成本） |  | 61 000 | 7 000 | 5 400 | 73 400 |
| 本月生产费用 |  | 89 500 | 12 500 | 12 500 | 114 500 |
| 合计 |  | 150 500 | 19 500 | 17 900 | 187 900 |
| 完工半成品转出 | 800 | 120 000 | 16 000 | 15 200 | 151 200 |
| 月末在产品定额成本 |  | 30 500 | 3 500 | 2 700 | 36 700 |

② 根据第一车间在甲产品（半成品）成本计算单、半成品入库单，以及第二车间领用半成品的领用单，登记半成品明细账，见表 5-3。

表 5-3　半成品明细　　　　　　　　　　　　　　单位：件

| 月份 | 月初余额 | | 本月增加 | | 合计 | | | 本月减少 | |
|---|---|---|---|---|---|---|---|---|---|
|  | 数量 | 实际成本 | 数量 | 实际成本 | 数量 | 实际成本 | 单位成本 | 数量 | 实际成本 |
| 7 | 300 | 55 600 | 800 | 151 200 | 1 100 | 206 800 | 188 | 900 | 169 200 |
| 8 | 200 | 37 600 |  |  |  |  |  |  |  |

③ 根据各种费用分配表、半成品领用单、产成品产量月报,以及第二车间在产品定额成本资料,登记第二车间(产成品)成本计算单,见表 5-4。

表 5-4 甲产品(产成品)成本计算单　　　　　　　　　单位:元

第二车间　　　　　　　　　　　　　　　　　　　　　　　　2014 年 7 月

| 项目 | 产量/件 | 直接材料费 | 直接人工费 | 制造费用 | 合计 |
|---|---|---|---|---|---|
| 月初在产品成本(定额成本) |  | 37 400 | 1 000 | 1 100 | 39 500 |
| 本月生产费用 |  | 169 200 | 19 850 | 31 450 | 220 500 |
| 合计 |  | 206 600 | 20 850 | 32 550 | 260 000 |
| 产成品转出 | 500 | 189 000 | 19 500 | 30 000 | 238 500 |
| 单位成本 |  | 378 | 39 | 60 | 477 |
| 月末在产品定额成本 |  | 17 600 | 1 350 | 2 550 | 21 500 |

2) 平行结转分步法。

平行结转分步法是指在计算各步骤成本时,不计算各步骤所产半成品成本,也不计算各步骤所耗上一步骤的半成品成本,而只计算本步骤发生的各项其他费用,以及这些费用中应计入产成品成本的份额,将相同产品的各步骤成本明细账中的这些份额平行结转、汇总,即可计算出该种产品的产成品成本。这种结转各步骤成本的方法,称为平行结转分步法,也称不计算半成品成本分步法。

(1) 成本计算对象和成本结转程序。采用平行结转分步法的成本计算对象是各种产成品及其经过的各生产步骤中的成本"份额"。而各步骤的产品生产费用并不伴随着半成品实物的转移而结转。

(2) 产品生产费用在完工产品和在产品之间的分配。采用平行结转分步法,每一生产步骤的生产费用也要在其完工产品与月末在产品之间进行分配。但这里的完工产品,是指企业最后完工的产成品;这里的在产品是指各步骤尚未加工完成的在产品和各步骤已完工但尚未最终完成的产品。

【例 5-3】某物流企业的加工中心加工甲产品,加工生产分两步在两个车间内进行,第一车间为第二车间提供半成品,第二车间加工为产成品。各种生产费用归集与分配过程省略,数字在各成本计算单中列示。产成品和月末在产品之间分配费用的方法采用定额比例法;材料费用按定额材料费用比例分配,其他费用按定额工时比例分配。

定额材料见表 5-5。假如该加工中心月末没有盘点在产品,月末在产品的定额资料,要根据月初在产品定额资料加本月投产的定额资料减去产成品的定额资料计算求出。

表 5-5 甲产品定额资料　　　　　　　　　　　　　　　单位:元

| 生产步骤 | 月初在产品 | | 本月投入 | | 产成品 | | | | |
|---|---|---|---|---|---|---|---|---|---|
| | 材料费用 | 工时 | 材料费用 | 工时 | 单件定额 | | 产量 | 总定额 | |
| | | | | | 材料费用 | 工时 | | 材料费用 | 工时 |
| 第一车间 | 67 650 | 2 700 | 98 450 | 6 300 | 293 | 14 | 500 | 146 500 | 7 000 |
| 第二车间 |  | 2 400 |  | 9 600 | — | 20 | 500 |  | 10 000 |
| 合计 | 67 650 | 5 100 | 98 450 | 15 900 | — | 34 | — | 146 500 | 17 000 |

根据定额资料、各种费用分配表和产成品产量月报，登记第一、第二车间成本计算单，见表5-6、表5-7。

表5-6 第一车间甲产品成本计算表　　　　　　　　　单位：元

| 项目 | 产成品产量 | 直接材料费 定额 | 直接材料费 实际 | 定额工时 | 直接人工费用 | 制造费用 | 合计 |
|---|---|---|---|---|---|---|---|
| 月初在产品 |  | 67 650 | 61 651 | 2 700 | 7 120 | 10 000 | 78 771 |
| 本月生产费用 |  | 98 450 | 89 500 | 6 300 | 12 500 | 12 500 | 114 500 |
| 合计 |  | 166 100 | 151 151 | 9 000 | 19 620 | 22 500 | 193 271 |
| 分配率 |  |  | 0.91 |  | 2.18 | 2.5 |  |
| 产成品中本步份额 | 500 | 146 500 | 133 315 | 7 000 | 15 260 | 17 500 | 166 075 |
| 月末在产品 |  | 19 600 | 17 836 | 2 000 | 4 360 | 5 000 | 27 196 |

表5-7 第二车间甲产品成本计算表　　　　　　　　　单位：元

| 项目 | 产成品产量 | 直接材料费 定额 | 直接材料费 实际 | 定额工时 | 直接人工费用 | 制造费用 | 合计 |
|---|---|---|---|---|---|---|---|
| 月初在产品 |  |  |  | 2 400 | 8 590 | 8 150 | 16 740 |
| 本月生产费用 |  |  |  | 9 600 | 19 850 | 31 450 | 51 300 |
| 合计 |  |  |  | 12 000 | 28 440 | 39 600 | 68 040 |
| 分配率 |  |  |  |  | 2.37 | 3.3 |  |
| 产成品中本步份额 | 500 |  |  | 10 000 | 23 700 | 33 000 | 56 700 |
| 月末在产品 |  |  |  | 2 000 | 4 740 | 6 600 | 11 340 |

根据第一、第二车间成本计算单，平行汇总产成品成本，见表5-8。

表5-8 甲产品成本汇总计算表　　　　　　　　　单位：元

| 生产车间 | 产成品数量 | 直接材料费用 | 直接人工费用 | 制造费用 | 合计 |
|---|---|---|---|---|---|
| 第一车间 |  | 133 315 | 15 200 | 17 500 | 166 075 |
| 第二车间 |  |  | 23 700 | 33 000 | 56 700 |
| 合计 | 500 | 133 315 | 38 900 | 50 500 | 222 775 |
| 单位成本 |  | 266.63 | 77.92 | 101 | 445.55 |

## 四、作业成本法

### 1. 作业成本法的基本概念

作业成本法(Activity Based Costing，ABC)也称为作业成本会计或作业成本核算制度，它是以成本动因理论为基础，通过对作业进行动态追踪，反映、计量作业和成本对象的成本，评价作业业绩和资源利用情况的方法。

作业成本法是建立在两个前提之上的：一是作业消耗资源；另一个是产品消耗作业。根据这样的前提，作业成本法的基本原理可以概况为：依据不同的成本动因(Cost Driver)分别设置作业成本库(Cost Pool，也称作业成本池)，再分别以各成本计算对象所耗费的作业量分摊其在该成本库的作业成本，然后分别汇总各成本计算对象的作业总成本。作业成本计算中各概念之间的关系如图5.3所示。

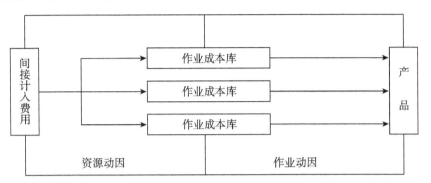

图5.3 作业成本法中各概念之间的关系

1）作业

作业是指企业为提供一定量的产品或劳务所消耗的人力、技术、原材料、方法和环境等的集合体，是企业为提供一定的产品或劳务所发生的、以资源为重要特征的各项业务活动的统称。这就体现出作业作为一个中介，将资源耗费与产品成本相连接。因此，作业成本法的成本计算的基本对象就是作业。

2）成本动因

成本动因是指导致企业成本发生的各种因素，也是成本驱动因素。比如：搬运成本的多少就与搬运次数、产品数量等有关，那么搬运次数、产品数量等这些就是使得搬运成本发生，并影响成本变动的根本因素，就是成本因素。

成本因素按照其对作业成本的形式及其在成本分配中的作用，可分为资源动因和作业成本动因。这两个动因既是成本动因的两种分类，也是作业成本计算的两个阶段。

（1）资源动因。资源动因也称为作业成本计算的第一阶段动因，主要用在各作业中心内部成本库之间分配资源。它反映了资源消耗量与作业量之间的关系，即作业量的多少决定着资源的耗用量，与产品量无关。

资源动因使得将资源成本分配到了各项作业中去，也就反映了某项作业或某组作业对资源的消耗情况。比如：加工所消耗的资源，直接与加工的次数、加工的工作时间、加工的数量有关，这里加工所涉及的加工次数、工作时间、数量就是加工这项作业成本的资源动因。

（2）作业成本动因。作业成本动因也称为作业成本计算的第二阶段动因，主要用于将作业的成本通过作业成本动因分配到成本对象。作业成本动因与最终产品直接相关，反映了产品消耗作业的情况，将资源消耗通过作业成本动因这个中介转化为最终产出成本。

3）作业中心与作业成本库

作业中心是成本归集和分配的基本单位，由一项作业或一组性质相似的作业所组成。作业中心所包含的各项作业都是同一性质的，也就是它们的成本动因是相同的。作业中心的各项作业对资源的消耗，产生相应的资源成本，因此，作业中心也就是一个成本库，也称为作业成本库。

2. 作业成本法的计算程序

物流作业成本计算是以作业成本法为指导，将物流间接成本和辅助资源更准确地分配到物流作业、运作过程、产品、服务及顾客中的一种成本计算方法。一般来讲，物流作业成本计算要经过以下几个阶段。

1）分析和确定资源

资源指支持作业的成本、费用来源。它是一定时期内为了生产产品或提供服务而发生的各类成本、费用项目，或者是作业执行过程中所需要花费的代价。通常在企业财务部门编制的预算中可以比较清楚地得到各种资源项目。如运输是运输部门的一项作业，那么相应办公场所的折旧、运输人员的工资和附加费、电话费、办公费等都是运输作业的资源费用。

企业各项资源被确认后，要为每一类资源设立资源库，并将一定会计期间的资源耗费归集到各相应的资源库中。

2）分析和确定作业

作业是企业为了某一特定的目的而进行的作业耗费活动，是企业划分控制和管理的单元，是连接资源和成本对象的桥梁。物流过程中的每一项活动都可以视为一项作业，如运输作业、包装作业、装卸搬运作业、流通加工作业等。

3）确定资源动因，分配资源耗费至作业成本库

作业确认后，要为每一项作业设立一个作业成本库，然后以资源动因为标准将各项资源耗费分配至各作业成本库。它反映了作业对资源的消耗情况，因而是把资源库价值分解到各作业成本库的依据。

4）确定作业成本动因，分解作业成本至成本对象

作业成本动因是指作业被各种产品或劳务消耗的方式和原因，它是作业成本库成本分配到成本对象中去的标准，也是将作业耗费与最终产品相沟通的中介。

5）计算物流作业成本

作业成本动因选定后，就可以按照同质的成本动因将相关的成本归集起来，有几个成本动因，就建立几个成本库，建立不同的成本库，并按照多个分配指标（成本动因）分配间接费用是作业成本计算优于传统成本计算之处。

3. 作业成本法区别于传统成本计算法的主要特点

1）以作业为成本计算对象

以作业为基本的成本计算对象，并将其作为汇总其他成本（如产品成本、责任中心成本）的基石。

2）注重间接计入费用的归集与分配

作业成本法设置多样化作业成本库，并采用多样化成本动因作为成本分配标准，使成本归集明细化，从而提高成本的可归属性。

3）关注成本发生的前因后果

产品的技术层次、项目种类、复杂程度不同，其耗用的间接费用也不同，但传统成本计算法认为所有产品都根据其产量均衡地消耗企业的所有费用。因此，在传统成本法下，产量高、复杂程度低的产品的成本，往往高于其实际发生的成本；产量低、复杂程度高的产品的成本，往往低于其实际发生的成本。

作业成本计算以作业为联系资源和产品的中介，以多样化成本动因为依据，将资源追踪到作业，将作业成本追踪到产品，提供了适应现代制造环境的相对准确的成本信息。作业成本计算以财务为导向，从分类账中获得主要成本(如间接费用)项目，进而将成本追踪到作业成本库，再将作业成本库的成本分配到各产品，侧重于对历史成本费用进行分析，是成本分配观的体现。

4. 作业成本法的意义

通过作业成本法的基本原理的了解，可以看出它不单纯是一种成本计算方法，而且是成本计算与成本控制的有机结合。

1) 以作业为成本计算对象

从计算的角度来看，它是以作业(并非产品)为成本计算对象，通过对作业成本的计算，追踪产品成本的形成和积累过程，由此大大提高了计算过程的明细化程度和成本计算结果的精确度；从成本控制的角度来看，作业成本法通过对作业成本的确认、计量，为尽可能消除不增值作业提供有用信息，从而促使这类作业减少到最低限度，以达到降低成本的目的。

2) 对间接费用的分配更为科学合理

作业成本法以作业成本为计算对象，实现了成本核算的灵活性，拓展了成本核算的范围，改进了成本分配方法，从而能为企业外部使用者提供更为准确的成本信息。

从作业成本法的核算过程看，它对直接费用的确认和分配与传统的成本计算方法并无不同，所不同的只是对间接费用的分配。作业成本法将间接费用按照相互之间的内在联系划归到若干个不同的成本库，再按照各自的成本动因将它们分配到产品上去。这比传统的以直接人工工时或机器工时等单一标准在全单位范围内统一分配间接费用更为科学合理。

3) 有利于企业内部管理

作业成本法为成本管理和控制提供了良好的出发点，优化了业绩评价尺度，从而更好地满足企业内部管理的需要。

作业成本法找到了产品与成本费用发生的连接点即作业，使其所提供的成本信息可以深入作业层次。因而可以在生产工艺设计、生产过程中根据产品生产的需要，控制作业的数量。通过减少不增值作业来减少成本费用发生的动因，切断成本费用发生的源头，使成本费用发生得到有效控制，达到事前、事中成本控制的目的。

【例5-4】企业产销A、B两种产品，这两种产品的生产工艺过程基本相同，两者的区别主要表现在所提供的物流服务上：A产品实行的是大批量低频率的物流配送服务，每批为4 000件。B产品实行多频率小批量配送服务，每批10件。该企业采用作业成本法计算产品的物流成本，所涉及的作业主要有七项：订单处理，挑选包装，包装设备调整，运输装卸，质量检验，传票管理，一般管理。

有关资料具体如下：

本月该企业共销售A产品5批，共计20 000件，B产品140批，共计1 400件。

订单处理作业：全月有能力处理1 008份订单。本月实际处理订单800份，其中A产品订单500份，B产品订单300份。

包装机：共 4 台，全月总共可利用 640 机器小时，但不能全部用于包装，因为机器调整会消耗一定时间。包装机每包装一批新产品时，则需要调整一次。在连续包装同一批产品件数达到 1 000 件时也需要进行一次调整。每台包装机调整一次需要 24 分钟。包装机如果用于包装 A 产品，每件需 1.5 分钟；如果用于包装 B 产品，每件则需 2 分钟。

运输装卸作业：全月总共能够提供 840 工作小时的生产能力，其中用于 A 产品运输装卸，每批需 120 分钟；B 产品运输装卸，每批则需 0.4 小时。

质量检验：A、B 两种产品的检验过程完全相同。该企业全月有能力检验 800 件产品，对于 A 产品，每批需要随机抽样 10 件进行检验。对于 B 产品，每批需要随机抽样 3 件进行检验。

传票管理：该企业进行传票管理作业是采用计算机辅助设计系统来完成的。该系统每月总共能提供 840 个机时。本月用于 A 产品传票管理的机时数为 168，用于 B 产品传票管理的机时数为 420。

一般管理：本月人员及实施等利用程度为 75%。

A 产品每件消耗直接材料 1.5 元，B 产品每件消耗直接材料 1.8 元。

采用作业成本法计算上述两种产品成本的基本步骤如下：

第一步，确认和计量企业本月所提供的各类资源价值，将资源耗费价值归集到各资源库中。本月该厂所提供的各类资源价值情况见表 5-9。

表 5-9　企业所提供的各类资源价值　　　　　单位：元

| 资源项目 | 工资 | 电力 | 折旧 | 办公费 |
|---|---|---|---|---|
| 资源价值 | 23 400 | 4 800 | 24 400 | 8 500 |

第二步，确认各种主要作业，建立作业成本库。主要作业有订单处理、挑选包装、包装设备调整、运输装卸、质量检验、传票管理、一般管理共七项作业。为每项作业分别设立作业成本库，用于归集各项作业实际消耗的资源。对于包装设备调整作业和挑选包装作业，首先将两者合并在一起计算各项资源耗用量，然后再按照机器调整所耗用的机器小时数与可用于包装产品的机器小时数之间的比例进行分配。

第三步，确认各项资源动因，将各资源库中所汇集的资源价值分配到各作业成本库中。

工资费用的分配：工资费用消耗的动因在于各项作业"运用职工"，因此，应根据完成各项作业的职工人数和工资标准对工资费用进行分配。分配结果见表 5-10。

表 5-10　工资资源的分配　　　　　单位：元

| 资源＼作业 | 订单处理 | 包装及设备调整 | 运输装卸 | 质量检验 | 传票管理 | 一般管理 | 合计 |
|---|---|---|---|---|---|---|---|
| 职工人数 | 2 | 4 | 5 | 4 | 4 | 3 | |
| 每人月工资额 | 800 | 1 200 | 1 000 | 1 250 | 1 000 | 1 000 | |
| 各项作业月工资额 | 1 600 | 4 800 | 5 000 | 5 000 | 4 000 | 3 000 | 23 400 |

电力资源价值的分配：电力资源消耗的动因在于"用电"，其数量多少可以由用电度数来衡量，已知每度电的价格为 0.5 元，具体结果见表 5-11。

表 5-11　电力资源的分配

| 资源 \ 作业 | 订单处理 | 包装及设备调整 | 运输装卸 | 质量检验 | 传票管理 | 一般管理 | 合计 |
|---|---|---|---|---|---|---|---|
| 用电度数 | 400 | 3 200 | 2 500 | 2 800 | 360 | 340 | 9 600 |
| 金额(元) | 200 | 1 600 | 1 250 | 1 400 | 180 | 170 | 4 800 |

折旧费与办公费的分配：折旧费发生的原因在于各项作业运用了有关的固定资产。因此，可根据各项作业固定资产运用情况来分配折旧费用。这种运用通常具有"专属性"，即特定固定资产由特定作业所运用。各项办公费也具有"专属性"，其分配方法与折旧费的分配大体相同。有关分配结果见表 5-12。

表 5-12　固定资产折旧及办公费的分配　　　　　　　　单位：元

| 资源 \ 作业 | 订单处理 | 包装及设备调整 | 运输装卸 | 质量检验 | 传票管理 | 一般管理 | 合计 |
|---|---|---|---|---|---|---|---|
| 折旧 | 2 500 | 5 600 | 4 000 | 7 700 | 2 400 | 2 200 | 2 4000 |
| 办公费 | 1 200 | 1 400 | 600 | 1 900 | 1 600 | 1 800 | 8 500 |

为了将包装机调整与包装两项作业所耗用资源价值分开，需要计算包装机调整所消耗的机器小时数。包装机调整次数：A 产品需要 20 次，B 产品需要 140 次，总调整次数为 160 次，需要消耗机器小时数共计 160×24/60=64 小时，占包装机总机器小时数的 10%。包装机可用包装的机器小时数为 640-64=576（小时），占包装机总机器小时数的 90%。将上述"包装及设备调整"栏目中的数字乘以 10%，即得到包装机调整所耗用的资源价值量，其余 90% 即为包装作业所耗用的资源价值量。将上述结果汇总，见表 5-13。

表 5-13　资源向各作业间的分配　　　　　　　　　　单位：元

| 资源 \ 作业 | 订单处理 | 包装设备调整 | 包装 | 运输装卸 | 质量检验 | 传票管理 | 一般管理 |
|---|---|---|---|---|---|---|---|
| 工资 | 1 600 | 480 | 4 320 | 5 000 | 5 000 | 4 000 | 3 000 |
| 电力 | 200 | 160 | 1 440 | 1 250 | 1 400 | 180 | 170 |
| 固定资产折旧 | 2 500 | 560 | 5 040 | 4 000 | 7 700 | 2 400 | 2 200 |
| 办公费 | 1 200 | 140 | 1 260 | 600 | 1 900 | 1 600 | 1 800 |
| 合计 | 5 500 | 1 340 | 12 060 | 10 850 | 160 000 | 8 180 | 7 170 |

第四步，确定各项作业的成本动因。有关结果见表 5-14。

表 5-14　各项作业成本动因

| 作业 | 作业成本动因 |
|---|---|
| 订单处理 | 订单处理份数 |
| 包装设备调整 | 包装调整次数 |
| 包装 | 开动机器小时数 |
| 运输装卸 | 工作小时数 |
| 质量检验 | 检验件数 |
| 传票管理 | 计算机时数 |

对于"一般管理"这项作业，其成本动因比较复杂，因此在计算A、B两种产品消耗该项资源成本时，予以另行处理。

第五步，计算有关作业成本动因分配率。计算结果见表5-15。

表5-15 作业成本动因分配率的计算过程　　　　　　　　　　单位：元

| 作业 | 订单处理 | 包装调整 | 包装 | 运输装卸 | 质量检验 | 传票管理 |
|---|---|---|---|---|---|---|
| 作业成本 | 5 500 | 13 400 | 12 060 | 10 850 | 16 000 | 8 180 |
| 提供的作业量 | 1 008 | 160 | 576 | 840 | 800 | 840 |
| 作业动因分配率 | 5.46 | 8.38 | 20.94 | 12.92 | 20 | 9.74 |

第六步，计算A、B两种产品实际消耗的资源价值。

本月运输装卸作业实际消耗工作小时为656，其中，运输装卸A产品消耗$5 \times 120 = 600$（工作小时），运输装卸B产品消耗$140 \times 0.4 = 56$（工作小时）。

本月包装机实际消耗机器小时数为546.67，其中，包装A产品消耗$2\,000 \times 1.5 \div 60 = 500$（机器小时），包装B产品消耗$1\,400 \times 2 \div 60 = 46.67$（机器小时）。

本月检验产品总数470件，其中，对A产品抽样$5 \times 10 = 50$（件），对B产品抽样$140 \times 3 = 420$（件）。

根据上述有关结果即可求出A、B两种产品实际消耗的资源价值。计算结果见表5-16。

表5-16　A、B两种产品实际消耗的资源价值　　　　　　　单位：元

| 作业 | 作业分配率 | 实际耗用作业成本动因数 | | | 实际耗用资源 | |
|---|---|---|---|---|---|---|
| | | A产品 | B产品 | 合计 | A产品 | B产品 |
| 订单处理 | 5.46 | 500 | 300 | 800 | 2 730 | 1 638 |
| 包装设备调整 | 8.38 | 20 | 140 | 160 | 168 | 1 173 |
| 包装 | 20.94 | 500 | 47 | 547 | 10 470 | 984 |
| 运输装卸 | 12.92 | 600 | 56 | 656 | 7 752 | 724 |
| 质量检验 | 20 | 50 | 420 | 470 | 1 000 | 8 400 |
| 传票管理 | 9.74 | 168 | 420 | 588 | 1 636 | 4 000 |
| 一般管理 | 0.13 | 23 750 | 17 000 | 40 765 | 3 088 | 2 211 |
| 合计 | | | | | 26 844 | 19 220 |

A、B两种产品所消耗的"一般管理"作业成本的计算过程如下：

A、B两种产品所消耗的"一般管理"作业成本之和为：$7\,170 \times 75\% = 5\,377.5$（元），

可按A、B两种产品其他各项作业所消耗的资源成本之和的比例分配，具体如下：

A耗用其他各项作业成本之和为：$2\,730 + 7\,752 + 168 + 10\,470 + 1\,000 + 1\,636 = 23\,756$（元）；

B耗用其他各项作业成本之和为：$16\,38 + 724 + 1\,173 + 984 + 8\,400 + 4\,000 = 17\,000$（元）。

"一般管理"作业成本分配率$= 5\,377.5 \div (23\,756 + 17\,000) = 0.13$

A产品实际耗用的一般管理作业资源成本$= 23\,756 \times 0.13 = 3\,088$（元）

B产品实际耗用的一般管理作业资源成本$= 17\,000 \times 0.13 = 2\,211$（元）

第七步，计算A、B两种产品的物流总成本及单位成本。

A 产品直接材料 = 20 000 × 1.5 = 30 000(元)
B 产品直接材料 = 1 400 × 1.8 = 2 520(元)
A 产品物流总成本 = 30 000 + 26 844 = 56 844(元)
B 产品物流总成本 = 2 520 + 19 220 = 21 740(元)

第八步，计算未耗用资源，计算过程及有关结果见表 5 – 17。

表 5 – 17　未耗用资源　　　　　　　　　　　　　单位：元

| 作业 | 作业分配率 | 未耗用作业动因数 | 未耗用资源成本 |
|---|---|---|---|
| 订单处理 | 5.46 | 1 008 – 800 = 208 | 1 136 |
| 包装设备调整 | 8.38 | 0 | 0 |
| 包装 | 20.94 | 576 – 547 = 29 | 607 |
| 运输装卸 | 12.92 | 840 – 656 = 184 | 2 377 |
| 质量检验 | 20 | 800 – 470 = 330 | 6 600 |
| 传票管理 | 9.74 | 840 – 588 = 252 | 2 454 |
| 一般管理 | | | 1 793 |
| 合计 | | | 14 967 |

第九步，将上述有关结果汇总，即得 A、B 两种产品物流成本计算单，见表 5 – 18。

表 5 – 18　A、B 两种产品物流成本计算表　　　　　　　单位：元

| | 耗用资源价值 | A 产品 | | B 产品 | | 未耗用资源成本 |
| | | 单位成本 | 总成本 | 单位成本 | 总成本 | |
|---|---|---|---|---|---|---|
| 直接材料 | 32 520 | 1.5 | 30 000 | 1.8 | 2 520 | 0 |
| 订单处理 | 5 500 | 0.14 | 2 730 | 1.17 | 1 638 | 1 136 |
| 包装设备调整 | 1 340 | 0.01 | 168 | 0.84 | 1 173 | 0 |
| 包装 | 12 060 | 0.52 | 10 470 | 0.7 | 984 | 607 |
| 运输装卸 | 10 850 | 0.39 | 7 752 | 0.52 | 724 | 2 377 |
| 质量检验 | 16 000 | 0.05 | 1 000 | 600 | 8 400 | 6 600 |
| 传票管理 | 8 180 | 0.08 | 1 636 | 2.92 | 4 090 | 2 454 |
| 一般管理 | 7 170 | 0.15 | 3 088 | 1.58 | 2 211 | 1 793 |
| 合计 | 93 620 | 2.84 | 56 844 | 15.53 | 21 740 | 14 967 |

A 产品单位物流成本：56 844 ÷ 20 000 = 2.84(元/件)
B 产品单位物流成本：21 740 ÷ 1 400 = 15.53(元/件)

 项目小结

本项目讲述了物流成本核算，主要内容有：在核算之前要明确成本核算对象、成本费用承担实体、成本核算期间及成本核算空间，并介绍了物流成本核算方法有品种法、分批法、分步法和作业成本法，并通过例题阐述了分批法、分步法及作业成本法的演算过程，其中重点讲述了作业成本法。

## 项目实训

### 物流作业成本核算

【实训背景】

某配送中心于 2015 年 9 月加工两种产品,其中甲产品批量为 8 000 件,乙产品批量为 1 000 件,本月共发生加工费用为 44 000 元。由于两种产品加工工艺不同,该中心为准确核算两种产品的成本,需要用作业成本法核算产品成本。经分析配送中心间接费用的成本动因有 5 个:采购、生产准备、质量检验、机器工时和维修工时,有关资料见表 5-19、表 5-20。

表 5-19　甲、乙产品成本资料汇总表　　　　　　　　　　单位:元

| 项目 | 甲产品 | 乙产品 |
| --- | --- | --- |
| 直接人工成本 | 2 000 | 5 000 |
| 直接材料成本 | 200 000 | 60 000 |
| 间接费用 | 44 000 | |

表 5-20　产品作业分析资料

| 作业成本库 | | 成本动因 | 作业量 | | |
| --- | --- | --- | --- | --- | --- |
| 名称 | 费用(元) | | 甲产品 | 乙产品 | 合计 |
| 材料采购 | 9 600 | 采购次数 | 9 | 7 | 16 |
| 生产准备 | 4 800 | 准备次数 | 15 | 9 | 24 |
| 质量检验 | 7 200 | 检验次数 | 60 | 30 | 90 |
| 机器工作 | 17 600 | 机器工时 | 4 000 | 1 000 | 5 000 |
| 设备维修 | 4 800 | 维修工时 | 500 | 500 | 1 000 |

【实训目的】

通过本实训进一步熟悉作业成本法的基本原理和程序,明白作业成本法对企业产品成本核算的重要性,帮助学生掌握作业成本法。

【实训准备】

1. 掌握作业成本法的原理和应用步骤。
2. 熟悉 Excel 软件的应用。

【实训步骤】

1. 认真阅读并讨论背景资料,两人一组。
2. 根据资料编制甲、乙两种长的间接费用分配表。
3. 汇总两种产品的间接费用和直接费用,计算单位产品成本。
4. 将作业成本法与传统成本法进行比较。

5. 讨论作业成本法对企业成本决策的意义。

### 思考与练习

一、单项选择题

1. 现在越来越多的企业推行(　　)，这是一种进行物流成本归集核算的有效方法。
   A. 作业成本法　　B. 经验法　　C. 数量法　　D. 规划论法
2. (　　)是物流成本管理的中心环节。
   A. 物流成本核算　　B. 物流成本控制　　C. 物流成本分析　　D. 物流成本预测
3. 作业成本法的产生最早可以追溯到 20 世纪杰出的会计大师是美国人(　　)教授。
   A. 埃里克·科勒　　B. 库伯　　C. P. 科特勒　　D. 卡普兰
4. (　　)是被认为是确定和控制物流成本最有前途的方法。
   A. 作业成本法　　B. 经验法　　C. 数量法　　D. 规划论法
5. 以下(　　)不属于物流成本的核算对象。
   A. 某种物流功能　　B. 某一物流部门　　C. 某一过程　　D. 某一产品的损耗
6. (　　)成本计算方法的成本计算期要求与生产任务通知单的签发和结束相一致。
   A. 品种法　　B. 分批法　　C. 分步法　　D. 作业成本法

二、多项选择题

1. 能够引发发货部门物流成本发生的成本动因是(　　)。
   A. 购货单数量　　B. 发货单数量　　C. 作业批次数量　　D. 搬运数量
   E. 运输数量
2. 物流成本核算的方法有(　　)。
   A. 品种法　　B. 分步法　　C. 分批法　　D. 作业成本法
   E. 以上都是
3. 作业成本法中的作业有(　　)。
   A. 运输　　B. 包装　　C. 装卸　　D. 流通加工
   E. 信息处理

三、思考题

1. 作业成本系统包括哪几部分内容？
2. 简述作业成本计算法的基本原理。
3. 物流成本计算的方法有哪些？

四、计算题

1. 大众运输公司新近购进一台 1.8 吨以下微型载货车，总价值 15 万元，预计总行驶里程 30 万千米，无残值。本月投入使用总行驶里程 3 765 千米，本月应提多少折旧？
2. 某企业购入一台设备，技术先进，用加速折旧法折旧，购买原价 10 万元，使用五年，无残值，用双倍余额递减法和年数总和法计算各年折旧额，并进行比较。

3. 江南运输公司 2011 年 12 月 31 日购入的一台管理用设备，原始价值 168 000 元，原估计使用年限为 8 年，预计净残值为 8 000 元，按直线法计提折旧。由于技术原因以及更新办公设施的原因，已不能继续按原定使用年限计提折旧，于 2016 年 1 月 1 日将该设备的折旧年限改为 6 年，预计净残值为 4 000 元。2016 年开始后重新计算的每月折旧额是多少？

五、案例分析

## 安利降低物流成本的秘诀

同样面临物流资讯奇缺、物流基建落后、第三方物流公司资质参差不齐的实际情况，国内同行物流成本高居高不下，而安利（中国）（图 5.4）的储运成本仅占全部经营成本的 4.6%。安利降低物流成本的秘诀：全方位物流战略的成功运用。

图 5.4　安利（中国）LOGO

1. 非核心环节通过外包完成

安利的"店铺＋推销员"的销售方式，对物流储运有非常高的要求。安利的物流储运系统，其主要功能是将安利工厂生产的产品及向其他供应商采购的印刷品、辅销产品等先转运到位于广州的储运中心，然后通过不同的运输方式运抵各地的区域仓库（主要包括沈阳、北京及上海外仓）暂时储存，再根据需求转运至设在各省市的店铺，并通过家居送货或店铺等销售渠道推向市场。与其他公司所不同的是，安利储运部同时还兼管着全国近百家店铺的营运、家居送货及电话订货等服务。所以，物流系统的完善与效率，在很大程度上影响着整个市场的有效运作。

但是，由于目前国内的物流资讯极为短缺，他们很难获得物流企业的详细信息。在这样的状况下，安利采用了适应中国国情的"安利团队＋第三方物流供应商"的全方位运作模式。核心业务如库存控制等由安利统筹管理，实施信息资源最大范围的共享，使企业价值链发挥最大的效益。而非核心环节，则通过外包形式完成。如以广州为中心的珠三角地区主要由安利的车队运输，其他绝大部分货物运输都是由第三方物流公司来承担。另外，全国几乎所有的仓库均为外租第三方物流公司的仓库，而核心业务，如库存设计、调配指令及储运中心的主体设施与运作，则主要由安利本身的团队统筹管理。目前已有多家大型第三方物流公司承担安利公司大部分的配送业务。公司会派员定期监督和进行市场调查，以评估服务供货商是否提供具竞争力的价格，并符合公司要求的服务标准。这样，既能整合第三方物流的资源优势，与其建立稳固的合作伙伴关系，同时又通过对企业供应链的核心环节——管理系统、设施和团队的掌控，保持安利的自身优势。

2. 仓库半租半建

从安利的物流运作模式来看，至少有两个方面是值得国内企业借鉴的。

首先是投资决策的实用主义。在美国，安利仓库的自动化程度相当高，而在中国，很多现代化的物流设备并没有被采用，因为美国土地和人工成本非常高，而中国这方面的成本比较低。两相权衡，安利弃高就低。不久前启用的安利新的物流中心就很好地反映出安利的"实用"哲学。新物流中心占地面积达 40 000 平方米，是原来仓库的 4 倍，而建筑面积达 16 000 平方米。这样大的物流中心如果全部自建的话，仅土地和库房等基础设施方面的投资就需要数千万元。安利采取和另一物业发展商合作的模式，合作方提供土地和库房，安利租用仓库并负责内部的设施投入。只用了 1 年时间，投入 1 500 万元，安利就拥有了一个面积充足、设备先进的新物流中心。而国内不少企业，在建设自己的物流中心时，将主要精力都放在了基建上，不仅占用了企业大量的周转资金，而且费时费力，效果并不见得很好。

其次是在核心环节的大手笔投入。安利单在信息管理系统上就投资了 9 000 多万，其中主要的一部分，就是用于物流、库存管理的 AS400 系统，它使公司的物流配送运作效率得到了很大提升，同时大大地降低了各种成本。安利先进的计算机系统将全球各个分公司的存货数据联系在一起，各分公司与美国总部直接联机，详细储存每项产品的生产日期、销售数量、库存状态、有效日期、存放位置、销售价值、成本等数据。有关数据通过数据专线与各批发中心直接联机，使总部及仓库能及时了解各地区、各地店铺的销售和存货状况，并按照各店铺的实际情况及时安排补货。在仓库库存不足时，公司的库存及生产系统亦会实时安排生产，并预定补给计划，以避免个别产品出现断货情况。

（资料来源：http://www.docin.com/p-244138471.html，有改动）

**问题讨论：**

1. 安利物流外包的成本、费用、效率如何？
2. 什么情况下，企业可以选择物流自营或物流外包？
3. 安利的物流运作模式对我国"大而全"或"小而全"的生产企业有何启示？

# 项目六

## 物流成本分析

【学习目标】

| 知识目标 | 能力目标 |
| --- | --- |
| 1. 掌握物流成本分析的方法；<br>2. 理解物流成本分析的指标；<br>3. 了解物流成本综合分析的方法。 | 1. 能分析成本并找出成本差异的原因；<br>2. 能根据指标分析结果判断运营状况。 |

# 导入案例

## 福特汽车公司通过成本分析配置全球资源

福特汽车公司（图6.1）目前大约有60%的成本是用在采购原材料和零部件上。在福特汽车公司的全球资源配置中，它主要在加拿大、日本、墨西哥、德国、巴西和其他一些国家进行原材料和零部件的采购。福特汽车公司的全球范围的采购已经有很长的历史了，从20世纪70年代开始，福特公司着重于评价全球范围内的供应商，以获得一流的质量、最低的成本和最先进的技术提供者。最近几年来，福特汽车公司致力于将这种策略扩展成为集成化的"福特2000"采购战略，它的目标是建立一个适合于全球制造的汽车生产环境，零部件的设计、制造、采购以及组装都是在全球范围内进行的。为此，福特汽车公司建立了一个"日报交货"系统应用于它的17个分厂。该系统反映各厂每天生产原材料大致的需求量。

图6.1　福特汽车公司

尽管福特汽车公司不要求它位于世界各地的供应商在美国开设仓库，但是能否从当地仓库实现JIT供货，仍然是福特汽车公司评价选择供应商的关键标准。这也是全球资源配置成功与效率的关键所在。福特汽车公司与供应商保持紧密合作，并在适当的时候为供应商提供一定的技术培训，这与不同地区以及公司的不同需求有关。一般而言，发达地区的供应商需要的技术支持比不发达地区供应商需要的技术支持少。不少国外供应商都与福特汽车公司在工程、合作设计等方面保持着良好的合作关系，因此，对于很多关键部件，福特汽车公司都有当地供应商相关职员提供的有力技术支持，与全球供应商之间的技术交流困难也因此而得到缓和。

福特汽车公司要求其供应商在生产计划变化的时候能迅速反应。对于大多数零部件的供应商而言，国际供应商比国内供应商更缺乏柔性。福特汽车公司最近也尽量保证生产计划的稳定性，短期计划调整的频率也比以前更低。企业与供应商之间联系时，企业是用户；而企业与用户之间联系时，企业则处于供应商的地位，从而在与上、下游企业之间的合作中形成扩展企业。在实际供应链运作中，扩展企业处于供应商与用户组成的网络链中，而不仅仅是线性的价值链中，这可以从供应链的模型中直观地看出。从概念上来说，扩展企业在大小和复杂程度上不存在技术上的限制。扩展企业之间的激励和自我约束机制可以解决和处理各类复杂的问题。通信技术是扩展企业网络的技术基础。软件工具的开发也为扩展企业的运行提供了有力支持。

（资料来源：http://www.docin.com/p-1123581060.html，有改动）

## 任务1 物流成本分析的方法

物流成本分析采用的方法是多种多样的，可以采用会计方法、统计方法或数学方法。在实际工作中，使用最广泛的技术方法主要有指标对比法和因素分析法；也有部分企业使用作业成本法。

### 一、指标对比法

指标对比法又称比较法，是实际工作中广泛应用的分析方法。它是通过相互关联的物流成本指标的对比来确定数量差异的一种方法。通过对比，发现问题、找出差距、分析原因，从而为进一步降低物流成本、提高物流成本效益指明方向。物流成本指标的对比分析一般有以下三个方面。

1）实际物流成本指标与计划指标对比

进行物流成本分析时，可以将实际成本指标与计划成本指标进行比较，通过这种对比，说明计划完成的情况，从而为下一步的成本控制指明方向。

2）本期实际物流成本指标与前期实际物流成本指标对比

前期实际成本指标可采用上年同期指标或历史最高水平。通过对比，反映企业物流成本的动态变化和变化趋势，有助于吸取历史经验，改进物流成本管理。

3）本期实际物流成本指标与同行业先进水平对比

通过对比，可以反映本企业与国内外先进水平的差距，以便扬长避短，努力挖掘降低物流成本的潜力，不断提高企业的经济效益。

需要指出的是，采用指标对比法时，应注意对比指标的可比性，即对比指标采用的计量单位、计价标准、时间单位、指标内容和前后采用的计算方法等都应具有可比的基础和条件。在同类企业比较物流成本指标时，还必须考虑它们在技术经济上的可比性。指标的对比可以用绝对数对比，也可以用相对数对比。

【例6-1】大众物流公司2014年年末进行成本分析时，编制的对比成本分析表见表6-1。

表6-1 成本对比分析表

| 项目 | 成本计划/元 | 本年实际/元 | 差异额/元 | 差异率/% |
|---|---|---|---|---|
| A 产品 | 350 000 | 358 000 | +8 000 | +2.29 |
| B 产品 | 750 000 | 734 000 | -16 000 | -2.13 |
| C 产品 | 430 000 | 420 000 | -10 000 | -2.33 |
| 合计 | 1 530 000 | 1 512 000 | -18 000 | -1.18 |

从上表中我们可以看出，各种产品成本的升降情况是不一样的。A 产品超支，B、C 两种产品成本降低幅度较大。对于 A 产品应找出成本超支的原因，提出进一步降低成本的措施方案。

## 二、因素对比法

因素分析法，是依据分析指标和影响因素的关系，从数量上确定各因素对指标的影响程度。企业的活动是一个有机的整体，每个指标的高低，都会受到若干因素的影响。从数量上测定各因素的影响程度，可以帮助人们抓住主要矛盾，或更有说服力地评价经营状况。

物流成本升降是由许多因素造成的，概括起来主要有两类：一类为外部因素，另一类为内部因素。外部因素来自社会，是外部经济环境和条件所造成的；而内部因素则是由企业本身经营管理所造成的。做这种区分有利于评价企业各方面的工作质量。

因素分析法的一般做法是将某一综合指标分解为若干个相互联系的因素，并分别计算、分析每个因素影响程度的一种方法。在几个相互联系的因素共同影响着某一指标的情况下，可运用这一方法来计算各个因素对经济指标发生变动的影响程度。例如企业物流成本是一个综合性的价值指标，各方面工作都会影响物流成本水平。

1. 因素分析法的具体做法

（1）确定分析指标是由几个因素组成。
（2）确定各个因素与指标的关系，例如加减关系、乘除关系等。
（3）采用适当方法，把指标分解成各个因素。
（4）确定每个因素对指标变动的影响程度。

2. 因素分析法的具体程序

利用因素分析法进行物流成本分析的一般计算程序是：以物流成本的计划指标为基础，按照预定的顺序将各个因素的计划指标依次替换为实际指标，一直替换到全部都是实际指标为止。每次的计算结果与前次计算结果相比，就可以求得某一因素对计划完成情况的影响。

（1）将要分析的某项经济指标分解为若干个因素的乘积。

在分解时应注意经济指标的组成因素应能够反映形成该项指标差异的内在构成原因，否则，计算的结果就不准确。例如材料费用指标可分解为产品产量、单位消耗量与单价的乘积。但它不能分解为生产该产品的天数、每天用料量与产品产量的乘积。因为这种构成方式不能全面反映产品材料费用的构成情况。

（2）计算指标的实际数与基期数（如计划数、上期数等），从而形成两个指标体系。

这两个指标的差额，即实际指标减基期指标的差额，就是所要分析的对象。各因素变动对所要分析的指标完成情况产生影响的合计数，应与该分析对象相等。

（3）确定各因素的替代顺序。

在确定经济指标因素的组成时，其先后顺序就是分析时的替代顺序。在确定替代顺序时，应从各个因素相互依存的关系出发，使分析的结果有助于分清责任。替代的顺序一般是先替代数量指标,后替代质量指标;先替代实物量指标,后替代货币量指标;先替代主要指标,后替代次要指标。

(4) 计算替代指标。

这种方法是以基期数为基础,用实际指标体系中的各个因素,逐步顺序地替换。每次用实际数替换基数指标中的一个因素,就可以计算出一个指标。每次替换后,实际数保留下来,有几个因素就替换几次,就可以得出几个指标。在替换时要注意替换顺序,应采取连环的方式,不能间断,否则计算出来的各因素的影响程度之和,就不能与指标实际数与基期数的差异额(即分析对象)相等。

(5) 计算各因素变动对指标的影响程度。

这种方法是将每次替代所得到的结果与这一因素替代前的结果进行比较,其差额就是这一因素变动对经济指标的影响程度。

(6) 验算。

将各因素变动对指标影响程度的数额相加,应与该项指标实际数与基期数的差额(即分析对象)相等。

【例6-2】设某项物流成本指标 $N$ 是由 $A$、$B$、$C$ 三个因素的乘积组成的。在分析时,若是用实际成本指标与计划成本指标进行对比,则计划成本指标与实际成本指标的计算公式如下。

$$计划成本指标\ N_0 = A_0 \times B_0 \times C_0$$
$$实际成本指标\ N = A \times B \times C$$
$$差异额\ G = N - N_0$$

计算程序是:

$$计划成本指标\ N_0 = A_0 \times B_0 \times C_0 \tag{1}$$
$$第一次替换得\ N_1 = A \times B_0 \times C_0 \tag{2}$$
$$第二次替换得\ N_2 = A \times B \times C_0 \tag{3}$$
$$第三次替换得\ N = A \times B \times C \tag{4}$$

各因素变动对指标 $N$ 的影响数额按下式计算:

$$由于\ A\ 因素变动的影响 = (2) - (1) = N_1 - N_0$$
$$由于\ B\ 因素变动的影响 = (3) - (2) = N_2 - N_1$$
$$由于\ C\ 因素变动的影响 = (4) - (3) = N - N_2$$

将上述三个因素变动的影响相加,即为各因素变动对指标 $N$ 的影响程度,它与分析对象应相等。即

$$(N_1 - N_0) + (N_2 - N_1) + (N - N_2) = N - N_0 = G$$

从上式可以看出,三个因素变动的差异之和与前面计算的实际成本脱离计划成本的总差异是相符的,这就确定了各个因素对成本升降的影响程度,并可以确定各个因素带来的差异占总差异的比重,为制定降低物流成本的方案提供可靠的依据。

【例6-3】迅捷物流公司配送加工甲产品,2015年10月份产量及其他有关材料费用的资料见表6-2。

表6-2 产量及其他有关资料

| 项目 | 计划数 | 实际数 |
|---|---|---|
| 产品产量/件 | 250 | 200 |
| 单位产品材料消耗量/千克 | 48 | 50 |
| 材料单价/元 | 9 | 10 |
| 材料费用/元 | 108 000 | 100 000 |

要求：对该公司材料费用的影响因素进行分析。

解：分析对象 = 100 000 - 108 000 = -8 000(元)

根据因素分析法的替代原则，材料费用三个因素的替代顺序为产量、单耗、单价。各因素变动对甲产品材料费用实际比计划降低8 000的测定结果如下：

计划材料费用 = 250 × 48 × 9 = 108 000(元)　　　　　　　　　　　　　　　　(1)

第一次替代 = 200 × 48 × 9 = 86 400(元)　　　　　　　　　　　　　　　　　(2)

第二次替代 = 200 × 50 × 9 = 90 000(元)　　　　　　　　　　　　　　　　　(3)

实际材料费用 = 200 × 50 × 10 = 100 000(元)　　　　　　　　　　　　　　　(4)

各因素变动对材料费用降低8 000元的影响程度如下：

由于产量变动对材料费用的影响 = (2) - (1) = 86 400 - 108 000 = -21 600(元)

由于材料单耗变动对材料费用的影响 = (3) - (2) = 90 000 - 86 400 = 3 600(元)

由于材料单价变动对材料费用的影响 = (4) - (3) = 100 000 - 90 000 = 10 000(元)

三个因素变动的材料费用的影响程度 = -21 600 + 3 600 + 10 000 = -8 000(元)

上述分析计算时，还可以采用另外一种简化的形式，即差额计算法。差额计算法是利用各个因素的实际数与基期数的差额，直接计算各个因素变动对经济指标的影响程度。以上述物流成本指标 $N$ 为例，采用差额计算法时的计算公式如下。

各因素变动对指标 $N$ 的影响数额按下式计算：

$$A \text{因素变动的影响} = (A - A_0) \times B_0 \times C_0$$

$$B \text{因素变动的影响} = A \times (B - B_0) \times C_0$$

$$C \text{因素变动的影响} = A \times B \times (C - C_0)$$

【例6-4】仍以【例6-2】中的材料费用的分析资料为基础，采用差额计算法对该公司材料费的影响因素进行分析。

解：由于产量增加对材料费用的影响 = (200 - 250) × 48 × 9 = -21 600(元)

由于材料单耗变动对材料费用的影响 = 200 × (50 - 48) × 9 = 3 600(元)

由于材料单价变动对材料费用的影响 = 200 × 50 × (10 - 9) = 10 000(元)

各因素变动对材料费用的影响 = -21 600 + 3 600 + 10 000 = -8 000(元)

两种方法的计算结果相同，但采用差额计算法显然要比第一种方法简单。

3. 因素分析法的分类

因素分析法在应用过程中，又可根据不同情况具体分为以下几种方法。

（1）差额分析法。例如固定资产净值增加的原因分析，可分解为原值变化和折旧变化两部分。

（2）指标分析法。例如资产利润率，可分解为资产周转率和销售利润率的乘积。

（3）连环替代法。依次用分析值替代标准值，测定各因素对财务指标的影响，例如影响成本降低的因素分析。

（4）定基替代法。分别用分析值替代标准值，测定各因素对财务指标的影响，例如标准成本的差异分析。

在实际的分析中，以上各种方法是结合使用的。

### 三、作业成本分析法

对于作业成本分析法来说，核算过程本身就是费用按不同作业详细分类、归集和分配的过程，可以根据作业的消耗对象同时得出不同的成本资料。这样，企业就可以正确划分变动成本与固定成本，正确区分可控成本与非可控成本，从而制定正确的对外决策，同时加强责任考核与成本控制，达到"决策和控制"的核算目标。作业成本分析法的具体内容见项目五。

## 任务2　物流成本分析指标

具体而言，物流成本的效益指标包括物流营运能力指标和物流获利指标。其中物流营运能力是利润等财务目标实现的物质基础，而物流获利能力的提高又有助于推动营运能力的增强，两者相辅相成。对于物流成本效益指标的分析，可以帮助企业掌握物流成本的效益状况与存在的问题，从而为进行相关物流成本决策、提升物流成本的效益提供依据。

### 一、物流营运能力指标

企业经营的基本动机是追求利润的最大化，而强大的物流营运能力，正是获取利润的基础。企业物流的营运能力可描述为：企业物流基于外部市场环境的需要，通过内部人力资源和作业资源的配置组合而对实现财务目标产生作用的程度，无疑，营运能力的大小对获利能力的持续增长有着决定性的影响。

1. 人力资源营运能力指标

物流作业是以人为核心展开的，物流成本中有相当的支出花费在人力资源的获取之上，物流作业人员素质与能力的高低对物流营运能力具有决定性的影响。衡量人力资源营运能力的指标为劳动作业效率指标，公式为：

物流劳动作业效率 = 物流营业净额 ÷ 从事物流作业的员工人数的平均值

物流营业净额 = 物流营业额 − 物流营业折扣与折让

物流劳动作业效率越高，说明每一个从事物流工作的人员创造的营业净额越高，因而人力资源利用得越好，物流人力资源的营运能力越强。

2. 作业资源营运能力指标

企业物流成本中有很大一部分是为了获取完成各项物流作业所需的作业资源而耗费的。

作业资源的营运能力包括物流的总资产营运能力指标和物流流动资产营运能力指标。

1）物流总资产营运能力指标

物流总资产的营运能力是通过物流总资产的营业水平反映出来的，也就是说，物流总资产的周转率代表着物流总资产的营运能力，公式为：

$$物流总资产周转率 = 物流营业净额 \div 平均物流资产总额$$

物流总资产周转率也可以用周转天数表示，其与物流总资产周转率的关系如以下公式所示：

$$物流总资产周转天数 = 计算期天数 \div 物流总资产周转率$$

在上述公式中：平均物流资产总额应按不同的计算期分别确定，且公式中的平均物流资产总额与物流营业净额应属于同一计算期，即在时间上保持一致。

年平均物流资产总额的计算公式为：

年平均物流资产额 =（1/2 年初资产总额 + 一季度末资产总额 + 二季度末资产总额 + 三季度末资产总额 + 1/2 年末资产总额）/4

当物流总资产所占用的资金波动比较大时，可采用以上方法来计算平均物流资产总额，如上述公式中，由原来的以每季度末的数据进行计算，变为每月末的数据进行计算。

当物流总资产所占用的资金相对比较稳定，波动幅度较小时，可以采取以下公式来计算平均物流资产总额：

$$平均物流资产总额 =（期初物流资产占用额 + 期末物流资产占用额）/2$$

物流总资产周转率，全面综合地反映了全部物流资产的营运能力。物流总资产周转率越高，说明在一定的计算期内，物流总资产周转的次数越多，周转一次的天数变得越短，周转速度变得越快，因而物流总资产的营运能力也就越强。

这里需要注意的是，物流总资产的营运能力可以由物流总资产周转率与周转天数两个指标来反映，物流总资产周转率越高，说明营运能力越强，而物流总资产周转天数越多，则说明营运能力越弱。

2）物流流动资产营运能力指标

物流总资产由流动资产与固定资产两部分组成。为了更深入地剖析物流总资产的营运能力及其影响因素，必须对流动资产与固定资产的周转情况分别进行分析。

物流流动资产的周转额是物流营业额的直接来源。所以，对物流流动资产的分析应着眼于其对营业额实现的贡献。物流流动资产营运能力的大小主要通过物流流动资产周转率与周转天数来加以反映，其公式为：

$$物流流动资产周转率 = 物流营业额净额 \div 物流流动资产平均占用额$$
$$物流流动资产周转天数 = 计算期天数 \div 物流流动资产周转率$$

以上公式中，物流流动资产平均占用额的计算方法与物流资产平均总额的计算方法相同；物流流动资产周转率反映了企业物流流动资产的营运能力。

首先，物流流动资产利润率 = 物流营业利润率 × 物流流动资产周转率。因此，在一定时期内，物流营业利润率一定的情况下，物流流动资产周转速度越快，也就是物流流动资产的周转率越高（物流流动资产的周转天数也少），物流流动资产的利润率也就越高，其对财务目标的贡献也就越大。

其次，物流流动资产占用额与物流流动资金周转速度之间存在密切的制约关系，在物流营业额保持不变的情况下，物流流动资产周转速度越快，物流流动资产的占用额就越少。因此，物流流动资产周转天数缩短，周转速度加快，就会减少企业对物流流动资产的占用，从而提升物流流动资产的营运能力。

与物流总资产营运能力指标相同，物流流动资产周转率越高，说明营运能力越强，而物流流动资产周转天数越高，则说明营运能力越弱。

3）物流固定资产营运能力指标

物流作业的收入主要来源于物流流动资产的周转，而不是物流固定资产的周转。但是，物流固定资产是实现物流流动资产周转的基础，物流流动资产投资规模、周转额的大小及周转速度的快慢，在很大程度上取决于物流固定资产的作业经营能力及利用效率。因此，有必要考量物流固定资产的营运能力，即物流固定资产的作业经营能力及利用效率。

反映物流固定资产营运能力的指标是物流固定资产周转率，其计算公式如下：

物流固定资产周转率 = 物流营业额净额 ÷ 物流固定资产平均占用额 =（物流流动资产平均占用额 ÷ 物流固定资产平均占用额）× 物流流动资产周转率

以上公式中的物流固定资产平均占用额应按物流固定资产原值计算，因为这样可以避免因不同企业所采用的折旧方法或折旧年限的不同而产生的差异，从而使企业能够就该指标进行比较分析与研究。

物流固定资产营运能力指标可以考量企业是否能以相对较小的物流固定资产投资达成尽可能大的物流流动资产规模及尽可能快的周转速度，从而使企业能够以流动资产投资规模扩大和周转速度加快为手段，实现更多的物流营业额。该指标越高，说明物流固定资产的营运能力越强。

## 二、物流获利能力指标

企业支付物流成本的最终动力与目的是希望通过物流系统获取效益。所谓物流获利能力实际上就是指投入物流系统的资金（物流成本）的增值能力。具体指标如下。

1. 物流作业利润率

$$物流作业利润率 = 物流利润 ÷ 物流营业净额$$

物流所能带来的利润可以被分为不同的层次：毛利润、经营利润、营业利润、税前利润、利润净额。由于税前利润或利润净额中包含着非营业利润因素，所以建议在上述公式中使用经营利润、营业利润，这样得出的指标就能够更直接地反映获利能力。物流作业利润率是正向指标，该指标越大，说明该项作业的获利能力越强。

2. 物流作业的成本利润率

$$物流作业成本利润率 = 物流利润 ÷ 物流成本$$

在计算物流作业的成本利润率时，必须注意物流成本与利润之间的匹配关系，因为，成本同利润一样，也包含不同的层次：

$$经营成本 = 经营费用 + 营业税金及附加$$

$$营业成本 = 经营成本 + 管理费用 + 财务费用 + 其他业务成本$$
$$税前成本 = 营业成本 + 营业外支出$$
$$税后成本 = 税前成本 - 所得税$$

只有将物流成本与利润相互对应起来,才能有效地揭示物流成本的获利能力。

在实践当中,经营成本利润率指标(经营成本利润率 = 经营利润÷经营成本)的重要性最高,它能够反映主要物流成本的利用效果。将该项指标与其他的物流作业成本利润指标配合使用,可以帮助企业发现物流系统中存在的问题:当各项收益及税率一定时,经营成本利润率很高而税前成本利润率却很低,就说明物流系统的管理费用、财务费用及营业外支出过多,应当在以后的工作中对这些成本进行控制;相反,如果经营成本利润率与税前成本利润率均很低,而且差异很小,说明物流成本过高,是今后控制的重点;当经营成本利润率与税前成本利润率均比较高时,说明物流系统的成本管理效果较好。

物流作业的成本利润率为正向指标,即该指标越高越好。

3. 物流作业的资产利润率

物流作业资产利润率是反映物流资产获利能力的风向标。具体指标如下。

1)物流总资产利润率

根据利润层次的不同,可以列出三类物流总资产利润率:
$$物流总资产息税前利润率 = 息税前物流利润总额 ÷ 平均物流资产总额$$
$$物流总资产利润率 = 物流利润总额 ÷ 平均物流资产总额$$
$$物流总资产净利润率 = 物流利润净额 ÷ 平均物流资产总额$$

物流总资产息税前利润率主要是从资金来源(资产 + 负债)的角度出发,对物流资产的使用效益进行评价,因此,所有者与债权人都十分重视该指标:对于债权人而言,只要物流总资产的税前利润率大于负债利息率,其债务本息的偿还就能得到保证;对所有者来说,较高的物流总资产息税前利润率只能降低或避免不能偿还债务本息的风险,为了确保资本得到保值增值,还需要对物流总资产利润率与物流总资产净利润率进行分析。

2)物流流动资产利润率

为获得物流流动资产而支出的物流成本与其周转是物流利润的主要来源。因此,物流流动资产的利润率能够揭示物流利润增长的基础是否稳固。

考核物流流动资产获利能力的指标主要有两项公式如下:
$$物流流动资产经营利润率 = 物流经营利润 ÷ 物流流动资产平均占用额$$
$$物流流动资产营业利润率 = 物流营业利润 ÷ 物流流动资产平均占用额$$

其中,物流流动资产经营利润率比物流流动资产营业利润率更为重要。

3)物流固定资产利润率

由于物流固定资产是物流流动资产周转活力的物质基础,因此,还应当考察物流固定资产利润率,公式如下:
$$物流固定资产经营利润率 = 物流经营利润 ÷ 物流固定资产平均占用额 =$$
$$(物流流动资产平均占用额 ÷ 物流固定资产平均占用额) × 物流流动资产经营利润率$$
$$物流固定资产营业利润率 = 物流营业利润 ÷ 物流固定资产平均占用额 =$$

（物流流动资产平均占用额/物流固定资产平均占用额）×物流流动资产营业利润率

以上三大类指标均为正向指标。

4）物流作业的净资产利润率

物流作业的净资产利润率用以下公式表示：

$$物流净资产利润率 = 物流利润净额/物流净资产$$

企业支出物流成本的最终目的是实现物流系统利润的最大化，要达到这一目的，首先就要最大限度地提高物流净资产利润率。因此，物流净资产利润率是物流获利能力指标的核心。该项指标为正向指标。

## 任务3　物流成本综合分析

物流成本综合分析的最终目的在于全方位地了解物流企业经营理财的状况，并借此对物流企业经济效益的优劣做出系统的、全面的评价。下面以第三方物流企业为例加以探讨，其他类型企业的物流成本参照此方法加以综合分析。

### 一、物流成本综合分析的含义及特点

1. 物流成本综合分析的含义

前文我们已经介绍了物流成本中企业偿债能力、营运能力以及盈利能力等各种财务分析指标，但单独分析任何一项财务指标，就跟盲人摸象一样，都难以全面评价物流成本中企业的经营与财务状况。要进行全面的分析，必须采取适当的方法，对物流成本进行综合分析与评价。所谓物流成本综合分析就是将企业营运能力、偿债能力和盈利能力等方面的分析纳入一个有机的分析系统之中，全面地对企业财务状况、经营状况进行解剖和分析，从而从物流成本的角度对企业经济效益做出较为准确的评价与判断。

2. 物流成本综合分析的特点

一个健全有效的物流成本综合指标体系必须具备以下特点。

1）评价指标要全面

这里指所设置的评价指标要尽可能涵盖企业的偿债能力、营运能力和盈利能力等各方面的考核要求。

2）主辅指标功能要匹配

这里强调在分析中要做到以下几点。

（1）在确立营运能力、支付能力和盈利能力诸方面评价的主要指标和辅助指标的同时，进一步明确总体结构中各项指标的主辅地位。

（2）不同范畴的主要考核指标所反映的企业经营状况、财务状况的不同侧面、不同层次的信息有机统一，应当能够全面而翔实地反映物流企业经营实际。

3）满足各方面经济需求

设置的指标评价体系既要能满足企业内部管理者决策的需要，也要能满足外部投资者和政府管理机构决策及实施宏观调控的要求。

## 二、物流成本综合分析的方法

物流成本综合分析的方法沿用企业财务综合分析的方法，方法比较多，其中应用比较广泛的有：杜邦财务分析体系法和沃尔比重评分法。

### 1. 杜邦财务分析体系

杜邦财务分析体系（The Du Pont System，简称杜邦体系）就是利用各个主要财务比率指标之间的内在联系，对企业综合经营理财及经济效益进行系统分析评价的方法。这种方法最初由美国杜邦公司创立并成功运用，故称杜邦分析法。利用这种方法可以把各种财务指标之间的关系绘制成杜邦分析图，如图6.2所示。

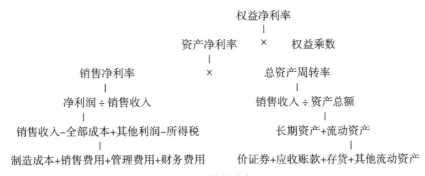

图6.2 杜邦分析图

1）图中各财务指标之间的关系

杜邦分析法实际上从两个角度来分析财务，一是进行了内部管理因素分析，二是进行了资本结构和风险分析。

$$权益净利率 = 资产净利率 \times 权益乘数$$
$$权益乘数 = 1 \div (1 - 资产负债率)$$
$$资产净利率 = 销售净利率 \times 总资产周转率$$
$$销售净利率 = 净利润 \div 销售收入$$
$$总资产周转率 = 销售收入 \div 总资产$$
$$资产负债率 = 负债总额 \div 总资产$$

2）杜邦分析图提供了下列主要的财务指标关系的信息

（1）权益净利率是一个综合性最强的财务比率，是杜邦分析系统的核心。它反映所有者投入资本的获利能力，同时反映企业筹资、投资、资产运营等活动的效率，它的高低取决于总资产利润率和权益总资产率的水平。决定权益净利率高低的因素有三个方面：权益乘数、销售净利率和总资产周转率。权益乘数、销售净利率和总资产周转率三个比率分别反映了企业的负债比率、盈利能力比率和资产管理比率。

（2）权益乘数主要受资产负债率影响。负债比率越大，权益乘数越高，说明企业有较高的负债程度，给企业带来较多的杠杆利益，同时也给企业带来了较多的风险。资产净利率是一个综合性的指标，同时受到销售净利率和资产周转率的影响。

（3）资产净利率也是一个重要的财务比率，综合性也较强。它是销售净利率和总资产周转率的乘积，因此，要进一步从销售成果和资产营运两方面来分析。

销售净利率反映了企业利润总额与销售收入的关系，从这个意义上看提高销售净利率是提高企业盈利能力的关键所在。要想提高销售净利率：一是要扩大销售收入；二是降低成本费用。而降低各项成本费用开支是企业财务管理的一项重要内容。通过各项成本费用开支的列示，有利于企业进行成本费用的结构分析，加强成本控制，以便为寻求降低成本费用的途径提供依据。

（4）企业资产的营运能力，既关系到企业的获利能力，又关系到企业的偿债能力。一般而言，流动资产直接体现企业的偿债能力和变现能力；非流动资产体现企业的经营规模和发展潜力。两者之间应有一个合理的结构比率，如果企业持有的现金超过业务需要，就可能影响企业的获利能力；如果企业占用过多的存货和应收账款，则既要影响获利能力，又要影响偿债能力。为此，就要进一步分析各项资产的占用数额和周转速度。

（5）对流动资产应重点分析存货是否有积压现象、货币资金是否闲置、应收账款中分析客户的付款能力和有无坏账的可能；对非流动资产应重点分析企业固定资产是否得到充分的利用。

资产周转率是销售收入与资产平均总额之比，是反映企业运用资产以产生销售收入能力的指标。对资产周转率的分析，除了对资产构成部分从总占有量上是否合理进行分析外，还可通过流动资产周转率、存货周转率、应收账款周转率等有关资产使用效率的分析，以判明影响资金周转的主要问题所在。

杜邦财务指标体系的作用在于解释指标变动的原因和变动趋势。

【例6-5】迅捷物流公司2013年和2014年基本财务数据见表6-3，财务比率见表6-4。

表6-3 基本财务数据　　　　　　　　　　　　　　　　　　单位：万元

| 项目 | 净利润 | 销售收入 | 资产总额 | 负债总额 | 全部成本 |
| --- | --- | --- | --- | --- | --- |
| 2013年 | 10 284.04 | 411 224.01 | 306 222.94 | 205 677.07 | 403 967.43 |
| 2014年 | 12 653.92 | 757 613.81 | 330 580.21 | 215 659.54 | 736 747.24 |

表6-4 各种财务比率

| 项目 | 权益净利率 | 权益乘数 | 资产负债率 | 资产净利率 | 销售净利率 | 总资产周转率 |
| --- | --- | --- | --- | --- | --- | --- |
| 2013年 | 0.097 | 3.049 | 0.672 | 0.032 | 0.025 | 1.34 |
| 2014年 | 0.112 | 2.874 | 0.652 | 0.039 | 0.017 | 2.29 |

对权益净利率的分析：

权益净利率指标是衡量企业利用资产获取利润能力的指标。权益净利率充分考虑了筹资方式对企业获利能力的影响，因此它所反映的获利能力是企业经营能力、财务决策和筹资方式等多种因素综合作用的结果。

该公司的权益净利率在2013—2014年间出现了一定程度的好转，分别从2013年的0.097增加至2014年的0.112。企业的投资者在很大程度上依据这个指标来判断是否投资或是否转让股份，考察经营者业绩和决定股利分配政策。这些指标对公司的管理者也至关重要。

公司管理者为改善财务决策而进行财务分析，他们可以将权益净利率分解为权益乘数和资产净利率，以找到问题产生的原因。

权益净利率＝资产净利率×权益乘数

2013 年：0.097＝3.049×0.032

2014 年：0.112＝2.874×0.039

经过分解表明，权益净利率的改变是由于资本结构的改变（权益乘数下降），同时资产利用和成本控制出现变动（资产净利率也有改变）。那么，我们继续对资产净利率进行分解：

资产净利率＝销售净利率×总资产周转率

2013 年：0.032＝0.025×1.34

2014 年：0.039＝0.017×2.29

通过分解可以看出 2014 年的总资产周转率有所提高，说明资产的利用得到了比较好的控制，显示出比前一年较好的效果，表明该公司利用其总资产产生销售收入的效率在增加。在总资产周转率提高的同时，销售净利率的减少阻碍了资产净利率的增加，我们接着对销售净利率进行分解：

销售净利率＝净利润÷销售收入

2013 年：0.025＝10 284.04÷411 224.01

2014 年：0.017＝12 653.92÷757 613.81

2014 年该公司大幅度提高了销售收入，但是净利润的提高幅度却很小，分析其原因是成本费用增加，从表 6－3 可知：全部成本从 2013 年的 403 967.43 万元增加到 2014 年的 736 747.24 万元，与销售收入的增加幅度大致相当。

通过分解可以看出杜邦分析法有效的解释了指标变动的原因和趋势，为采取应对措施指明了方向。

在【例 6－5】中，导致权益利润率小的主原因是全部成本过大。也正是因为全部成本的大幅度提高导致了净利润提高幅度不大，而销售收入大幅度增加，就引起了销售净利率的减少，显示出该公司销售盈利能力的降低。资产净利率的提高当归功于总资产周转率的提高，销售净利率的减少却起到了阻碍的作用。

从表 6－4 可知权益乘数是下降的，说明该公司的资本结构在 2013—2014 年发生了变动，2014 年的权益乘数较 2013 年有所减小。权益乘数越小，企业负债程度越低，偿还债务能力越强，财务风险程度越低。这个指标同时也反映了财务杠杆对利润水平的影响。财务杠杆具有正、反两方面的作用。在收益较好的年度，它可以使股东获得的潜在报酬增加，但股东要承担因负债增加而引起的风险；在收益不好的年度，则可能使股东潜在的报酬下降。该公司的权益乘数一直在 2～5，也就是负债率在 50%～80% 之间，属于激进战略型企业。管理者应该准确把握公司所处的环境，准确预测利润，合理控制负债带来的风险。

杜邦分析法以权益净利率为主线，将企业在某一时期的销售成果以及资产营运状况全面联系在一起，层层分解，逐步深入，构成一个完整的分析体系。它能较好地帮助管理者发现企业财务和经营管理中存在的问题，能够为改善企业经营管理提供十分有价值的信息，因而得到普遍的认同并在实际工作中得到广泛的应用。

### 2. 沃尔比重评分法

1928年，亚历山大·沃尔出版的《信用晴雨表研究》和《财务报表比率分析》中提出了信用能力指数的概念，他选择了7个财务比率即流动比率、产权比率、固定资产比率、存货周转率、应收账款周转率、固定资产周转率和自有资金周转率，分别给定各指标的比重，然后确定标准比率（以行业平均数为基础），将实际比率与标准比率相比，得出相对比率，将此相对比率与各指标比重相乘，得出总评分。提出了综合比率评价体系，把若干个财务比率用线性关系结合起来，以此来评价企业的财务状况。

沃尔评分法是指将选定的财务比率用线性关系结合起来，并分别给定各自的分数比重，然后通过与标准比率进行比较，确定各项指标的得分及总体指标的累计分数，从而对企业的信用水平作出评价的方法。

1）沃尔评分法原理

把若干个财务比率用线性关系结合起来，对选中的财务比率给定其在总评价中的比重（比重总和为100），然后确定标准比率，并与实际比率相比较，评出每项指标的得分，最后得出总评分。

2）沃尔比重评分法的基本步骤

（1）选择评价指标并分配指标权重。

盈利能力的指标：资产净利率、销售净利率、净值报酬率

偿债能力的指标：自有资本比率、流动比率、应收账款周转率、存货周转率

发展能力的指标：销售增长率、净利增长率、资产增长率

按重要程度确定各项比率指标的评分值，评分值之和为100。

三类指标的评分值约为 $5:3:2$。盈利能力指标三者的比例约为 $2:2:1$，偿债能力指标和发展能力指标中各项具体指标的重要性大体相当。

（2）确定各项比率指标的标准值，即各该指标在企业现实条件下的最优值。

（3）计算企业在一定时期各项比率指标的实际值。

$$资产净利率 = 净利润 \div 资产总额 \times 100\%$$

$$销售净利率 = 净利润 \div 销售收入 \times 100\%$$

$$净值报酬率 = 净利润 \div 净资产 \times 100\%$$

$$自有资本比率 = 净资产 \div 资产总额 \times 100\%$$

$$流动比率 = 流动资产 \div 流动负债$$

$$应收账款周转率 = 赊销净额 \div 平均应收账款余额$$

$$存货周转率 = 产品销售成本 \div 平均存货成本$$

$$销售增长率 = 销售增长额 \div 基期销售额 \times 100\%$$

$$净利增长率 = 净利增加额 \div 基期净利 \times 100\%$$

$$资产增长率 = 资产增加额 \div 基期资产总额 \times 100\%$$

（4）形成评价结果。

3）沃尔比重评分法的公式

沃尔比重评分法的公式为：

$$实际分数 = 实际值 \div 标准值 \times 权重$$

当实际值＞标准值为理想时，此公式正确；但当实际值＜标准值为理想时，实际值越小得分应越高，用此公式计算的结果却恰恰相反；另外，当某一单项指标的实际值太高时，会导致最后总分大幅度增加，掩盖情况不良的指标，从而给管理者造成一种假象。

4）沃尔评分法的改进

沃尔评分法的问题：某一指标严重异常时，会对总评分产生不合逻辑的重大影响。财务比率提高一倍，评分增加100%；减少一半，评分减少50%。原因在于：综合得分 = 评分值×关系比率。

将财务比率的标准值由企业最优值调整为本行业平均值；设定评分值的上限（正常值的1.5倍）和下限（正常值的一半）。

$$综合得分 = 评分值 + 调整分$$
$$调整分 = （实际比率 - 标准比率）\div 每分比率$$
$$每分比率 = （行业最高比率 - 标准比率）\div （最高评分 - 评分值）$$

## 项目小结

本项目主要介绍了物流成本分析的相关内容：物流成本分析的方法有指标对比法、因素分析法、作业成本分析法；物流成本分析的指标主要从营运能力指标、获利能力指标几个方面分析；物流成本综合分析包括杜邦分析法和沃尔比重评分法。

## 项目实训

### 物流成本分析

【实训背景】

某集团采用自营配送与TPL代理配送两种形式，2014年10月到2015年9月期间的物流成本数据，对两种配送模式下的物流成本进行了比较，数据见表6-5。

表6-5　两种配送模式下的物流成本比较　　　　　　　　单位：元

| 项目 | 自营配送 | TPL代理配送 |
| --- | --- | --- |
| 运输成本 | 156 566.68 | 154 603.82 |
| 　干线运输 | 147 556.18 | 109 308.16 |
| 　区域配送 | 9 010.50 | 45 295.66 |
| 库存成本 | 79 302.86 | 44 002.39 |
| 　资金成本 | 58 581.86 | 19 457.29 |
| 　仓库租金 | 17 875.00 | 15 328.50 |
| 　库存作业 | 2 846.00 | 9 216.60 |

续表

| 项目 | 自营配送 | TPL 代理配送 |
|---|---|---|
| 管理成本 | 12 660.00 | 3 120.00 |
| 仓库管理 | 12 000.00 | 3 000.00 |
| 管理信息 | 600.00 | 60.00 |
| 单据处理 | 60.00 | 60.00 |

【实训目的】

1. 使学生进一步理解和掌握成本分析的方法。
2. 能够掌握两种方式成本变化的情况。
3. 能够根据所给数据说明数据背后表示的意义。

【实训准备】

1. 了解成本的构成。
2. 理解成本分析的方法。

【实训步骤】

1. 两人一组。
2. 选取分析的方法。
3. 对比分析。
4. 说明成本变化的情况及百分比。

## 思考与练习

一、单项选择题

1. (　　)又称比较法,是通过将相互关联的物流成本指标进行对比来确定数量差异的一种方法。

　　A. 指标对比法　　B. 相关分析法　　C. 因素分析法　　D. 标准分析法

2. 负债总额与资产总额的比例关系是指(　　)。

　　A. 资产负债率　　B. 产权比率　　C. 已获利息倍数　　D. 速动比率

3. 依据分析指标和影响因素的关系从数量上确定各因素对指标的影响程度指的是(　　)。

　　A. 因素分析法　　B. 指标对比法　　C. 相关分析法　　D. 物流成本分析法

4. (　　)用来评价企业物流成本占企业总成本的比例。

　　A. 物流成本率　　　　　　　　B. 单位物流成本率
　　C. 单位营业费用物流成本率　　D. 产值物流成本率

5. (　　)用来分析企业创造单位产值需要支出的物流成本。

　　A. 物流成本率　　　　　　　　B. 单位物流成本率

C. 单位营业费用物流成本率　　　　　D. 产值物流成本率

6. 一般认为物流企业合理的最低流动比率为(　　)。
A. 1　　　　　B. 2　　　　　C. 3　　　　　D. 4

7. 一般认为物流企业合理的最低速动比率为(　　)。
A. 1　　　　　B. 2　　　　　C. 3　　　　　D. 4

二、多项选择题

1. 物流成本分析的原则是(　　)。
A. 与经济责任制相结合的原则　　　　B. 与技术经济指标变动相结合的原则
C. 实际与标准一致的原则　　　　　　D. 一切从实际出发的原则
E. 以历史最高水平为依据的原则

2. 使用最广泛的技术方法主要有(　　)。
A. 指标对比法　　B. 相关分析法　　C. 因素分析法　　D. 标准分析法
E. 作业成本法

3. 反映变现能力的对比指标主要有(　　)。
A. 流动比率指标　　　　　　　　　　B. 速动比率指标
C. 可动用的银行贷款指标　　　　　　D. 存货周转率指标
E. 资产负债率指标

4. 影响变现能力的因素主要有(　　)。
A. 可动用的银行贷款指标　　　　　　B. 准备很快变现的长期资产
C. 偿债能力的声誉　　　　　　　　　D. 或有负债
E. 营业周期

5. 反映物流企业偿付到期长期债务的能力的指标主要有(　　)。
A. 资产负债率　　B. 产权比率　　C. 已获利息倍数　　D. 物流作业利润率
E. 物流作业成本率

三、判断题

1. 物流成本分析就是对过去成本管理工作的回顾。　　　　　　　　　　(　　)
2. 负债比率是指债务和物流资产、物流净资产的关系。　　　　　　　　(　　)
3. 物流企业的获利能力指标反映的是物流企业偿付到期债务的能力。　　(　　)
4. 物流成本分析的主要目的是在实现既定的顾客服务水平的条件下降低企业的物流成本，提高企业的竞争能力。　　　　　　　　　　　　　　　　　　　　　(　　)
5. 物流是一种没有效益的活动是需要支付费用的。　　　　　　　　　　(　　)
6. 营运资金的多少可以反映偿还短期债务的能力。　　　　　　　　　　(　　)
7. 企业之间的规模不同，用运营资金的多少来评价偿债能力也是有意义的。(　　)
8. 影响速动比率的可信性的重要因素是应收账款的变现能力。　　　　　(　　)

四、思考题

1. 物流成本有哪些分析方法？

2. 简述作业成本分析法的原理。
3. 对物流成本进行分析,可以使用哪些指标?
4. 什么是物流成本综合分析?具体包括哪几个方面?

五、计算题

1. 某物流企业的物流成本计算采用标准成本计算系统,A产品有关的成本资料见表6-6。

表6-6  产品单位标准成本

| 项目 | 标准价格 | 标准数量 | 标准成本/元 |
| --- | --- | --- | --- |
| 直接材料 | 3元/千克 | 10千克 | 30 |
| 直接人工 | 4元/小时 | 4小时 | 16 |
| 变动间接费用 | 1.5元/小时 | 4小时 | 6 |
| 固定间接费用 | 1元/小时 | 4小时 | 4 |
| 单位产品标准成本 |  |  | 56 |

该企业本月生产销售A产品2 450件。购入原材料30 000千克,实际成本88 500元,本月生产消耗原材料25 500千克,实际耗用工时9 750小时,应付生产工人工资40 000元,本月实际发生间接费用15 000元,实际发生固定间接费用10 000元。

要求:计算A产品成本差异。

2. 某公司有一包装设备尚可使用4年,目前的变现价值为600元,最终残值为200元,年运行成本700元,现欲购买一台新设备代替旧设备。新设备价格为2 400元,预计可使用10年,最终残值300元,年运行成本为400元,假设公司的内含报酬率为15%,年金的现值系数4年:3.784、10年:5.019,现值系数4年:0.432,10年:0.247。

要求:利用成本分析结论进行决策。

六、案例分析

## 2015年上半年物流运行通报

今年上半年,随着稳增长政策措施效应逐渐显现,经济运行中的积极因素逐步释放。1—6月份物流运行总体平稳,5、6月份小幅回升,整体上呈现"稳中见好"的发展态势。

1. 物流需求小幅回升,产业结构继续优化

1—6月份,全国社会物流总额可比增长5.7%,增速比1—5月份回升0.2个百分点,比第1季度回升0.1个百分点。从需求结构来看,消费对物流需求的贡献持续提升,国际物流需求好转,表明物流需求结构在继续优化。

消费相关的物流需求增速加快。1—6月份,工业品物流总额同比增长6.3%,增幅比1—5月份提高0.1个百分点,比第1季度回落0.1个百分点。其中,与消费相关的行业物流需求回升明显。与1—5月份相比,农副食品加工业增速加快0.5个百分点,食品制造业加快0.3个百分点,纺织业加快0.2个百分点。

国际物流需求有所好转。根据海关总署统计数据显示,1—6月份全国进出口货运量同比

增长0.1%，进口货运量降幅收窄1.9个百分点。其中，我国高新技术产品进口同比基本持平，一般消费品的进口保持较快增长，明显好于同期总体进口情况。

新业态引领电商、快递物流需求加快增长。1—6月份，与民生相关的单位与居民物品物流总额继续保持快速增长，同比增长30.4%，增速比第1季度提高3.1个百分点。在"互联网+"快速发展的带动下，快递物流需求加快增长，据国家邮政局的数据显示，1—6月份全国快递业务量完成84.6亿件，同比增长43.3%，增速比第1季度提高1.6个百分点。

2. 物流运行效率有所提升

物流运行效率有所提升。上半年，社会物流总费用增速比第1季度回落0.4个百分点，同比增长4.5%，保持低位增长。社会物流总费用与GDP的比率为16.1%，比去年同期下降0.3个百分点，反映出物流运行效率有所提升。

从结构看，从各项费用占比情况看运输费用和管理费用，均有所回落。运输费用同比增长3.8%，增速比第1季度回落0.3个百分点，占社会物流总费用的比重为50.1%，下降0.4个百分点；从运输实物量来看，1—6月份，货运量同比增长4.2%；货物周转量同比下降0.2%。货物周转量增速明显低于货运量增速，反映出货物的平均运输距离有所减少，表明运输效率有所提升。

3. 重点物流企业效益有所好转

1—5月份，重点调查物流企业累计实现物流业务利润同比增长7.5%，实现了较快增长。其中，盈利企业所占比重为82.5%，亏损企业所占比重为17.5%。在主营业务收入规模出现下降的情况下，主营业务利润实现增长，反映出企业转型加快，盈利能力有所增强。

分物流企业类型看，分化明显。其中，综合型物流企业累计实现物流业务利润同比增长9.7%；运输型物流业同比下降55%；仓储型物流业同比下降22.9%。

4. 物流市场规模增速回落

1—6月份物流市场规模增速回落，物流业总收入3.6万亿元，同比增长5.3%，比第1季度回落0.4个百分点。在规模增速回落的同时，1—5月份重点物流企业主营业收入同比下降6.9%。

5. 物流服务价格总体低迷

受经济增速放缓、物流需求增速回落等因素影响，物流价格震荡回落、持续低位运行。据中国物流业景气指数显示，物流服务价格指数今年以来均在50%的临界水平以下，平均为49.0%，比上年平均水平下降1.3个百分点，物流服务价格总体呈现回落态势。

从承担76%货运量的公路货运市场看，中国公路物流运价指数6月份为99.4点，比上月下降3.9%，比年初下降5.2%，比去年同期下降8.9%，总体上继续延续回落走势，但环比降幅较5月份有所收窄。6月份中国公路物流运价指数继续回落主要是受油价下调和大宗商品需求继续回落等因素影响。从分车型指数看，以大宗商品为主的整车指数继续回落，以消费品为主的零担指数则有所回升。

从海运市场看，交通部网站发布的中国沿海（散货）综合运价指数1—6月份平均为858.3点，同比下降19.0%。从走势看，中国沿海散货综合运价指数屡次刷新历史最低纪录，到5月中下旬才小幅回升至900点以上，6月份当月平均为886.6点，环比上涨0.7%，煤炭运价指数下跌，金属矿石、粮食运价指数小幅回升，原油、成品油运价指数保持平稳。其中，受到电厂存煤量处于高位水平，下游需求收窄，煤炭运价指数震荡下滑，环比下降1.5%；同时在南方粮食价格回暖，贸易商发货积极，粮食运价指数也有所回升，环比涨幅为5.6%。

（资料来源：http://news.hexun.com/2015-07-24/177806941.html?from=rss）

**问题讨论：**

根据上述资料分析2015年上半年物流运行状况，请预测下半年的情况。

# 项目七

## 运输成本实务

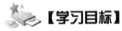

【学习目标】

| 知识目标 | 能力目标 |
| --- | --- |
| 1. 明确运输成本的构成及影响因素；<br>2. 掌握运输成本的核算方法；<br>3. 掌握使运输合理化的措施。 | 1. 能根据日常支出分类核算运输成本；<br>2. 能根据实际情况优化运输成本。 |

### 导入案例

## "沃尔玛"降低运输成本的学问

沃尔玛公司是世界上最大的商业零售企业,在物流运营过程中,尽可能地降低成本是其经营的哲学。在中国,沃尔玛百分之百地采用公路运输,所以如何降低卡车运输成本,是沃尔玛物流管理面临的一个重要问题,为此他们主要采取了以下措施。

(1) 沃尔玛使用一种尽可能大的卡车,大约有 16 米加长的货柜,比集装箱运输卡车更长或更高。沃尔玛把卡车装得非常满,产品从车厢的底部一直装到最高,这样非常有助于节约成本。

(2) 沃尔玛的车辆都是自有的,司机也是自己公司的员工。沃尔玛的车队大约有 5 000 名非司机员工,还有 3 700 多名司机,车队每周每一次运输可以达 7 000~8 000 千米。沃尔玛知道,卡车运输是比较危险的,有可能会出交通事故。因此,对于运输车队来说,保证安全是节约成本最重要的环节。沃尔玛的口号是"安全第一,礼貌第一",而不是"速度第一"。由于狠抓了安全驾驶,运输车队已经创造了 300 万千米无事故的纪录。

(3) 沃尔玛采用全球定位系统对车辆进行定位,因此在任何时候,调度中心都可以知道这些车辆在什么地方,距离商店有多远,还需要多长时间才能运到商店,这种估算可以精确到小时,可以提高整个物流系统的效率,有助于降低成本。

(4) 沃尔玛的连锁商店(图 7.1)的物流部门,24 小时进行工作,无论白天或晚上,都能为卡车及时卸货。另外,沃尔玛的运输车队利用夜间进行从出发地到目的地的运输,从而做到了当日下午进行集货,夜间进行异地运输,翌日上午即可送货上门,保证在 15~18 个小时内完成整个运输过程,这是沃尔玛在速度上取得优势的重要措施。

图 7.1 沃尔玛连锁店

(5) 沃尔玛的卡车把产品运到商店后,商店可以把它整个地卸下来,而不用对每个产品逐个检查,这样就可以节省很多时间和精力,加快了沃尔玛物流的循环过程,从而降低了成本。这里有一个非常重要的先决条件,就是沃尔玛的物流系统能够确保商店所得到的产品是与发货单完全一致的产品。

(6) 沃尔玛的运输成本比供货厂商自己运输产品要低,所以厂商也使用沃尔玛的卡车来运输货物,从而做到了把产品从工厂直接运送到商店,大大节省了产品流通过程中的仓储成本和转运成本。

沃尔玛的集中配送中心把上述措施有机地组合在一起,做出了一个最经济合理的安排,从而使沃尔玛的运输车队能以最低的成本高效率地运行。当然,这些措施的背后包含了许多艰辛和汗水,相信我国的本土企业也能从中得到启发,创造出沃尔玛式的奇迹来。

(资料来源:马绝尘.沃尔玛降低运输成本的学问[J].中国物流与采购.2003(19))

## 任务1 识别运输成本

### 一、运输概述

1. 运输的概念与功能

运输是物流系统中的核心功能之一,是物品借助于运力在空间上所发生的位置移动。通俗地讲,运输是人和物的载运及输送。本书中专指"物"的载运及输送。它是在不同地域范围之间(如两个城市、两个工厂之间,或一个大企业内相距较远的两车间之间),以改变"物"的空间位置为目的的活动,对"物"进行空间位移。运输与搬运的区别在于,运输是较大范围的活动,而搬运是在同一地域之内较小范围的活动。

运输在物流系统中提供两大功能:物品转移和物品存储。物品转移是运输的主要功能,也就是物品在供应链中的移动。运输的主要目的就是以最短的时间、财务和环境资源成本,将物品从供应地转移到需要的地点。此外,物品的损失成本也必须降低。

将运输车辆作为储存设施,对物品进行临时储存只是一个运输的附属功能。然而,如果转移中的物品需要短时间存储,又将重新转移,这种储存就很有必要,因为将物品卸下再装上的成本可能会超过存储在运输工具上的成本。在准时生产、敏捷制造等生产管理方法中,可以利用运输的这种功能。

2. 运输的地位

1)运输是物流的主要功能要素之一

按物流的概念,物流是"物"的物理性运动,这种运动不但改变了物的时间状态,也改变了物的空间状态。而运输承担了改变空间状态的主要任务,运输是改变空间状态的主要手段,运输再配以搬运、配送等活动,就能圆满地完成改变空间状态的全部任务。

在现代物流观念未诞生之前,甚至就在今天,仍有不少人将运输等同于物流,其原因是物流中很大一部分责任是由运输担任的,是物流的主要部分,因而出现上述认识。

2)运输是社会物质生产的必要条件之一

运输是国民经济的基础和先行。马克思将运输称之为"第四个物质生产部门",将运输看成是生产过程的继续,这个"继续"虽然以生产过程为前提,但如果没有这个继续,生产过程则不能最后完成。所以,虽然运输的这种生产活动和一般的生产活动不同,它不创造新的物质产品,不增加社会产品数量,不赋予产品新的使用价值,而只变动其所在的空间位置,但这一变动则使生产能继续下去,使社会再生产不断推进,所以将其看成一种物质生产部门。

运输作为社会物质生产的必要条件,表现在以下两方面。

(1) 在生产过程中,运输是生产的直接组成部分,没有运输,生产内部的各环节就无法有效连接。

(2) 在社会上,运输是生产过程的继续,这一活动连接着生产与再生产、生产与消费的环节,连接着国民经济各部门、各企业,连接着城乡,连接着不同国家和地区。

3) 运输可以创造"场所效用"

场所效用的含义是:同种"物"由于空间场所不同,其使用价值的实现程度则不同,其效益的实现也不同。由于改变场所而最大限度地发挥使用价值,最大限度地提高了产出投入比,这就称之为"场所效用"。通过运输,将"物"运到场所效用最高的地方,就能发挥"物"的潜力,实现资源的优化配置。从这个意义来讲,也相当于通过运输提高了物的使用价值。

4) 运输是"第三利润源"的主要源泉

(1) 运输是运动中的活动,它和静止的保管不同,要靠大量的动力消耗才能实现这一活动,而运输又承担大跨度空间转移的任务,所以活动的时间长、距离长、消耗也大。消耗的绝对数量大,其节约的潜力也就大。

(2) 从运费来看,运费在全部物流费中占最高的比例,一般综合分析计算社会物流费用,运输费在其中占接近50%的比例,有些产品运费高于产品的生产成本。所以节约的潜力是巨大的。

(3) 由于运输总里程大,运输总量巨大,通过体制改革和运输合理化可以大大降低运输成本,从而获得比较大的利润。

3. 运输方式

运输方式的选择是物流系统决策中的一个重要环节。是物流合理化的重要内容。目前有五种基本的运输方式:公路运输、铁路运输、水路运输、航空运输、管道运输。

1) 公路运输

这是一种主要使用汽车,也使用其他运输工具(如人、畜力车)在公路上进行货客运输的方式(图7.2)。公路运输主要承担水运、铁路运输难以到达地区的长途、大批量货运,

图7.2 公路运输

以及铁路、水运优势难以发挥的短途运输。由于公路运输有很强的灵活性，近年来，在有铁路、水运的地区，较长途的大批量运输也开始使用公路运输。公路运输主要优点是灵活性强，公路建设期短，投资较低，易于因地制宜，对收货设施要求不高等特点。可以采取"门到门"运输形式，即从发货者门口直到收货者门口，而不需转运或反复装卸搬运。公路运输也可作为其他运输方式的衔接手段。公路运输的经济半径，一般在200千米以内。

2）铁路运输

这是使用铁路列车运送客货的一种运输方式（图7.3）。铁路运输主要承担长距离、大数量的货运，在没有水运条件的地区，几乎所有大批量货物都是依靠铁路，是一种在干线运输中起主力运输作用的运输形式。

图7.3 铁路运输

铁路运输的优点是速度快，运输不太受自然条件限制，载运量大，运输成本较低。主要缺点是灵活性差，只能在固定线路上实现运输，需要以其他运输手段配合和衔接。铁路运输经济里程一般在200千米以上。

3）水上运输

这是使用船舶运送客货的一种运输方式（图7.4）。水运主要承担大数量、长距离的运输，是在干线运输中起主力作用的运输形式。在内河及沿海，水运也常作为小型运输工具使用，担任补充及衔接大批量干线运输的任务。

水运的主要优点是成本低，能进行低成本、大批量、远距离的运输。但是水运也有显而易见的缺点，主要是运输速度慢，受港口、水位、季节、气候的影响较大，因而一年中中断运输的时间较长。水运有以下四种形式。

（1）沿海运输：是使用船舶通过大陆附近沿海航道运送客货的一种方式，一般使用中、小型船舶。

（2）近海运输：是使用船舶通过大陆邻近国家海上航道运送客货的一种运输形式，视航程可使用中型船舶，也可使用小型船舶。

（3）远洋运输：是使用船舶跨大洋的长途运输形式，主要依靠运量大的大型船舶。

（4）内河运输：是使用船舶在陆地内的江、河、湖、川等水道进行运输的一种方式，主要使用中、小型船舶。

图7.4　水上运输

4）航空运输

这是使用飞机或其他航空器进行的一种运输形式（图7.5）。航空运输的单位成本很高，因此，主要适合运载的货物有两类，一类是价值高、运费承担能力很强的货物，如贵重设备的零部件、高档产品等；另一类是紧急需要的物资，如救灾抢险物资等。

航空运输的主要优点是速度快，不受地形的限制。在火车、汽车都达不到的地区也可依靠航空运输，因而有其重要意义。

图7.5　航空运输

5）管道运输

这是利用管道输送气体、液体和粉状固体的一种运输方式（图7.6）。其运输形式是靠物体在管道内顺着压力方向循序移动实现的，和其他运输方式重要区别在于，管道设备是静止不动的。

管道运输的主要优点是，由于采用密封设备，在运输过程中可避免散失、丢失等损失，也不存在其他运输设备本身在运输过程中消耗动力所形成的无效运输问题。另外，运输量大，适合于大且连续不断运送的物资。

在各种运输方式中，如何选择适当的运输方式是物流合理化的重要问题。一般来讲，应

图 7.6 管道运输

从物流系统要求的服务水平和允许的物流成本来决定。可以使用一种运输方式,也可以使用联运方式。

4. 运输方式选择考虑的因素

对于运输方式的选择,可以在考虑具体条件的基础上,对下述五个具体项目进行认真研究考虑。

1) 货物品种

关于货物品种及性质、形状,应在包装项目中加以说明,选择适合这些货物特性和形状的运输方式,货物对运费的负担能力也要认真考虑。

2) 运输期限

运输期限必须与交货日期相联系,应保证运输时限。必须调查各种运输工具所需要的运输时间,根据运输时间来选择运输工具。运输时间的快慢顺序一般情况下依次为航空运输、汽车运输、铁路运输、船舶运输。各运输工具可以按照它的速度编组来安排日程,加上它的两端及中转的作业时间,就可以算出所需的运输时间。在商品流通中,要研究这些运输方式的现状,进行有计划的运输,希望有一个准确的交货日期是基本的要求。

3) 运输成本

运输成本因货物的种类、重量、容积、运距不同而不同。而且,运输工具不同,运输成本也会发生变化。在考虑运输成本时,必须注意运费与其他物流子系统之间存在着互为利弊的关系,不能只考虑运输费用来决定运输方式,要由总成本来决定。

4) 运输距离

从运输距离看,一般采取这样的选择是比较经济合理的:300 千米以内,用汽车运输;300~500 千米的区间,用铁路运输;500 千米以上,用船舶运输。

5) 运输批量

因为大批量运输成本低,应尽可能选择合适的运输工具进行运输是降低成本的良策。一般来说,15~20 吨以下的商品用汽车运输;15~20 吨以上的商品用铁路运输;数百吨以上的原材料之类的商品,应选择船舶运输。

5. 运输程序

商品运输的主要环节包括：制订商品运输计划；商品发运；商品中转；商品接收。

1）制订商品运输计划

运输计划的内容有：发站、到站、品类、吨数、收发货单位。报给铁路部门的运输计划还要有车皮数。

2）商品发运

商品发运指商品发货单位按照运输部门的规定，办理运输手续，通过运输工具把商品发给接收单位。商品发运后，要立即向收货单位或中转单位发出发货预通知，以便对方准备接货。

3）商品中转

商品中转指商品在运输途中变更运输设备或者运输路线，进行商品的转运，它是运输过程的中间环节。中转单位要与收货单位密切联系，按时填报中转计划，填制中转通知单，反映商品中转中出现的问题，以利于商品中转。

4）商品接收

商品接收是商品运输过程的最后环节。收货单位在接到发货单位的预报或交通运输部门的到货通知后，应迅速做好接货卸车的准备工作(包括设施设备准备、人力准备、业务准备)。商品到达时，收货单位要会同交通运输部门，根据商品运单(或发货明细表)清点商品，如发现商品残损、短缺等问题，属于交通运输部门责任的，应填制货运记录，据此向到站的交通运输部门索赔；属于发货单位的差错事故，应填制相关记录提出索赔，即时处理。商品核收后，收货单位要将接收情况回报发货单位。图7.7列举的是某工厂发货给产品订户的程序。

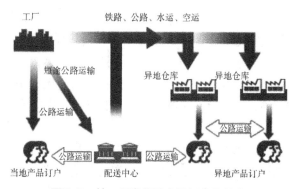

图7.7 某工厂发货给产品订户的程序

## 二、认识运输成本

运输成本是指企业在对原材料、在制品以及产成品的运输活动中所发生的各种费用。它是物流成本中的重要组成部分，为了降低物流总成本，应严格控制运输成本，加强运输成本的管理。据有关资料统计，运输成本在物流成本中占近一半，运输成本管理的优劣是物流成本能否降低的重要因素。

运输成本主要包括：人工费用，如工资、福利费、奖金、津贴和补贴等；营运费用，如营运车辆的燃料费、轮胎费、折旧费、维修费、租赁费、车辆牌照检查费、车辆清理费、养路费、过路费、保险费、公路运输管理费等；其他费用，如差旅费、事故损失、相关税金等。运输成本的核算是一个复杂的过程，依据各个企业的实际情况的差异，运输成本的构成与核算方法也不一样，图7.8是某物流公司运输成本的构成图。

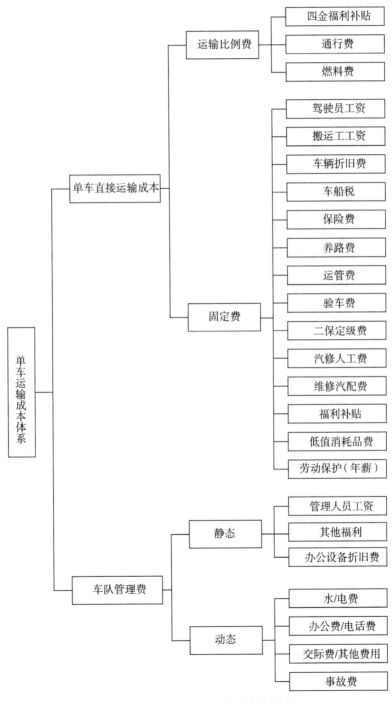

图7.8 某物流公司运输成本的构成

上图表示的成本只是可能的一种情况。例如对驾驶员工资,即使是"固定"的,那么对每个驾驶员来说,可能每个月也是不同的,如果是"变化"的,那么它的计算公式也可能是相当复杂的。"四金福利补贴"是依据"驾驶员工资"按照一定的比例计算出的,四金中每种各自的比例不仅是不同的,而且受到政策的影响。通行费与每次出车任务实际发生的费用一致。由于无法将每次出车任务实际耗用的燃料进行精确计量,所以一般使用每月油票汇总;或者制定出每月每车百千米耗油标准,依据该车每次出车任务行驶的千米数"计算"出耗油量,并且针对不同的企业,各种成本(费用)的名称也可能是不同的。

【任务操作】

通过查找资料或实地考察,了解我国运输成本的总体状况及发展情况。

## 任务2　运输成本的构成与核算

### 一、运输成本的构成

运输费用在整个物流业务中占有很大比例,而运输是否合理直接影响着运输费用的高低,进而影响着运输成本的高低。一般来讲,运输总成本包括:货运、车队、燃料、设备维护、劳动力、保险、设备维护、装卸、逾期、滞留费用、税收、跨国费用等。不同的运输方式对应的运输成本构成也有所不同。根据《企业会计准则》的规定,结合运输生产耗费的实际情况,运输成本项目可划分为直接人工、直接材料、其他直接费用、营运间接费用四个基本部分。

1. 直接人工

这是指支付给营运车辆司机和助手的工资。包括司机和助手等和车辆保养以及修理有关人员工资、工资性津贴、生产性奖金,以及按工资总额计提14%的职工福利费。

2. 直接材料

物流运输过程的直接材料包括燃料和轮胎。

(1) 燃料:指营运车辆运行过程所耗用的各种燃料,如营运过程耗用的汽油、柴油等燃料(自动倾卸车时所耗用的燃料也包括在内)。

(2) 轮胎:指营运车辆所耗用的外胎、内胎、垫带、轮胎翻新费和零星修补费用等。

3. 其他直接费用

其他直接费用主要如下。

(1) 保养修理费:指营运车辆进行各级保养及各种修理所发生的料工费(包括大修理费用计提额)、修复旧件费用和行车耗用的机油、齿轮油费用等。采用总成互换保修法的企业,保修部门领用的周转总成、卸下总成的价值及卸下总成的修理费也包括在内。

(2) 折旧费:指按规定计提的营运车辆折旧费。

(3) 养路费:指按规定向公路管理部门缴纳的营运车辆养路费。

(4)其他费用:指不属于以上各项目的与营运车辆运行直接有关的费用,包括车管费(指按规定向运输管理部门缴纳的营运车辆管理费)、行车事故损失(指营运车辆在运行过程中,因行车事故发生的损失。但不包括非行车事故发生的货物损耗及由于不可抗力造成的损失)、车辆牌照和检验费、保险费、车船使用税、洗车费、过桥费、轮渡费、司机途中宿费、行车杂费等。

4. 营运间接费用

这是指车队、车站、车场等基层营运单位为组织与管理营运过程所发生的,应由各类成本负担的管理费用和营业费用,包括工资、职工福利费、劳动保护费、取暖费、水电费、办公费、差旅费、修理费、保险费、设计制图费、试验检验费等。

【例7-1】位于天宝的某一家设备制造商需要从两个供应商那里购买3 000箱塑料配件,每箱配件的价格是100元。目前,从两个供应商处采购的数量是一样的;两个供应商都采用铁路运输,平均运送时间也相同。但如果其中一个供应商能将平均交付时间缩短,那么每缩短一天,制造商会将采纳订单的5%(即150箱)转给这个供应商。如果不考虑物流运输成本,供应商每卖出一箱配件可以获得20%的利润。

供应商A正在考虑如果将铁路运输方式改为航空或卡车运输,是否可以获得更多的收益。各种物流运输方式下每箱配件的运输费率和平均运送时间见表7-1。

供应商A仅根据可能得到的潜在利润进行选择。表7-2从供应商A的角度列出了不同运输方式下可获得的利润。

如果该设备制造商能够恪守承诺,物流供应商A应该转而采用卡车运输。当然,物流供应商A应该注意物流供应商B可能采取的任何反击手段,一旦对手采取相应措施可能会导致优势消失。

表7-1 运输费用和时间表

| 运输方式 | 运输费(元/箱) | 运送时间/天 |
| --- | --- | --- |
| 铁路运输 | 2.5 | 7 |
| 卡车运输 | 6 | 4 |
| 航空运输 | 10.35 | 2 |

表7-2 不同运输方式利润表

| 运输方式 | 销售量/箱 | 毛利/元 | 运输成本/元 | 净利润/元 |
| --- | --- | --- | --- | --- |
| 铁路运输 | 1 500 | 30 000 | 3 750 | 26 250 |
| 卡车运输 | 1 950 | 39 000 | 11 700 | 27 300 |
| 航空运输 | 2 250 | 45 000 | 23 287.5 | 21 712.5 |

## 二、影响运输成本的因素

运输成本通常受七个因素的影响,尽管这些因素并不是运费表上的组成部分,但在承运人制定运输费时,都必须对每一个因素加以考虑。

1. 运输距离

它是影响运输成本的主要因素,因为它直接对劳动、燃料和维修保养等变动成本发生作用。

2. 载货量

载货量之所以影响运输成本，是因为大多数运输活动中存在着规模经济。每单位重量的运输成本随载货量的增加而减少。这种关系对管理部门的启示是，小批量的载货应该合并成更大的载货量，以期利用规模经济。

3. 货物的疏密度（轻泡货和重货）

运输成本通常表示为每单位重量所花费的数额。在重量和空间方面，单独的一辆运输卡车更多的是受到空间限制而不是重量限制。即使该产品重量很轻，车辆一旦装满，就不可能再增加装运数量。货物的疏密度越高，相对地可以把固定运输成本分摊到越多的重量上去，使这些产品所承担每单位重量的运输成本相对较低。在实际的操作中，通常表现为轻泡货和重货的混装，以增大货物的疏密度。

4. 装载能力

装载能力是指产品的具体尺寸及其对运输工具的空间利用程度的影响。一些产品因具有不规则的尺寸和形状而不能很好地进行装载，从而浪费运输工具的空间，使装载能力下降，装载能力还受到装运规模的影响：大批量的产品能够相互嵌套、便于装载，而小批量的产品有可能难以装载。

5. 装卸搬运

卡车、火车或船舶等的运输可能需要特别的装卸搬运设备。此外，产品在运输和储存时实际所采用的成组方式（如托盘或装箱等）也会影响到搬运成本。

6. 责任

这主要关系到货物损坏风险和导致索赔事故。因此，对货物具体要考虑的因素是易损坏性、易腐性、易被偷盗性、易自燃性或自爆性以及单位价值。通常，易腐、易被偷盗、易自燃或自爆的商品以及单位价值较高的商品，承运人所承担的责任与风险也比较大。承运人必须通过向保险公司投保来预防可能发生的索赔，否则有可能要承担任何可能损坏赔偿责任。托运人可以通过改用保护性包装，或通过减少货物灭失损害的可能性，降低其风险，最终降低运输成本。

7. 运输供需因素

运输通道流量和通道流量均衡等运输供需市场因素也会影响到运输成本。这里所谓的运输通道是指起运地与目的地之间的移动，显然运输车辆和驾驶员都必须返回到起运地，于是，对他们来说要么找一票货带回来（"回程运输"），要么只能空车返回。当发生空车返回时，有关劳动、燃料和维修保养等费用仍然必须按照原先的"全程"运输支付。于是理想的情况就是"平衡"运输，即运输通道两端的流量相等。

### 三、运输费用的核算

1. 直接人工的归集与分配

物流企业直接人工中的工资，每月根据工资结算表进行汇总与分配。对于有固定车辆的司机和助手的工资，直接计入各自成本计算对象的对应科目，对于没有固定车辆的司机和助手的工资以及后备司机和助手的工资，则需按一定标准（一般为车辆的车日）分配计入各成本计算对象的对应科目，计算方法如下：

每一车日的工资分配额＝应分配的司机及助手工资总额/各车辆总车日

营运车辆应分配的工资额＝每一车日的工资分配额×营运车辆总车日

【任务操作】

大众运输公司有甲、乙、丙三位司机，分别驾驶载重量为8吨、16吨和20吨的不同型号的卡车，公司规定车辆搭载1吨货物行驶8小时为一个工作日。上星期甲司机出车44小时，乙司机出车35小时，丙司机出车50小时，公司共支付三人工资2 390元，那么每位司机各拿到多少工资？

2. 直接材料的归集与分配

1）燃料

对于燃料消耗，企业应根据燃料领用凭证进行汇总与分配。但必须注意，在燃料采用满油箱制的情况下，车辆当月加油数就是当月耗用数；在燃料采用盘存制的情况下，当月燃料耗用数应按公式确定：

当月耗用数＝月初车存数＋本月领用数－月末车存数

2）轮胎

营运车辆领用轮胎内胎、垫带以及轮胎零星修补费等，一般根据轮胎领用汇总表及有关凭证，按实际数直接计入各成本计算对象的对应科目。至于领用外胎，由于存在重复利用的问题，其成本存在差异，而其成本如何计入各成本计算对象的对应科目，则有不同的处理方法。当采用外胎价值一次摊销计入成本的办法时，应根据"轮胎发出汇总表"进行归集与分配；发生外胎翻新费时，根据付款凭证直接（或通过待摊费用）计入各成本计算对象的对应科目。当采用按行驶千米预提轮胎费用分摊成本的办法时，其成本（包括废胎里程超、亏的费用调整）应根据"轮胎摊提费计算表"进行归集与分配；轮胎翻新费包括在摊提费之内计算的，发生翻新费时，实际翻新费用与计划翻新费用的差额，根据记账凭证所附原始凭证调整计入各成本计算对象的对应科目；轮胎翻新费用不包括在摊提费之内计算的，发生的轮胎翻新费直接计入相应成本计算对象的对应科目。

3. 其他直接费用的归集与分配

1）保养修理费

物流运输企业车辆的各级保养和修理作业，分别由车队保修班和企业所属保养场（保修厂）进行。由车队保修班进行的各级保修和小修理的费用，包括车队保修工人的工资及职工福利费、行车耗用的机油和保修车辆耗用的燃料、润料和备品配件等，一般可以根据各项凭证汇总，全部直接计入各成本计算对象的成本。对于保修班发生的共同性费用，可按营运车日比例分配计入各车队运输成本。由保养场（保修厂）进行的保修主要是大修理所发生的费用，视同辅助生产费用，通过"辅助营运费用"二级账户进行归集与分配。

必须注意的是，由于营运车辆大修理一般数额较大，修理的间隔期也较长，为均衡损益，一般采用预提的办法，即根据大修理费计提额预提时借记"主营业务成本－运输支出"账户，贷记"预提费用"账户，发生差异，同样要进行调整，前者大于后者为超支，应调增大修理费计提额和运输成本。

2）折旧费

物流运输企业计提固定资产折旧，可以采用平均年限法、工作量法、双倍余额递减法、年数总和法，但属于车辆的固定资产折旧一般采用工作量法计提。当采用工作量法时，由于外胎费用核算有两种不同的方法，所以车辆折旧的计算也有两种方法。如采用外胎价值一次摊销计入成本的方法，计提折旧时，外胎价值不必从车辆原值中扣减；如采用按行驶胎千米预提外胎费用摊入成本的方法，则计算折旧时，外胎价值就应从车辆原值中扣减，否则会出现重复摊提的现象。

【任务操作】

大众物流公司购有价格为8 000元/胎，计划残值为200元/胎，规定报废里程为200 000千米，如果该型号的轮胎行驶里程为92 000千米，计提多少费用？

3）养路费

运输企业向公路管理部门缴纳的车辆养路费，一般按货车吨位数计算缴纳。因此，企业缴纳的车辆养路费可以根据缴款凭证直接计入各成本计算对象及有关费用。

4）其他费用

营运车辆发生的其他直接费用，除保养修理费、折旧费、养路费等项外，还包括其他几项有关费用，内容比较复杂，但费用发生时同样可以根据费用凭证直接计入各成本计算对象。

营运车辆的公路运输管理费，一般按运输收入的规定比例计算缴纳。因此，企业缴纳的车管费用可以根据交款凭证直接计入各类运输成本。

营运车辆在营运过程中因种种行车事故所发生的修理费、救援和善后费用，以及支付外单位人员的医药费、丧葬费、抚恤费、生活费等支出，扣除向保险公司收回的赔偿收入及事故对方或过失人的赔偿款后，净损失也可根据付款、收款凭证直接计入各类运输成本。如果行车事故较为严重复杂，处理时间较长，可在发生各项支出时通过"其他应收款－暂付事故赔款"账户核算，然后逐月将已发生事故净损失转入各类运输成本。对于当年不能结案的事故，年终时可按估计净损失数预提转入运输成本；在结案的年底，再将预提损失数与实际损失数的差额，调整当年的有关运输成本。

车辆牌照和检验费、车船使用税、洗车费、过桥费、轮渡费、司机途中宿费、行车杂费等费用发生时都可以根据付款凭证直接计入各类运输成本。此外，领用随车工具及其他低值易耗品，可以根据领用凭证，一次或分摊计入各类运输成本。

【任务操作】

去某一家企业实地调查企业的运输成本主要项目，以及运输成本产生的主要环节。

任务3　运输成本优化

既然运输对物流总成本的节约具有举足轻重的作用，那么在物流运输时一定要追求运输的合理化，避免不合理运输的发生，降低运输成本。但是在运输工作中往往存在一些不合理运输的情况，包括迂回运输、对流运输、重复运输等，合理运输就是要消除上述不合理运输的情况的，使各种运输方式得到有效的综合利用。

## 一、不合理运输

不合理运输是在现有条件下可以达到的运输水平而未达到，从而造成了运力浪费、运输时间增加、运费超支等问题的运输形式。目前我国不合理运输形式主要有以下几种。

1. 空驶

返程或起程空驶，空车无货载行驶，可以说是不合理运输的最严重形式。在实际运输组织中，有时候必须调运空车，从管理上不能将其看成不合理运输。但是，因调运不当、货源计划不周，不采用运输社会化而形成的空驶，是不合理运输的表现。造成空驶的不合理运输主要有以下几种原因。

（1）自己运输。能利用社会化的运输体系而不利用，却依靠自备车送货提货，这往往出现去程重车，回程空驶等不合理运输。

（2）调度不周。由于工作失误或计划不周，造成货源不实，车辆空去空回，形成双程空驶。

（3）车辆限制。由于车辆过分专用，无法搭运回程货，只能单程实车，单程回空周转。

2. 对流运输

对流运输也称"相向运输""交错运输"，指同一种货物，或彼此之间可以互相代用而又不影响管理、技术及效益的货物，在同一线路上或平行线路上作相对方向的运送，而与对方运程的全部或一部分发生重叠交错的运输称对流运输。已经制定了合理流向图的产品，一般必须按合理流向的方向运输，如果与合理流向图指定的方向相反，也属于对流运输。

在判断对流运输时需注意的是，有的对流运输是不很明显的隐蔽对流，例如不同时间的相向运输，从发生运输的那个时间看，并无出现对流，可能做出错误的判断，所以要注意隐蔽的对流运输。

3. 迂回运输

迂回运输是舍近求远的一种运输。迂回运输有一定复杂性，不能简单处之，只有当计划不周、地理不熟、组织不当而发生的迂回，才属于不合理运输，如果最短距离有交通阻塞、道路情况不好或有对噪声、排气等特殊限制而不能使用时发生的迂回，不能称不合理运输。

4. 重复运输

本来可以直接将货物运到目的地，但是在未达目的地之处，或目的地之外的其他场所将货卸下，再重复装运送达目的地，这是重复运输的一种形式。另一种形式是，同品种货物在同一地点一面运进，同时又向外运出。重复运输的最大问题是增加了非必要的中间环节，延缓了流通速度，增加了费用，增大了货损。

5. 倒流运输

倒流运输是指货物从销地或中转地向产地或起运地回流的一种运输现象。其不合理程度要甚于对流运输，其原因在于，往返两程的运输都是不必要的，形成了双程的浪费。倒流运输也可以看成是隐蔽对流的一种特殊形式。

6. 过远运输

过远运输是指调运物资舍近求远，近处有资源不调而从远处调，这就造成可采取近程运输而未采取，拉长了货物运距的浪费现象。过远运输占用运力时间长、运输工具周转慢、商品占用资金时间长、远距离运输自然条件相差大，又易出现货损，增加了费用支出。

7. 运力选择不当

运力选择不当是指未比较各种运输工具优势而不正确地利用运输工具造成的不合理现象，常见有以下几种形式。

（1）弃水走陆。在同时可以利用水运及陆运时，不利用成本较低的水运或水陆联运，而选择成本较高的铁路运输或汽车运输，使水运优势不能发挥。

（2）铁路、大型船舶的过近运输。不是铁路及大型船舶的经济运行里程，却利用这些运力进行运输的不合理做法。主要不合理之处在于火车及大型船舶起运及到达目的地的准备、装卸时间长，且机动灵活性不足，在过近距离中利用，发挥不了自己运速快的优势。相反，由于装卸时间长，反而会延长运输时间。另外，与小型运输设备相比较，火车及大型船舶的装卸难度大，费用也较高。

（3）运输工具承载能力选择不当。不根据承运货物数量及重量选择，而盲目决定运输工具，造成过分超载、损坏车辆及货物不满载、浪费运力的现象。尤其是"大马拉小车"现象发生较多。由于装货量小，单位货物运输成本必然增加。

8. 托运方式选择不当

对于货主而言，在可以选择最好的托运方式而未选择，造成运力浪费及费用支出加大的一种不合理运输。例如，应选择整车未选择，反而采取零担托运，应当直达而选择了中转运输，应当中转运输而选择了直达运输等都属于这一类型的不合理运输。

上述的各种不合理运输形式都是在特定条件下表现出来，在进行判断时必须注意其不合理的前提条件，否则就容易出现判断的失误。例如，如果同一种产品，商标不同，价格不同，所发生的对流，不能绝对看成不合理，因为其中存在着市场机制引导的竞争，优胜劣汰，如果强调因为表面的对流而不允许运输，就会起到保护落后、阻碍竞争甚至助长地区封锁的作用。类似的例子，在各种不合理运输形式中都可以列举出来。

另外，以上对不合理运输的描述，主要是就形式本身而言，从微观观察得出的结论。在实践中，必须将其放在物流系统中做综合判断，在不做系统分析和综合判断时，很可能出现"效益背反"的现象，顾此失彼。单从一种情况来看，避免了不合理，做到了合理，但它的合理却使其他部分出现不合理。只有从系统角度，综合进行判断，才能有效避免"效益背反"现象，从而优化全系统。

## 二、运输合理化及影响因素

由于运输是物流中最重要的功能要素之一，物流合理化在很大程度上依赖于运输合理化。物流过程的合理运输，是从物流系统的总体目标出发，运用系统理论和系统工程原理及方法，充分利用各种运输方式，选择合理的运输路线和运输工具，以最短的路径、最少的环节、最快的速度和最少的劳动消耗，组织好物质产品的运输活动。

运输合理化的影响因素很多，起决定性作用的有以下五方面的因素，称为合理运输的"五要素"。

### 1. 运输距离

在运输时，运输时间、运输货损、运费、车辆或船舶周转等运输的若干技术经济指标，都与运距有一定比例关系，运距长短是运输是否合理的一个最基本的因素。缩短运输距离无论从宏观还是微观上都会带来好处。

### 2. 运输环节

每增加一次运输，不但会增加总运费，而且必须要增加运输的附属活动，如装卸、包装等，各项技术经济指标也会因此下降。所以，减少运输环节，尤其是同类运输工具的环节，对合理运输有促进作用。

### 3. 运输工具

各种运输工具都有其使用的优势领域，对运输工具进行优化选择，按运输工具特点进行装卸运输作业，最大限度地发挥所用运输工具的作用，是运输合理化的重要一环。

### 4. 运输时间

运输是物流过程中需要花费较多时间的环节，尤其是远程运输，在全部物流时间中，运输时间占绝大部分。所以，运输时间的缩短对整个流通时间的缩短有决定性的作用。此外，运输时间短，有利于运输工具的加速周转，充分发挥运力的作用，有利于货主资金的周转，有利于运输线路通过能力的提高，对运输合理化有很大贡献。

### 5. 运输费用

运费在全部物流费中占很大比例，运费高低在很大程度上决定整个物流系统的竞争能力。实际上，运输费用的降低，无论对货主企业来讲还是对物流经营企业来讲，都是运输合理化的一个重要目标。运费的判断，也是各种合理化实施是否行之有效的最终判断依据之一。

从上述五方面综合考虑运输合理化，就能取得预期的结果。

## 三、运输成本优化措施

### 1. 提高运输工具实载率

实载率有以下两层含义。

（1）单车实际载重与运距之乘积和标定载重与行驶里程之乘积的比率，这在安排单车、单船运输时，是作为判断装载合理与否的重要指标。

（2）车船的统计指标，即一定时期内车船实际完成的货物周转量（以吨千米计）占车船载重吨位与行驶千米之乘积的百分比。在计算时车船行驶的千米数，不但包括载货行驶，也包括空驶。

实载率的意义在于：充分利用运输工具的额定能力，减少车船空驶和不满载行驶的时间，减少浪费，从而求得运输的合理化。

我国曾在铁路运输上提倡"满载超轴"，其中，"满载"的含义就是充分利用货车的容积和载重量，多载货，不空驶，从而达到合理化之目的。这个做法对推动当时运输事业发展起到了积极作用。当前，国内外开展的"配送"形式，优势之一就是将多家需要的货和一家需要的多种货实行配装，以达到容积和载重的充分合理运用，比起以往自家提货或一家送货车辆大部空驶的状况，是运输合理化的一个进展。在铁路运输中，采用整车运输、合装整车、整车分卸及整车零卸等具体措施，都是提高实载率的有效措施。

2. 采取减少动力投入，增加运输能力的有效措施，求得合理化

这种合理化的要点是，少投入、多产出，走高效益之路。运输的投入主要是能耗和基础设施的建设，在设施建设已定型和完成的情况下，尽量减少能源投入，是少投入的核心。做到了这一点，就能大大节约运费，降低单位货物的运输成本，达到合理化的目的。

国内外在这方面的有效措施主要包括以下几项。

1) 满载超轴

其中"超轴"的含义就是在机车能力允许的情况下，多加挂车皮。我国在客运紧张时，也采取加长列车、多挂车皮办法，在不增加机车情况下增加运输量。

2) 水运拖排和拖带法

竹、木等物资的运输，利用竹、木本身浮力，不用运输工具载运，采取拖带法运输，可省去运输工具本身的动力消耗从而求得合理；将无动力驳船编成一定队形，一般是"纵列"，用拖轮拖带行驶，可以有比船舶载乘运输运量大的优点，求得合理化。

3) 顶推法

顶推法是我国内河货运采取的一种有效方法。将内河驳船编成一定队形，由机动船顶推前进的航行方法。其优点是航行阻力小，顶推量大，速度较快，运输成本低。

4) 汽车挂车

汽车挂车的原理和船舶拖带、火车加挂基本相同，都是在充分利用动力能力的基础上，增加运输能力。

3. 发展社会化的运输体系

运输社会化的含义是发展运输的大生产优势，实际专业分工，打破一家一户自成运输体系的状况。

一家一户的分散运输方式，车辆自有，自我服务，不能形成规模，且一家一户的运输方式运量需求有限，难于自我调剂，因而经常容易出现空驶、运力选择不当（因为运输工具有限，选择范围太窄）、不能满载等浪费现象，且配套的接、发货设施；装卸搬运设施也很难

有效地运行，所以浪费颇大。实行运输社会化，可以统一安排运输工具，避免对流、倒流、空驶、运力不当等多种不合理形式，不但可以追求组织效益，而且可以追求规模效益，所以发展社会化的运输体系是运输合理化的重要措施。当前火车运输的社会化运输体系已经较完善，而在公路运输中，一家一户的分散运输方式非常普遍，是建立社会化运输体系的重点。

社会化运输体系中，各种联运体系是其中水平较高的方式，联运方式充分利用面向社会的各种运输系统，通过协议进行一票到底的运输，有效地打破了一家一户的小生产，受到了欢迎。

我国在利用联运这种社会化运输体系时，创造了"一条龙"货运方式。对产、销地及产、销量都较稳定的产品，事先通过与铁路、交通等社会运输部门签订协议，规定专门收发货站、专门航线及运输路线、专门船舶和泊位等，有效地保证了许多工业产品的稳定运输，取得了较好的成绩。

4. 开展中短距离铁路公路分流，"以公代铁"的运输

这一措施的要点，是在公路运输经济里程范围内，或者经过论证，超出通常的运输经济里程范围，也尽量利用公路。这种运输合理化的表现主要有两点：一是对于比较紧张的铁路运输，用公路运输分流后，可以得到一定程度的缓解，从而加大这一区段的运输通过能力；二是充分利用公路从门到门和在运输途中速度快且灵活机动的优势，实现铁路运输服务难以达到的水平。

我国"以公代铁"目前在杂货、日用百货运输及煤炭运输中较为普遍，一般在 200 千米以内，有时可达 700~1 000 千米。山西煤炭外运经过认真的技术经济论证，用公路代替铁路运至河北、天津、北京等地是合理的。

5. 尽量发展直达运输

直达运输是追求运输合理化的重要形式，其对合理化的追求要点是通过减少中转过载换载，从而提高运输速度，节省装卸费用，降低中转货损。直达的优势，尤其是在一次运输批量和用户一次需求量达到了一整车时表现得最为突出。此外，在生产资料、生活资料运输中，通过直达，建立稳定的产销关系和运输系统，也有利于提高运输的计划水平，从而大大提高运输效率。

特别需要一提的是，如同其他合理化措施一样，直达运输的合理性也是在一定条件下才会有所表现，不能绝对地认为直达一定优于中转。这要根据用户的要求，从物流总体出发做综合判断。如从用户需要量看，批量大到一定程度，直达是合理的；批量较小时，中转是合理的。

6. 配载运输

配载运输是充分利用运输工具的载重量和容积，合理安排装载的货物及载运方法，以求得合理化的一种运输方式。配载运输也是提高运输工具实载率的一种有效形式。

配载运输往往是轻重商品的混合配载，在以重质货物运输为主的情况下，同时搭载一些轻泡货物，如海运矿石、黄沙等重质货物，在上层挡运木材、毛竹等，铁路运矿石、钢材等重物上面搭运轻泡农、副产品等，在基本不增加运力投入的情况下，在基本不减少重质货物运输的情况下，解决了轻泡货的搭运，因而效果显著。

7. "四就"直拨运输

"四就"直拨是减少中转运输环节,力求以最少的中转次数完成运输任务的一种形式。一般批量到站或到港的货物,首先要进分配部门或批发部门的仓库,然后再按程序分拨或销售给用户。这样一来,往往出现不合理运输。

"四就"直拨,首先是由管理机构预先筹划,然后就厂或就站(码头)、就库、就车(船)将货物分送给用户,而不需要再入库。

8. 发展特殊运输技术和运输工具

依靠科技进步是运输合理化的重要途径。例如,专用散装及罐车,解决了粉状、液状物运输损耗大、安全性差等问题;袋鼠式车皮、大型半挂车解决了大型设备整体运输问题;"滚装船"解决了车载货的运输问题,集装箱船比一般船能容纳更多的箱体,集装箱高速直达车船加快了运输速度等,都是通过采用先进的科学技术实现的运输合理化。

9. 通过流通加工,使运输合理化

有不少产品,由于产品本身形态及特性问题,很难实现运输的合理化,如果进行适当加工,就能够有效地解决合理运输的问题,例如将造纸材料在产地预先加工成干纸浆,然后压缩体积再运输,就能解决造纸材料运输不满载的问题。轻泡产品预先捆紧包装成规定尺寸,装车就容易提高装载量;水产品及肉类预先冷冻,就可提高车辆装载率并降低运输损耗。

## 项目小结

本项目首先介绍了运输及运输方式的相关内容;在此基础上介绍了运输成本及其构成类别,详细阐述了运输成本核算中各项成本如何归集与分配,并对影响运输成本的主要因素进行了归类;最后介绍了运输成本的优化策略。

## 项目实训

### 运输成本核算与运输方式的选择

【实训背景】

无锡机床股份公司有一批机床,大约45吨,要从无锡地运往武汉黄陂,有公路、铁路、水路三条路线可供选择,运输里程分别为450千米、630千米、825千米,运价(每吨千米)分别为0.3元、0.2元、0.1元,杂费每吨分别为1.6元、1元、2元。运输损耗,公路运输为每吨2元,铁路、水路需中转,每吨损耗为10元,中转费用均为每吨3元,港口和火车站距离黄陂还分别有45千米和15千米的公路(假设无损耗),汽车运输按每辆标重5吨计,每部车每千米的运价为1.6元。

【实训目的】

1. 使学生进一步理解和掌握运输成本的核算。
2. 能分析运输的环节与流程。
3. 能够比较和选择最优的运输方式。

【实训准备】

1. 了解常见的运输方式及其特点。
2. 理解运输成本的计算方法。

【实训步骤】

1. 两人一组。
2. 讨论分析并画出各种运输方式的流程图。
3. 计算运输成本。
4. 比较并选择最优运输方式。

## 思考与练习

一、单项选择题

1. 下列不属于汽车运输成本的直接费用的是(　　)。
   A. 燃油费　　　　B. 轮胎费　　　　C. 车队经费　　　D. 定车司机的工资
2. 汽车运输成本是以各运输车型的(　　)为成本计算对象的。
   A. 运输业务　　　B. 行程　　　　　C. 货物周转量　　D. 运输天数
3. 汽车运输业务的成本计算期为(　　)。
   A. 月度　　　　　B. 日期　　　　　C. 生产周期　　　D. 航次
4. 沿海运输业务的成本计算周期是(　　)。
   A. 月度　　　　　B. 日期　　　　　C. 生产周期　　　D. 航次
5. 按航次计算成本的远洋运输业务以(　　)为成本计算单位。
   A. 千吨千米　　　B. 千吨　　　　　C. 吨　　　　　　D. 吨千米
6. 远洋船员的服装费属于(　　)。
   A. 航次运行费用　B. 企业管理费用　C. 船舶共同费用　D. 营运费用

二、多项选择题

1. 运输形式有(　　)。
   A. 汽车运输　　　B. 铁路运输　　　C. 水路运输　　　D. 管道运输
   E. 航空运输
2. 汽车折旧的计算方法通常可以有(　　)。
   A. 快速折旧法　　B. 使用年限法　　C. 双倍余额递减法　D. 行驶里程定额法
   E. 直线法

3. 远洋运输业务的特点有（　　）。
   A. 航行时间长　　B. 船舶吨位大　　C. 未达应付账款多
   D. 不支付港口使用费　　E. 不支付港口代理费用
4. 航次运行费用内容包括（　　）。
   A. 燃料费　　B. 速遣费　　C. 单证资料费　　D. 淡水费
   E. 船员培训费

## 三、判断题

1. 物流运输过程不增加产品的使用价值。（　　）
2. 对成本计划完成情况的分析要通过成本降低率来进行。（　　）
3. 集装箱车成本的计算单位是"千箱千米"。（　　）
4. 汽车运输固定成本是指无论运输距离长短和运量大小成本水平总是固定不变的那部分成本。（　　）
5. 沿海运输业务通常指国际航线运输业务其航行时间较长运输距离较长，因此其成本计算周期是按照月份来进行计算的。（　　）
6. 在汽车运输成本中车千米变动成本是指随行驶里程变动的成本如按营运收入和规定比例计算交纳的养路费、运输管理费。（　　）
7. 大型车组、特型车的折旧计算方法多采用行驶里程定额法。（　　）
8. 船舶专为修理前往船厂和离开船厂的航行时间属于船舶非营运期，在计算运输成本时，要扣减这部分成本。（　　）
9. 汽车运输企业的保本点运输周转量是指目标利润为零，也即盈亏平衡时的运输周转量。（　　）
10. 港口堆存费属于"集装箱固定费用"。（　　）

## 四、思考题

1. 目前我国主要有哪些运输方式？选择运输方式时要考虑哪些要素？
2. 不合理运输的原因是什么？
3. 如何降低运输成本？

## 五、计算题

根据下列数据计算卡车的吨千米成本。

载重：15吨；容积：$240 \times 230 \times 710 cm^3$；平均日行驶：460千米；每月工作天数：25天；耐用年限5年；每公升汽油行驶3千米；购买成本1 755 000元；5年预留残值292 500元；每次载货量约7成。

成本相关数据如下。

人事成本：每人每月平均薪资约10 000元整，再加上退休金、年终奖金等其他预拨款项，公司每人每月预提约25 000元；过路费：平均500元/工作天；油资：高级汽油每公升18.3元；税及检验费：一年约30 000元；保险：一年约50 000元；维修及洗车：一年约50 000元。

六、案例分析

## 上海通用汽车循环取货运输成本降低三成

当生产需要某种零件供给时,最简便的方法是从单个供应商处将大量的零配件一次运输。然而,采用循环取货方式配送,则是一次运输就从多个供应商处提取多品种、少批量的零配件。而且,这种与工厂生产合拍的运输计划能保持工厂最小的库存。通过有效的路径设计,有效地控制了大批量低频次配送的费用。

上海通用汽车是一个典型的制造企业(图7.9),各种车型零部件总量有5 400多种。上海通用在国内外还拥有180家供应商,以及北美和巴西两大进口零部件基地。为了达到降低库存又能够节约运输成本的目的,上海通用汽车启动了LLM(Leading Logistics Management)项目。具体的规划分成两个部分。

图7.9 上海通用汽车

1. 分析供应商地点及货物量优化运输路线

路线对于运输成本会产生重大影响。线路的分析与制定采用了软件建模的方式,把所有国产件供应商地点及货物量经过一定的优化后组合成若干运输路线。

目前上汽通用的80%供应商分布在上海市郊,少数供应商分布在江苏与浙江,这些数据都进入系统。供应商的交货量对建立网络来说是一个非常重要的参数。有些供应商的交货量非常大,那么这些供应商就适合直接送工厂,而另一些供应商由于供货量比较小就需要在网络中整合。然而有时需要考虑装载量及卡车使用效率等问题,那些供货量较大的供应商的货物也需整合到网络中,分几次运输。

2. 通过系统优化获得卡车货物最佳装载量

三维卡车货物装载优化,这是在汽车运输中降低运输成本的很技术性的层面,同样也是通过软件来进行辅助设计的。

该系统能以图像方式模拟各种货物在卡车中的装载方式,计算各种货物的最佳装载位置,计算整个车辆在多次装载前后的重量、重心位置等,并能通过系统优化获得非常高的装载量,达到增加单车运量、提高安全系数甚至节省燃油的目的。

此外，由于循环取货是24小时工作制，因此司机与卡车合理安排时间是非常重要的，这不仅需要考虑工厂生产对货物到达的需求，还需考虑司机工作时间的安排、人体工程等因素，这对于节约成本同样是至关重要的。

从2003年3月份起，上海通用汽车开始全面运行该循环取货方式。上汽通用的财务分析显示，通过循环取货，每年可以节约零部件运输成本300万元人民币。

可以看出，循环取货方式是一个优化的物流系统网络，其特色是多频次、小批量、定时性。通过有效的运输线路规划和物流体系设计，起到了降低运输成本的作用。

（资料来源：http://www.gaodun.com/guoshui/647989.html）

**问题分析：**

1. 循环取货方式适合什么类型的企业？为什么？
2. 循环取货方式的应用对供应商有什么要求？
3. 请分析循环取货方式给通用汽车带来的财务影响。

# 项目八

## 仓储成本实务

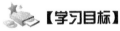

【学习目标】

| 知识目标 | 能力目标 |
| --- | --- |
| 1. 明确仓储的作用及对物流成本的影响；<br>2. 掌握仓储成本的构成及核算方法；<br>3. 了解仓储成本控制的方法和降低仓储成本的措施。 | 1. 能根据日常支出分类核算仓储成本；<br>2. 会应用 ABC 分类法管理库存；<br>3. 能根据实际情况优化仓储成本。 |

### 导入案例

#### 纳贝斯克食品（苏州）有限公司的 WMS 管理系统

纳贝斯克食品（苏州）有限公司为世界 500 强企业。在实施仓库管理系统（Warehouse Management System，WMS）前，仓库只是简单进行分区，种类繁多、形式各异的物料也未按照固定的区域存放，经常出现仓库员工不能准确找到和区分物料的现象，物料入库后也没有严格按照批次进行管理，有的原料因长时间没有使用甚至过期变质，造成了一定的资源浪费。

生产中使用的物料种类、规格繁多，传统的手工出、入库记录和不准确的库位限制了出、入库操作的速度，与先进的高速生产线形成强烈的反差，并成为企业内部物流的瓶颈。

该仓库还存在一个重要问题，车间生产是三班倒，24 小时连轴转，这就要求仓库同步工作，因此，仓库根本不能进行准确的盘点，只能利用产线休息时盘点或由员工在出、入库操作的同时进行粗略清点，仓库库存数据与实际值一直都有较大偏差。

针对该仓库的具体情况，企业引入了 WMS 管理系统。统一物料的条码和格式，对原料、成品建立批次，实现物料的全面条码管理，原料严格按批次先进、先出。

对仓库进行区位划分，物料与仓位严格对应，规范管理。出、入库和盘点操作都采用无线手持终端进行，实际操作的同时，出、入库和盘点的数据也自动录入系统中，提高了操作速度。系统按发料单对要发的物料批次、位置进行指定，既提高了发料速度，也减少了发料的错误。

与 ERP 集成，建立从采购到生产的连续物流体系，将仓库库存数据和出库、入库、移库数据及时反馈到 ERP 系统，并建立库存预警机制，使得企业信息系统的功能得到全面发挥。

WMS 系统为实现仓库不停工的动态盘点设计了精巧缜密的算法，基于自动识别技术的动态盘点功能，使得盘点操作不再需要停工后，而是与其他出、入库操作同时进行，使仓库切实实现了 7×24 的连续运转，与生产线的节奏保持了一致。

WMS 系统实施以后，企业的库存准确率提高到 99.8%，并通过与 ERP 数据交互，保证了 ERP 中的实施库存数据的准确性。出、入库采用条码扫描方式，速度快，数据准确，使用一年多来，未出现以前人工操作时物料出、入库错误的现象。同时，采用批次管理后，实现了先进、先出，并且加快了库存周转率，减少了库存资金的占用。

（资料来源：http://www.cioage.com/art/200711/58235.htm）

## 任务1 识别仓储成本

### 一、认识仓储

库存、储备及仓储这几个概念在物流系统中经常涉及，有时还会混淆。其实，这三个概念虽有共同之处，但仍有很大差别。

（1）库存是指处于储存状态的物品，广义的库存还包括处于制造加工状态运输状态的物品。

（2）储备是指储存以备急需的物品。储备是有目的地、能动地、主动地储存起来的物品。库存包含了储备。

（3）仓储是利用仓库存放、储存没有即时使用的物品的行为(图8.1)。它是包含库存和储备在内的一种广泛的经济现象，仓储的概念与运输相对应，仓储是以改变"物"的时间状态为目的的活动，通过仓储可以克服供需之间的时间差异而使产品获得更好的效用。仓储是现代物流运作不可或缺的一个重要环节，在各个环节中，仓储时间及仓储成本占有相当比重。

图 8.1　仓储实景

## 二、仓储的作用及对物流成本的影响

1. 仓储的作用

仓储是物流主要功能要素之一。仓储从传统的物品存储、流通中心，发展到成为物流的节点，作为物流中心环节而存在并发挥着整体物流协调的作用。

1）平衡生产和保证供应

从供应链的角度，物流过程可以看作是由一系列的"供给"和"需求"组成，当供给和需求节奏不一致，也就是两个过程不能够很好地衔接，出现生产的产品不能及时消费或者存在需求却没有产品满足，在这个时候，就需要建立产品的储备，将不能即时消费的产品储存起来以备满足后来的需求。仓储提高了商品的时间效用、调整均衡生产和集中消费或均衡消费和集中生产所带来的在时间上的矛盾。可以说，仓储是物流的时间开关，通过仓储的时间调整，使物品按照市场需求的节奏进行流动，平衡生产和销售。

2）仓储能对货物进入下一个环节前的质量起保证作用

货物仓储环节对产品质量进行检验能够有效地防止伪劣产品流入市场，保护了消费者权益，也在一定程度上保护了生产厂家的信誉。通过仓储来保证产品质量主要包括以下三个环节。

（1）在货物入库时进行质量检验看货物是否符合仓储要求，严禁不合格产品混入库场。

（2）在货物的储存期间内，要尽量使产品不发生物理以及化学变化，尽量减少库存货物的损失。

（3）在货物出库时进行质量检验，防止不合格品流出。

3）进行产品整合

一名客户可能需要很多种产品，为了满足这种需求，原有的单纯的保管型仓库已不能适应生产和市场的需要，企业应根据客户要求增加配送和流通等功能，将产品在仓库中加工、分拣、包装、配套等，然后再将产品运给客户。

仓储的整合作用还包括在不同产地生产的系列产品，在仓库中整合成系列体系，向销售商供货。

4）运输整合和配载

尽可能大批量运输是节省运费的有效手段。通过仓储可以将众多供应商所提供的产品整合成一票运输，可以将连续不断产出的产品集中成大批量提交运输。整合不仅可以实现大批量运输，还可以通过比例整合、轻重搭配实现运输工具空间上的充分利用。在运输整合中，还可以对商品进行成组作业、托盘化作业，以提高运输作业效率。同时，运输服务商也可以通过仓储整合众多小批量的托运货物，进行有效的运输配载，以使运输工具充分利用、降低物流成本。

5）实现物流增值服务

高效、合理的物流管理不仅做到满足产品销售、降低产品成本，更应该进行增值服务、提高产品销售的收益。产品销售的增值主要来源于产品质量的提高、功能的扩展，及时性的时间价值、削峰平谷的市场价值、个性化服务的增值等。众多的物流增值服务在仓储环节进行，通过在仓储环节进行流通加工，可以提高产品的质量，改变产品的功能，实现产品的个性化；通过仓储的时间控制，可以使生产节奏同步，实现物流管理的时间效用价值；通过仓储的商品整合，开展消费个性化服务等。

2. 仓储对物流成本的影响

仓储对物流成本的影响具有两重性，既有正面的影响，也有负面的影响，现分述如下。

1）仓储对企业物流成本的正面影响

仓储环节不仅是物流成本的组成部分，也是对物流成本实施管理的控制环节。仓储可以降低物流成本，主要表现为如下几方面。

（1）产品在仓储中的组合、妥善配载和流通包装、成组等流通加工可以提高装卸效率，充分利用运输工具，从而降低运输成本的支出。

（2）采用机械化和自动化的仓储作业以及合理准确的仓储可以减少商品的换装、流动、减少作业次数，提高作业效率，有利于降低作业成本。

（3）适当的库存可以避免由于缺货而进行紧急采购时引起的成本提高。适当的库存能使企业在有利时机进行销售，或在有利时机实施购进，从而增加销售利润或减少购进成本。

2）仓储对企业物流成本的负面影响

在物流系统中，尽管仓储是一种必要的活动，但由于其特定的影响，也常常会冲减物流系统效益、恶化物流系统运行，从而冲减企业利润。企业为了实施仓储活动，必须有成本的支出，这些都会冲减利润，其负面作用主要表现为以下几方面。

（1）增加固定资产投资及固定费用支出。仓库建设等固定资产投资的增加，会导致企业成本的增加；进货、验收、存储、发货、搬运等仓储作业活动会导致费用开支的增高，从而降低企业的收益。

（2）机会损失。库存占用资金所必须支付的利息，以及这部分资金用于其他项目中可能带来的收益，都是企业由于仓储活动而必须承担的机会成本。

（3）陈旧损失与跌价损失。库存期间产品可能由于各种化学、生物、物理、机械等方面的损失，严重时可能使产品失去全部使用价值，从而报废。存货时间越长，发生陈旧损失的可能性与数量越大。对于技术含量较高且技术发展迅速的产品而言，由于存储时间过长，产品技术过时而引起的跌价损失是企业仓储活动不得不面临的另一个重大问题，如果错过了有利的销售期，企业就只能以较低的价格出售产品，从而带来损失。

（4）流动资金占用过多，影响企业正常运转。企业中的存货是最重要的流动资产，在企业的全部运营活动中，仓储对流动资金的占用有时高达40%~70%，更为严重的是，有的企业的库存可能会占用其全部流动资金，从而影响企业的现金流动，使企业无法正常运转，甚至倒闭。

总之，无论是正面或是负面作用，都不能改变仓储在现代经济中不可或缺的现实。但其有利及有害的双重性给物流管理提出了一个重大的课题，也就是如何在物流系统中充分发挥仓储有利的一面而将消极作用降至最低。

## 三、仓储成本的含义及特点

### 1. 仓储成本的含义

仓储成本指仓储企业在储存物品过程中，包括装卸搬运、存储保管、流通加工、收发物品等各项环节和建造、购置仓库等设施设备所消耗的人力、物力、财力及机会、风险成本的总和。大多数仓储成本不随存货水平变动而变动，而是随存储地点的多少而变化。仓储成本包括仓库租金、仓库折旧、设备折旧、装卸费用、货物包装材料费用和管理费等。仓储成本是衡量仓储企业经营管理水平和管理质量高低的重要标志。

### 2. 仓储成本的特点

1）重要性

仓储成本是物流成本的重要组成部分，而物流成本又占国民经济总产值的很大一部分。据世界银行分析，发达国家物流成本占国民经济总产值的10%左右，美国低于10%，中国约为18%。

2）复杂性

在现行的会计制度下，对物流成本的核算缺少统一的标准。因此，增加了仓储成本的复杂性。

3）效益背反性

为了增加客户满意度，提高物流水平就会增加仓库的建设管理、仓库工作人员的工资、存货数量等费用，加大仓储成本。而为了消减仓储成本而减少物流网络中仓库的数量并减少存货，将会增加运输成本。

【任务操作】

通过查找资料或实地考察，了解我国仓储成本的总体状况及发展趋势。

## 任务2 仓储成本的构成与核算

### 一、仓储成本的构成

仓储成本是物流成本的重要部分，它是与取得拥有储存物资有关的一切活动成本的总和。仓储成本主要包括仓储持有成本、订货或生产准备成本、缺货成本、在途存货成本和仓储风险成本等。

1. 仓储持有成本

仓储持有成本是指为保持适当的库存而发生的成本，它可以分为固定成本和变动成本。固定成本与一定限度内的仓储数量无关，如仓储设备折旧、仓储设备的维护费用、仓库职工工资等；变动成本与仓储数量的多少相关，如库存占用资金的利息费用、仓储物品的毁损和变质损失、保险费用、搬运装卸费用、挑选整理费用等。仓储持有成本主要包括：资金占用成本、仓储维护成本、仓储运作成本、仓储风险成本。

1）资金占用成本

资金占用成本有时也称为利息成本或机会成本，是仓储成本的隐含费用。它是指占用资金支付的银行利息，通常用持有库存的现金价值的百分比表示。资金占用成本过多，则反映企业失去相应的盈利能力，如果将资金投入其他方面，企业会取得投资回报，因此资金占用成本就是这种尚未获得的回报的费用。例如，假定一个公司库存的平均价值是30万元，这项存货是公司的一项资产，就像机器设备或其他资本投资。因此，如果公司以15%的最低报酬率作为资本成本，那么资金占用成本就是4.5万元。

2）仓储运作成本

仓储运作成本主要包括把产品运进和运出仓库所发生的搬运装卸成本。商品出、入库的次数越多，这部分成本就越多。这些费用因具体情况而异，变化相当大。例如，公司通常能直接从铁路列车车厢中卸下原材料，并可以露天储存，而一些高精度的产成品则需要专门车辆搬运和非常精致的储存设备。

3）仓储维护成本

仓储维护成本主要包括与仓库有关的租赁、取暖、照明、设备折旧、保险费用和税金费用等。仓储维护成本根据企业采取的仓储方式不同而有不同的变化，如果企业利用自用的仓库，大部分仓储维护成本是固定的；如果企业利用公共的仓库，则有关存储的所有成本将直接随库存数量的变化而变化。在作仓储决策时，这些成本都要考虑。

另外，根据产品的价值和类型，产品丢失或损坏的风险高，就需要较高的保险费用。同时，许多国家将库存列入应税财产，高水平库存导致高税费。保险费用和税金将随着产品不同而有很大变化，在计算仓储维护成本时，必须考虑它们。

4）仓储风险成本

仓储风险成本是指由于企业无法控制的原因，造成的库存商品贬值、损坏、丢失、变质等损失。仓储风险成本反映了存货的现金价值下降的可能性，这种可能性远远超出公司的控制范围。例如，库存的产品存放了一段时间就可能过时，因此要贬值。极端的例子应该是高价值的产品，如计算机和外围设备或半导体产品，它们的生命周期相对来说都很短。在这种情况下，过时的成本是相当大的。

2. 订货或生产准备成本

订货或生产准备成本是指企业向外部的供应商发出采购订单的成本或指企业内部的生产准备成本。

订货成本是指企业为了实现一次订货而进行的各种活动的费用，包括处理订货的差旅费、办公费等支出。订货成本中有一部分与订货次数无关，如常设机构的基本开支等，称为订货的固定成本；另一部分与订货的次数有关，如差旅费、通信费等，称为订货的变动成本。这些成本很容易被忽视，但在考虑涉及订货、收货的全部活动时，这些成本很重要。

生产准备成本是指当库存的某些产品不由外部供应而是由企业自己生产时，企业为生产一批货物而进行准备的成本。其中，更换模具、增添某些专用设备等属于固定成本，与生产产品的数量有关的费用如材料费、加工费、人工费等均属于变动成本。

订货成本与仓储持有成本随着订货次数或订货规模的变化呈反方向变化。起初随着订货批量的增加，订货成本的下降比持有成本的增加要快，即订货成本的边际节约额比持有成本的边际增加额要高，使得总成本下降。当订货批量增加到某一临界点时，订货成本的边际节约额与持有成本的边际增加额相等，这时总成本最小。此后，随着订货批量的不断增加，订货成本的边际节约额比持有成本的边际增加额要小，导致总成本不断增加。

3. 缺货成本

库存决策中另一项主要成本是缺货成本，是指由于库存供应中断而造成的损失。包括原材料供应中断造成的停工损失、产成品库存缺货造成的延迟发货损失和丧失销售机会的损失（还应包括商誉损失）；如果生产企业以紧急采购代用材料来解决库存材料的中断之急，那么缺货成本表现为紧急额外购入成本（紧急采购成本大于正常采购成本部分）。当一种产品缺货时，客户就会购买竞争对手的产品，这就会对企业产生直接利润损失，如果失去客户，还可能为企业造成无形的损失。在供应物流方面，原材料、半成品或零配件的缺货，意味着机器空闲甚至停产。

1）保险库存的持有成本

许多企业都会考虑保持一定数量的保险库存及缓冲库存以预防在需求方面的不确定性。但是困难在于确定在何时需要保持多少保险库存，保险库存太多，意味着多余的库存，而保险库存不足，则意味着缺货或失销。

2）缺货成本

缺货成本是由于外部和内部中断供应所产生的；当企业的客户得不到全部订货时，叫作外部缺货；而当企业内部某个部门得不到全部订货时，叫作内部缺货。如果发生外部缺货，将导致以下情况的发生。

（1）延期交货。如果缺货商品延期交货，那么就会发生特殊订单处理和运输费用，延期交货的特殊订单处理费用要比普通处理费用高。由于延期交货经常是小规模装运，运输费率相对较高，而且延期交货的商品可能需要从某一地区的一个工厂仓库供货，进行长距离运输。另外，可能需要利用速度快、收费较高的运输方式运送延期交货商品。因此，延期交货成本可根据额外订单处理费用的额外运费来计算。

（2）失销。尽管一些用户可以允许延期交货，但是仍有一些用户会转向其他供应商，也就是说许多公司都有生产替代产品的竞争者。当一个供应商没有客户所要的商品时，客户就会从其他供应商那里订货，在这种情况下，缺货导致失销，对于企业来说，直接损失就是这种商品的利润损失。这可以通过计算这批商品的利润来确定直接损失。

关于失销，需要指出以下三点：首先，除了利润的损失，还包括当初负责这批销售业务的销售人员的精力损失，这就是机会损失；其次，很难确定在一些情况下的失销总量。比如，许多客户习惯电话订货，在这种情况下，客户只是询问是否有货，而未指明要订货多少，如果这种产品没货，那么客户就不会说明需要多少，企业也不会知道损失的总量；最后，很难估计一次缺货对未来销售的影响。

（3）失去客户。第三种可能发生的情况是由于缺货而失去客户，也就是说，客户永远转向另一个供应商。如果失去了客户，企业也就失去了未来一系列利润，这种缺货造成的损失很难估计，需要用管理科学的技术以及市场营销的研究方法来分析和计算。除了利润损失，还有由于缺货造成的商誉损失。商誉很难度量，在仓储决策中常被忽略，但它对未来销售及企业经营活动非常重要。为了确定必要的库存量，有必要确定如果发生缺货而造成的损失。

### 4. 在途库存持有成本

在途库存持有成本不如前面讨论的三项成本那么明显，然而在某些情况下，企业必须考虑这项成本。如果企业以目的地交货价销售商品，就意味着企业要负责将商品运达客户，当客户收到订货商品时，商品的所有权才算转移。从理财的角度来看，商品仍是销售方的库存，因为这种在途商品在交给客户之前仍然属于企业所有，运货方式及所需的时间是储存成本的一部分，企业应该对运输成本与在途存货持有成本进行分析。

一个重要的问题是如何计算在途库存持有成本。前面讨论过库存持有成本的四个方面，即资金占用成本、仓储维护成本、仓储运作成本、仓储风险成本。这些成本对于在途存货来说有所变化。在途库存的资金占用成本一般等于仓库中库存的资金占用成本。仓储运作成本、仓储维护成本一般与在途库存不相关，但对保险费用要加以考虑。

### 5. 仓储风险成本

仓储风险成本是指保管过程中货物损坏而需要仓储企业赔付的费用。造成货物损失的原因一般包括仓库本身的保管条件，管理人员的人为因素，货物本身的物理、化学性能，搬运过程中的机械损坏或由于其他原因不适于或不能用于销售。实际中，应根据具体情况，按照企业的制度标准，分清责任合理计入成本。与之相关的成本可用产品价值的直接损失来估算，也可用重新生产产品或从备用仓库供货的成本来估算。

## 二、仓储成本的核算

仓储成本是客观存在的，但是，在仓储成本的计算内容和计算范围没有一个统一的计算标准之前，不同的企业有不同的计算方法。由于企业之间千差万别，这给仓储成本计算和仓储成本管理带来很大的困难。

1. 仓储成本的计算范围

仓储成本在财务会计中没有直接对应的科目，而是与其他部门发生的费用混合在一起。因此，计算仓储成本既要分析其构成，也要考虑仓储成本与其他费用分离的方式。计算仓储成本可以从以下几个方面着手。

1）材料费计算

仓储成本中的材料主要是仓储过程中使用的衬垫、苫盖材料等。材料费根据出、入库记录中各种材料的领用数量乘以单价后的数额计入仓储成本。

2）人工费计算

仓储成本中的人工费包括仓库管理人员和仓库作业工人的工资、奖金和福利费等。人工费根据工资和福利费分配表中有关仓储人员的部分计入仓储成本。

3）物业管理费计算

物业管理费包括水、电、气等费用，可以从安装仓库设施上的用量记录装置获得相关数据，也可以按其他比例推算，如仓库建筑设施的比例、仓库工作人员的比例等。

4）管理费计算

仓储成本中的管理费因无法从财务会计方面直接得到相关数据，因此，可按仓库工作人员的比例进行推算。

5）营业外费用计算

仓储成本营业外费用包括折旧、利息等。折旧可根据仓库中设施、设备确定的折旧方法计算，利息根据购置相关资产的贷款利率计算。

6）对外支付保管费用计算

对外支付的保管费用应全额计入仓储成本。

7）仓库内装卸搬运费用

仓库内装卸搬运费用包括装卸搬运过程中耗费的工资和福利费、燃料和动力费、轮胎费、修理费、折旧费等。

2. 仓储成本的计算方法

对于仓储成本的计算，可以按支付形态计算，也可以按仓储项目计算，还可以按仓储的不同功能来计算。这里重点介绍按支付形态计算仓储成本的方法。

按支付形态计算仓储成本，一般是先将仓储发生的各项费用按仓储折旧费（或租赁费）、仓储搬运费、仓储保管费、材料消耗费、人工费、仓储管理费、仓储占用资金利息等支付形态分类，然后将各项目费用乘以一定的比例计算出仓储成本的总额。即按照企业月度损益表中的管理费用、营业费用、财务费用等项目，乘以一定的比例计算出仓储部门的费用。

【例8-1】某物流公司2013年6月发生的管理等各项费用见表8-1。

表 8-1 费用项目表

| 序号 | 项目 | 管理等费用/元 |
|---|---|---|
| 1 | 仓库租赁费 | 100 000 |
| 2 | 材料消耗费 | 53 000 |
| 3 | 工资津贴 | 372 000 |
| 4 | 燃料动力费 | 32 000 |
| 5 | 保险费 | 10 000 |
| 6 | 维修费 | 31 000 |
| 7 | 搬运费 | 28 000 |
| 8 | 保管费 | 40 000 |
| 9 | 管理费 | 20 000 |
| 10 | 易耗品消耗 | 22 000 |
| 11 | 资金占用利息 | 37 000 |
| 12 | 税金等 | 55 000 |
|  | 合计 | 800 000 |

计算仓储成本在各项费用支出中所占的比重,可以是人数比例,也可以是面积比例、时间比例等。

假设该企业总人数 150 人,仓储人员数量是 36 人,企业总面积 6 000 平方米,仓储设施所占面积 3 180 平方米,则:

$$人数比例 = \frac{仓储人员数量}{企业总人数} = \frac{36}{150} = 0.24$$

$$面积比例 = \frac{仓储设施所占面积}{企业总面积} = \frac{3\ 180}{6\ 000} = 0.53$$

根据人数比例或面积比例即可计算出仓储成本,具体计算见表 8-2。

表 8-2 仓储成本计算表

| 序号 | 项目 | 管理等费用/元 | 仓储成本/元 | 计算比例/% | 备注 |
|---|---|---|---|---|---|
| 1 | 仓库租赁费 | 100 000 | 100 000 | 100 | 金额 |
| 2 | 材料消耗费 | 53 000 | 53 000 | 100 | 金额 |
| 3 | 工资津贴 | 372 000 | 89 280 | 0.24 | 人数比例 |
| 4 | 燃料动力费 | 32 000 | 16 960 | 0.53 | 面积比例 |
| 5 | 保险费 | 10 000 | 5 300 | 0.53 | 面积比例 |
| 6 | 维修费 | 31 000 | 16 430 | 0.53 | 面积比例 |
| 7 | 仓储搬运费 | 28 000 | 14 840 | 0.53 | 面积比例 |
| 8 | 仓储保管费 | 40 000 | 21 200 | 0.53 | 面积比例 |
| 9 | 仓储管理费 | 20 000 | 9 600 | 0.48 | 仓储费比例 |
| 10 | 易耗品消耗 | 22 000 | 11 660 | 0.53 | 面积比例 |
| 11 | 资金占用利息 | 37 000 | 17 760 | 0.48 | 仓储费比例 |
| 12 | 税金等 | 55 000 | 26 400 | 0.48 | 仓储费比例 |
|  | 合计 | 800 000 | 382 430 |  |  |

注:仓储费比例 = (1~8 项的仓储成本)/(1~8 项的管理等费用) = 317 010/666 000 = 0.48

按仓储项目计算仓储成本是在各种支付形态的基础上进一步分解成仓储项目，可以更好地掌握仓储的实际状态，进一步了解在哪些项目上还存在浪费，以确实达到控制成本的目的。

【任务操作】

去一家企业实地调查该企业的仓储成本主要项目，以及仓储成本产生的主要环节。

## 任务3　仓储成本优化

### 一、仓储成本管理的原则

1. 全面性原则

全面性原则要求企业在进行仓储成本管理时，要兼顾质量和成本的关系，不能片面地强调仓储成本，因为仓储的服务才是企业长远发展的根本。因此，企业在保证提供服务的前提下，仓储成本控制要进行全员控制、全过程控制、全方位控制，从而保证仓储企业低成本、高效率、高质量地运行。

2. 经济性原则

任何仓储管理工作都要讲究经济效益，它和销售、生产、财务活动一样。经济原则主要强调仓储成本控制要起到降低成本、纠正偏差的作用，并控制发生的费用支出，使其不应该超过因缺少控制而丧失的收益。为了建立某项严格的仓储成本控制制度，需要一定的人力或物力支出，但这种支出不应该太大，不应该超出建立这项控制所能节约的成本。仓储成本控制所产生的经济效益必须大于进行仓储而发生的成本耗费，如建立仓储成本控制系统的耗费，保证仓储成本控制系统正常运转的耗费。

经济原则在很大程度上决定了我们只有在仓储活动的重要领域和环节上对关键因素加以控制，而不是对所有成本项目都进行同样周密的控制。

3. 例外管理原则

例外管理原则是成本效益原则在仓储成本控制中的体现。企业实际发生的费用，不可能每一项都和预算完全一致，如果不管成本差异大小，都予以详细记录，查明原因，将不胜其烦。因此，根据成本效益原则，仓储成本控制应将精力集中于非正常金额较大的例外事项上。解决了这些问题，仓储目标成本的实现就有了可靠的保证，仓储成本控制的目的也就实现了。

4. 利益协调性原则

降低仓储成本从根本上说，对国家、企业、消费者都是有益的，但是，如果在仓储成本控制过程中采用不适合的手段损害国家和消费者的利益，是极端错误的，应予以避免。因此，控制仓储成本时要注意国家利益、企业利益和消费者利益三者之间的协调关系。

## 二、仓储的合理化

### 1. 仓储的合理化的概念

马克思认为:"商品必须有一定的量,才能在一定时期满足需要量。"仓储的功能就是对需要的满足,实现被储存物的"时间价值",这是合理化的前提或本质。如果不能保证储存功能的实现,其他问题便无从谈起。仓储合理化的含义是用最经济的办法实现仓储的功能。但是,储存的不合理又往往表现在对储存功能实现的过分强调,过分投入储存力量和其他储存劳动所造成的。所以,合理储存的实质,是在保证储存功能实现前提下的尽量少的投入,以控制仓储物流成本。

### 2. 仓储的合理化的主要标志

1）质量标志

保证被储存物的质量,是完成储存功能的根本需要,只有这样,商品的使用价值才能通过物流之后得以实现。在储存中增加了多少时间价值或是得到了多少利润,都是以保证质量为前提的。所以,储存合理化的主要标志中,为首的应当是反映使用价值的质量。

2）数量标志

在保证功能实现前提下有一个合理的数量范围。目前管理科学的方法已能在各种约束条件下,对合理数量范围做出决策,但是较为实用的还是在消耗稳定、资源及运输可控的条件下所形成的储存数量控制方法。

3）时间标志

在保证功能实现的前提下,寻求一个合理的储存时间,这是和储存量有关的问题,储存量越大而消耗速率越慢,则储存的时间必然越长;相反则必然越短。在具体衡量时往往用周转速度指标来反映时间标志,如周转次数、周转天数等。在总时间一定的前提下,个别被储存物的储存时间也能反映合理程度。如果储存物长期储存,变成了呆滞物或储存期过长,虽反映不到宏观周转指标中去,也说明储存存在不合理。

4）结构标志

从被储存物不同品种、不同规格、不同花色的储存数量的比例关系可以对储存结构合理性做出判断。尤其是相关性很强的各种物资之间的比例关系更能反映储存合理与否。由于一些物资之间存在很强的相关性,只要有一种物资出现耗尽,即使其他种物资仍有一定数量,也会无法投入使用。所以,不合理的结构影响面并不仅局限在某种物资上面,而是有扩展性,结构标志的重要性也可由此确定。

5）分布标志

分布是指不同地区储存的数量比例关系,以此可判断当地需求以及对需求的保障程度,也可以此判断对整个物流的影响。

6）费用标志

仓储费、维护费、保管费、损失费、资金占用利息支出等,都能从实际费用上判断储存的合理与否。

### 三、仓储成本的控制

仓储成本具有经济上的合理性，因为它能平衡运输和生产采购成本。也就是说，储备一定数量的库存，企业常常可以调整经济生产批量和生产批次来降低生产运营成本。同时，储备库存也可以通过更大、更经济的运输批量来降低运输成本，保证运营总成本的节约。因此，企业在进行仓储成本控制时应权衡其利弊得失，合理确定控制的策略与措施。

1. 优化仓库布局，做到适度库存集中

库存集中是指利用储存规模优势，以适度集中储存来代替分散的小规模储存，以实现仓储成本的优化。目前，包括海尔在内的许多企业通过建立大规模的物流中心，把过去的零星库存集中起来进行管理，并对一定范围内的用户进行直接配送，从而显著降低了仓储成本。所以，进行适度库存集中，可以提高对单个用户的保证能力，有利于采取机械化、自动化方式，也有利于形成一定批量的干线运输，更有利于形成支线运输的始发点。但是，在进行仓库布局时注意仓库的减少与库存的集中，有可能会增加运输成本。因此，企业要在运输成本、仓储成本和配送成本总和平衡的基础上考虑仓库布局与集中储存，在总储存费与运输费之间取得最优。

2. 合理选择适当的订货方式控制仓储成本

不同的企业，可以根据自身的特点，通过采用订货点控制法和订货批量控制法来安排货物的采购，以降低仓储成本。

1）订货点控制法

订货点控制法是以固定订货点为基础的一种存货控制方法。即当存货库存量下降到预定的最低的库存数量（订货点）时，按规定数量进行订货补充的一种库存管理方式。

订货点控制法的重点在于确定订货批量和订货点，订货批量一般采用经济订货批量，订货点的高低主要由以下三个因素来决定。

（1）订货提前期。这段时间主要由两部分组成，即货物在途时间和生产销售准备时间。

（2）平均每日需要量。存货平均日需要量有两种情况，一是平均每日正常需要量，二是平均每日最大需要量。

（3）安全储备量，又称为保险储备量，是为了应付产销量的突然扩大和采购货物不能按时到达所进行的储备。例如，在正常情况下，提前时间是 7 天，正常需要量是 700 千克，但由于某种原因，采购的货物 10 天才到达，延迟了 3 天，原有的储存量就不能满足需求。为了避免这类情况的发生，就需要建立安全储备量。

使用订货点控制法管理方便，订货时间和订货量不受人为因素影响，可以保证库存管理的准确性，并便于按经济订货批量订货，节约库存成本。订货量确定后，便于按计划安排库内的作业活动，节约管理费用。但是也要注意使用该方法不便于对库存进行严格的管理，所以该方法适用于单价比较便宜、不便于少量订货的物品；或通用性强、需求总量比较稳定的物品；或消费量计算复杂、品种数量多、库存管理量大的物品。

2）订货批量控制法

所谓订货批量是指一次订货锁定的货物数量。订货批量是不能随意确定的，因为订货批量的高低会直接影响库存量的高低，也直接影响货物供应的满足程度。订货批量过大，虽然可以充分满足客户的需求，但会使库存量过高，成本升高；订货批量过低，虽然库存量可以降下来，但不一定能保证满足客户的需求，所以订货批量要确定得适当。

企业要降低库存成本，就要制定适当的订货策略，协调订货费用与保管费用的关系。订货批量的大小关系到订货费用与保管费用的高低。在一定时期内，物资的总需求量一定时，订货批量大，订货次数就会减少，订货费用就会降低，然而保管费用会提高；若订货批量小，保管费用就会降低，而订货次数就会增加，订货费用增加。

设企业一定时期内物资的总需求量为 $D$，每次订货费用为 $K$，单位物资在一定时期内的保管费用为 $C$，订货批量为 $Q$，则：

$$全年存货的总成本\ TC = 订货变动成本 + 保管变动成本$$

$$TC = \frac{D}{Q} \times K + \frac{Q}{2} \times C$$

由经济订货批量的含义可知，需找到能使总成本 $TC$ 达到最小的每次订货数量 $Q^*$，$Q^*$ 即为经济订货批量。

$$Q^* = \sqrt{\frac{2DK}{C}}$$

【例 8-2】某企业年需要的甲材料为 720 件，该材料的单位购置成本为 20 元/件，单位材料保管费用为 4 元/件，平均每次订货费用为 40 元/次。则材料的经济订货批量为：

$$Q^* = \sqrt{\frac{2DK}{C}} = \sqrt{\frac{2 \times 720 \times 40}{4}} = 120(件)$$

3. 利用 ABC 分类法控制存货成本

ABC 分类管理就是将库存物品按品种和占用资金的多少分为特别重要的库存（A 类）、一般重要的库存（B 类）和不重要的库存（C 类）三个等级，然后针对不同等级分别进行管理与控制。

经济学家帕累托在研究财富的社会分配时得出一个重要结论：80% 的财富掌握在 20% 的人手中，即关键的少数和次要的多数规律。后来人们发现这一普遍规律存在于社会的各个领域，称为帕累托现象。帕累托现象也出现在企业经营管理中，表现为企业多数的利润由少数品种的产品贡献。因此，对这些少数产品管理的好坏就成为企业经营成败的关键，有必要在实施库存管理时对各类产品分出主次，并根据不同情况区别对待，突出重点。

存货 ABC 分类的依据是库存物资所占总库存资金的比例和所占库存物资品种数目的比例。A 类商品指品种少而资金占用大的商品，即 A 类库存品种约占库存品种总数的 5%~10%，而其占用资金金额占库存金额的 60%~70%。B 类库存品种约占库存品种总数的 20%~30%，其占用资金金额占库存总金额 20% 左右。C 类库存品种约占库存品种总数的 60%~70%，其占用资金金额占库存总金额的 15% 以下。

【例 8-3】某企业存货共有 11 800 种，年占用资金 8 310 万元，各类存货及资金占用见

表8-3，要求列出ABC分类排列表，并说明管理方式。

表8-3 某企业存货品种及资金占用表

| 存货编号 | 存货品种 | 占用资金/万元 |
|---|---|---|
| 201 | 505 | 5 130 |
| 202 | 585 | 990 |
| 203 | 540 | 540 |
| 204 | 1 350 | 108 |
| 205 | 1 170 | 720 |
| 206 | 1 260 | 225 |
| 207 | 270 | 20 |
| 208 | 2 700 | 217 |
| 209 | 630 | 290 |
| 210 | 2 790 | 70 |
| 合计 | 11 800 | 8 310 |

根据表所列资料，对各类存货按其资金占用多少，从大到小排序。分别计算各编号的资金占存货总金额的百分比和每个品种占总品种数的百分比。根据以上两个百分比，将存货分为ABC三类，并绘制ABC分析表，见表8-4。

表8-4 企业存货ABC分析表

| 类别 | 存货编号 | 占用资金/万元 | 品种比重/% | 资金比重/% | 类别比重/% | 类别资金比重/% |
|---|---|---|---|---|---|---|
| A | 201 | 5 130 | 4.28 | 61.73 | 9.24 | 73.64 |
| A | 202 | 990 | 4.96 | 11.91 | | |
| B | 205 | 720 | 9.92 | 8.66 | 11.45 | 15.16 |
| B | 203 | 540 | 4.58 | 6.50 | | |
| C | 209 | 290 | 5.34 | 3.49 | 75.26 | 11.20 |
| C | 206 | 225 | 10.68 | 2.71 | | |
| C | 208 | 217 | 22.88 | 2.61 | | |
| C | 204 | 108 | 11.43 | 1.30 | | |
| C | 210 | 70 | 23.64 | 0.48 | | |
| C | 207 | 20 | 2.29 | 0.24 | | |
| 合计 | | 8 310 | 100 | 100 | 100 | 100 |

在对库存进行ABC分类之后，要根据企业的经营策略对不同级别的库存进行不同的管理和控制。

（1）A类库存物资数量虽少但对企业却最为重要，是最需要严格管理和控制的库存。企业必须对这类库存定时进行盘点，详细记录及经常检查分析物资使用、存量增减、品质维持等信息，加强进货、发货、运送管理，在满足企业内部需要和顾客需要的前提下维持尽可能低的经常库存量和安全库存量，加强与供应链上、下游企业的合作，降低库存水平，加快库存周转率，最终达到控制库存成本的目的。

（2）B类库存居于一般重要的地位，对这类库存的管理强度介于A类库存和C类库存之间，对 B 类库存一般进行正常的例行管理和控制即可。

（3）C 类库存物资数量最大但对企业的重要性最低，因而被视为不重要的库存。就库存成本控制而言，由于该类库存的价值不大，所以可以采取尽可能简单的管理方式，以节约库存成本，如减少这类库存的管理人员和设施。

### 四、降低仓储成本的方法与措施

仓储成本管理是仓储企业管理的基础，对提高整体管理水平，提高经济效益有重大影响，但是由于仓储成本与物流成本的其他构成要素之间存在二律背反的现象，因此，降低仓储成本要在保证物流总成本最低和不降低企业的总体服务质量和目标水平的前提下进行，常见的合理化措施如下。

1. 采用"先进先出"方式，减少仓储物的保管风险

"先进先出"是储存管理的准则之一，它能保证每个被储存物的储存期不至过长，减少仓储物的保管风险。有效的先进先出方式主要有下列三种。

1）贯通式（重力式）货架系统

利用货架的每层形成贯通的通道，从一端存入物品，另一端取出物品，物品在通道中自行按先后顺序排队，不会出现越位等现象。贯通式（重力式）货架系统能非常有效地保证先进先出。

2）"双仓法"储存

给每种被储存物都准备两个仓位或货位，轮换进行存取，再配以必须在一个货位中出清后才可以补充的规定，则可以保证实现"先进先出"。

3）存取系统采用计算机管理

在存货时向计算机输入时间记录，编入一个简单地按时间顺序输出的程序，取货时计算机就能按时间给予指示，以保证"先进先出"。这种计算机存取系统还能将"先进先出"和"快进快出"结合起来，即在保证一定"先进先出"的前提下，将周转快的物资随机存放在便于存储之处，以加快周转，减少劳动消耗。

2. 提高储存密度，提高仓容利用率

这样做的主要目的是减少储存设施的投资，提高单位存储面积的利用率，以降低成本、减少土地占用。具体有下列三种方法。

1）采取高垛的方法，增加储存的高度

具体方法有采用高层货架仓库、集装箱等，都可比一般堆存方法大大增加储存高度。

2）缩小库内通道宽度，增加储存有效面积

具体方法有采用窄巷道式通道，配以轨道式装卸车辆，以减少车辆运行宽度要求，采用侧叉车、推拉式叉车，以减少叉车转弯所需的宽度。

3）减少库内通道数量，增加有效储存面积

具体方法有采用密集型货架，采用不依靠通道可进车的可卸式货架，采用各种贯通式货架，采用不依靠通道的桥式起重机装卸技术等。

3. 采用有效的储存定位系统，提高仓储作业效率

储存定位的含义是被储存物位置的确定。如果定位系统有效，能大大节约寻找、存放、取出的时间，节约不少物化劳动及活劳动，而且能防止差错，便于清点及实行订货点等的管理方式。储存定位系统可采取先进的计算机管理，也可采取一般人工管理。行之有效的方式主要有以下两种。

1）"四号定位"方式

"四号定位"是用一组四位数字来确定存取位置的固定货位方法，是我国手工管理中采用的科学方法。这四个号码是：库号、架号、层号、位号。这就使每一个货位都有一个组号，在物资入库时，按规划要求对物资编号，记录在账卡上，提货时按四位数字的指示，很容易将货物拣选出来。这种定位方式可对仓库存货区事先做出规划，并能很快地存、取货物，有利于提高速度，减少差错。

2）计算机定位系统

计算机定位系统是利用计算机储存容量大、检索迅速的优势，在入库时，将存放货位输入计算机。出库时向计算机发出指令，并按照计算机的指示人工或自动寻址，找到存放的货物，拣选取货的方式。一般采取自由货位方式，计算机指示入库货物存放在就近易于存取之处，或根据入库货物的存放时间和特点，指示合适的货位，取货时也可就近就便。这种方式可以充分利用每一个货位，而不需要专位待货，有利于提高仓库的储存能力，当吞吐量相同时，可比一般仓库减少建筑面积。

4. 采用有效的监测清点方式，提高仓储作业的准确程度

对储存物资数量和质量的监测有利于掌握仓储的基本情况，也有利于科学控制库存。在实际工作中稍有差错，就会使账物不符，所以，必须及时且准确地掌握实际储存情况，经常与账卡核对，确保仓储物资完好无损，这是人工管理或计算机管理必不可少的。此外，经常的监测也是掌握被存物资数量状况的重要工作。监测清点的有效方式主要有以下三种。

1）"五五化"堆码

"五五化"堆码是我国手工管理中采用的一种科学的方法。储存物堆垛时，以"五"为基本计数单位，堆成总量为"五"的倍数的垛形，如梅花五、重叠五等。堆码后，有经验者可过目成数，大大加快了人工点数的速度，而且很少出现差错。

2）光电识别系统

在货位上设置光电识别装置，通过该装置对被存物的条形码或其他识别装置（如芯片等）扫描，并将准确数目自动显示出来。这种方式不需人工清点就能准确掌握库存的实有数量。

3）计算机监控系统

用计算机指示存取，可以避免人工存取容易出现差错的弊端，如果在储存物上采用条形码技术，使识别计数和计算机联结，每次存、取物品时，识别装置自动将条形码识别并将其输入计算机，计算机会自动做出存取记录。这样只需向计算机查询，就可了解所存物品的准确情况，因而不需要再建立一套对仓储物实时有效的监测系统，减少查货、清点工作。

### 5. 加速周转，提高单位仓容产出

储存现代化的重要课题是将静态储存变为动态储存，周转速度一快，会带来一系列的好处：资金周转快，资本效益高，货损货差小、仓库吞吐能力增加、成本下降等。具体做法诸如采用单元集装存储，建立快速分拣系统，都有利于实现快进快出，大进大出。

### 6. 采取多种经营，盘活资产

仓储设施和设备的巨大投入，只有在充分利用的情况下才能获得收益，如果不能投入使用或者只是低效率使用，只会造成成本的增加。仓储企业应及时决策，采取出租、借用、出售等多种经营方式盘活这些资产，提高资产设备的利用率。

### 7. 加强劳动管理

工资是仓储成本的重要组成部分，劳动力的合理使用，是控制人员工资的基本原则。我国是具有劳动力优势的国家，工资较为低廉，较多使用劳动力是合理的选择。但是对劳动进行有效管理，避免人浮于事，出工不出力或者效率低下也是成本管理的重要方面。

### 8. 降低经营管理成本

经营管理成本是企业经营活动和管理活动的费用和成本支出，包括管理费、业务费、交易成本等。加强该类成本管理，减少不必要支出，也能实现成本降低。当然，经营管理成本费用的支出不能产生直接的收益和回报，虽不能完全取消，但是加强管理是很有必要的。

## 项目小结

仓储成本是衡量仓储经营管理水平和管理质量高低的重要标志，它是物流成本的重要组成部分，仓储成本主要包括仓储持有成本、订货或生产准备成本、缺货成本、在途存货成本和仓储风险成本等。企业需要对仓储成本进行核算和分析，并从中找到降低成本的突破点。同时企业在进行仓储成本控制时应权衡其利弊得失，合理确定控制的策略与措施，通过降低仓储成本，增加企业的赢利能力和竞争力。

## 项目实训

**仓储成本的分摊与核算**

【实训背景】

远航物流公司建筑面积为 10 000 平方米，其中仓储部分为 5 300 平方米，员工总数为 90 人，仓储员工为 27 人。2014 年 12 月份公司发生的各项费用见表 8-5，请采用相应的比率完成表中其余部分。

表 8-5　远航物流公司各项费用表

| 序号 | 项　目 | 管理等费用/元 | 仓储成本/元 | 计算比例/% | 备　注 |
|---|---|---|---|---|---|
| 1 | 仓库租赁费 | 50 040 | | | |
| 2 | 材料消耗费 | 15 092 | | | |
| 3 | 工资津贴 | 315 668 | | | |
| 4 | 燃料动力费 | 6 322 | | | |
| 5 | 保险费 | 5 1240 | | | |
| 6 | 维修费 | 9 798 | | | |
| 7 | 搬运费 | 14 057 | | | |
| 8 | 保管费 | 19 902 | | | |
| 9 | 管理费 | 9 638 | | | |
| 10 | 易耗品消耗 | 10 658 | | | |
| 11 | 资金占用利息 | 11 930 | | | |
| 12 | 税金等 | 16 553 | | | |
| | 合　计 | 484 782 | | | |

【实训目的】

1. 使学生进一步理解和掌握仓储成本的构成。
2. 能从总成本中合理分配仓储成本。
3. 掌握相关仓储成本分摊的几种比例。

【实训准备】

1. 掌握仓储成本的构成。
2. 完成表格内容的填写。

【实训步骤】

1. 两人一组。
2. 商讨仓储成本分摊采用什么比率。
3. 计算仓储成本。

思考与练习

一、单项选择题

1. 仓库租赁费属于(　　)成本。
　　A. 仓储　　　　B. 运输　　　　C. 流通加工　　　D. 包装
2. 企业由于缺货带来的损失属于(　　)。
　　A. 订货成本　　B. 生产准备成本　C. 缺货成本　　　D. 库存持有成本
3. 利息费用属于(　　)成本。
　　A. 仓储维护　　B. 资金占用　　C. 仓储运作　　　D. 仓储风险

4. 企业为生产一批货物而进行的更换模具的费用属于(　　)。
   A. 订货成本　　　B. 生产准备成本　　C. 缺货成本　　　D. 库存持有成本
5. 如果客户同意在下一次订货时补充所缺货物这属于缺货损失中的(　　)。
   A. 失销　　　　　B. 失去客户　　　　C. 失去商誉　　　D. 延期交货
6. 以运输条件来看一般运输条件便利运输周期短的商品应保持(　　)的库存量。
   A. 较大　　　　　B. 较小　　　　　　C. 一般　　　　　D. 都可
7. "关键的少数和次要的多数"是(　　)的基本原理。
   A. 定量订货法　　　　　　　　　　　B. 定期订货法
   C. ABC 库存控制法　　　　　　　　　D. JIT 库存管理方法
8. (　　)货物应列为 A 类货物。
   A. 品种不多资金占用量大　　　　　　B. 品种多资金占用量小
   C. 品种多资金占用量大　　　　　　　D. 品种不多资金占用量小
9. 物流企业购进商品的存货成本包括进价和(　　)。
   A. 运输费　　　　　　　　　　　　　B. 装卸费
   C. 合理损耗　　　　　　　　　　　　D. 按规定计入成本的税金
10. 平时只登记存货收入数不登记存货发出数,而是在期末通过计算倒挤出存货发出数的方法属于(　　)。
    A. 永续盘存制　　B. 实地盘存制　　C. 移动加权平均法　D. 个别计价法

二、多项选择题

1. 下列(　　)属于仓储对物流成本的负面影响。
   A. 避免缺货　　　B. 机会损失　　　　C. 陈旧损失　　　D. 流动资金占用过多
   E. 保险费支出增加
2. 下列属于仓储成本的有(　　)。
   A. 仓储持有成本　B. 订货成本　　　　C. 生产准备成本　D. 缺货成本
   E. 在途库存持有成本
3. 企业一旦发生外部缺货可能会导致(　　)发生。
   A. 延期交货　　　B. 企业生产停工　　C. 失销　　　　　D. 失去客户
   E. 失去商誉
4. 仓储成本的控制方法有(　　)。
   A. 定量订货法　　B. 定期订货法　　　C. ABC 控制法　　D. 节约里程法
   E. JIT 库存管理方法
5. 下列方法属于销售存货的成本计算方法的是(　　)。
   A. 永续盘存法　　B. 实地盘存法　　　C. 先进先出法　　D. 个别计价法
   E. 加权平均法

三、判断题

1. 仓储就是指库存。　　　　　　　　　　　　　　　　　　　　　　　　(　　)
2. 仓储环节可以有效地实现物流的增值服务。　　　　　　　　　　　　　(　　)

3. 仓储成本是企业物流活动中所消耗的物化劳动和活劳动的货币表现。（    ）
4. 经济订货批量就是指订货成本最小时的批量。（    ）
5. 保险储备量越大企业的仓储成本越高因此保险储备量应越低越好。（    ）
6. 看板管理是进行货物分类控制的有效方法。（    ）
7. "先进先出"法是先购进的存货先耗用或先销售期末存货反映最早入库的存货成本。
（    ）
8. 永续盘存制的核算工作量大，但核算手续严密。（    ）

四、思考题

1. 简述仓储成本的含义、特点。
2. 简述库存、储备及仓储。
3. 仓储对企业物流成本有何影响？
4. 简述仓储成本的分类。
5. 简述仓储的合理化
6. 仓储合理化的主要标志是什么？
7. 简述企业降低仓储成本的措施。

五、计算题

远航物流公司配送中心某种产品年配送量为 10 000 件，每件价格为 10 元，订货费每次为 40 元，单件产品的年保管费为 5 元，求经济订货批量。

六、案例分析

## 英迈公司在中国的物流运作

英迈公司（图 8.2）一年全部库房只丢了一根电缆。半年一次的盘库，由公证公司做第三方机构检验，前后统计结果只差几分钱。

图 8.2　英迈公司

陈仓损坏率为 0.3‰。运作成本不到营业总额的 1%……这些都发生在全国拥有 15 个仓储中心，每天库存货品上千种，价值可达 5 亿人民币的英迈中国身上，他们是如何做到的呢。

英迈库中所有的货品在摆放时，货品标签一律向外，而且没有一个倒置，这是在进货时就按操作规范统一摆放的，目的是为了出货和清点库存时查询方便。运作部曾经计算过，如果货品标签向内，以一个熟练的库房管理人员操作，将其恢复至标签向外，需要8分钟，这8分钟的人工成本就是0.123元。

统计和打印出英迈上海仓库或全国各个仓库的劳动力生产指标，包括人均收货多少钱，人均收货多少行(即多少单，其中人均每小时收到或发出多少订单是仓储系统评估的一个重要指标)，只需要5分钟。在Impulse系统中，劳动力生产指标统计适时在线，随时可调出。而如果没有系统支持，这样的一个指标统计至少得一个月时间。

仓库空间是经过精确设计和科学规划的，甚至货架之间的过道也是经过精确计算的，为了尽量增大库存的可使用面积，只给运货叉车留出了10厘米的空间，叉车司机的驾驶必须稳而又稳，尤其是在拐弯时，因此，英迈的叉车司机都要经过此方面的专业培训。

在日常操作中，仓库员工从接到订单到完成取货，规定时间为20分钟。因为仓库对每一个货位都标注了货号标志，并输入Impulse系统中；Impulse系统会将发货产品自动生成产品货号，货号与仓库中的货位一一对应，所以仓库员工在发货时就像邮递员寻找邮递对象的门牌号码一样方便快捷。

英迈的库房是根据中国市场的现状和生意的需求而建设的，投入要求恰如其分，目标清楚；能支持现有的生意模式并做好随时扩张的准备。每个地区的仓库经理都要求能够在1个月之内完成一个新增仓库的考察、配置与实施，这都是为了飞快地启动物流支持系统。在英迈的观念中，如果人没有准备，有钱也没用。

（资料来源：http：//info.jctrans.com/xueyuan/czal/2015972171251.shtml，有改动）

**问题：**

英迈的仓储管理是如何做的？对其他企业的仓储管理有何借鉴？

# 项目九

## 配送成本实务

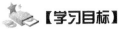

【学习目标】

| 知识目标 | 能力目标 |
| --- | --- |
| 1. 理解配送业务的组织以及配送的方法； | 1. 能根据日常支出核算配送成本； |
| 2. 掌握配送成本的构成及核算方法； | 2. 能根据客户分布设计合理的路线； |
| 3. 掌握配送成本优化策略。 | 3. 能根据实际情况优化配送成本。 |

> **导入案例**

## 戴尔成功的诀窍：高效物流配送

在不到 20 年的时间内，戴尔计算机公司（图 9.1）的创始人迈克尔·戴尔，白手起家把公司发展到 250 亿美元的规模。即使面对美国经济的不景气，在惠普等超大型竞争对手纷纷裁员减产的情况下，戴尔仍以两位数的发展速度飞快前进。

图 9.1　戴尔计算机公司 LOGO

"戴尔"现象，令世人为之迷惑。

戴尔公司分管物流配送的副总裁迪克·亨特一语道破天机："我们只保存可供 5 天生产的存货，而我们的竞争对手则保存 30 天、45 天，甚至 90 天的存货。这就是区别。"

物流配送专家詹姆斯·阿尔里德在其专著《无声的革命》中写道，主要通过提高物流配送打竞争战的时代已经悄悄来临。看清这一点的企业和管理人员才是未来竞争激流中的弄潮者，否则，一个企业将可能在新的物流配送环境下苦苦挣扎，甚至被淘汰出局。

亨特在分析戴尔成功的诀窍时说："戴尔总支出的 74% 用在材料配件购买方面，2000 年这方面的总开支高达 210 亿美元，如果我们能在物流配送方面降低 0.1%，就等于我们的生产效率提高了 10%。"物流配送对企业的影响之大由此可见一斑。

信息时代，特别是在高科技领域，材料成本随着日趋激烈的竞争而迅速下降。以计算机工业为例，材料配件成本的下降速度为每周 1%。从戴尔公司的经验来看，其材料库存量只有 5 天，当其竞争对手维持 4 周的库存时，就等于戴尔的材料配件开支与对手相比保持着 3% 的优势。当产品最终投放市场时，物流配送优势就可转变成 2%~3% 的产品优价优势，竞争力的强弱不言而喻。

在提高物流配送效率方面，戴尔和 50 家材料配件供应商保持着密切、忠实的联系，庞大的跨国集团戴尔所需材料配件的 95% 都由这 50 家供应商提供。戴尔与这些供应商每天都要通过网络进行协调沟通：戴尔监控每个零部件的发展情况，并把自己新的要求随时发布在网络上，供所有的供应商参考，提高透明度和信息流通效率，并刺激供应商之间的相互竞争；供应商则随时向戴尔通报自己的产品发展、价格变化、存量等方面的信息。

几乎所有工厂都会出现过期、过剩的零部件。而高效率的物流配送使戴尔的过期零部件比例保持在材料开支总额的 0.05%~0.1%，2000 年戴尔全年在这方面的损失为

2 100万美金。而这一比例在戴尔的对手企业都高达2%～3%，在其他工业部门更是高达4%～5%。

即使是面对如此高效的物流配送，戴尔的亨特副总裁仍不满意："有人问5天的库存量是否为戴尔的最佳物流配送极限，我的回答：当然不是，我们能把它缩短到两天。"

（资料来源：http://www.9956.cn/college/60337.html）

## 任务1 识别配送成本

### 一、配送的含义

根据《中华人民共和国国家标准　物流术语》（GB/T 18354—2006）的解释，配送（Distribution）是在经济合理区域范围内，根据客户要求，对物品进行拣选、加工、包装、分割、组配等作业，并按时送达指定地点的物流活动。配送在英语中的原词是delivery，是交货送货的意思。在日本工业标准JIS中，将配送定义为"将货物从物流结点送交收货人"，也强调了送货的含义。由于在市场竞争中，将货物送达收货人的活动需要逐步降低成本，提高效率，以达到占领和扩大市场、增加企业利润的目的。对运输车辆合理配置，科学地制订运输规划，确定运送路线，并且将运送的货物事先进行配货，配装的措施逐步完善，形成现代的配送活动。

虽然英文的定义和日本的JIS中，都充分强调了"送货"这个概念，但是，不应该仅仅简单地理解为运输，物流配送与物流运输具有较大的区别，配送是物流系统中一种综合的作业形式，包含了物流中采购、储存、分拣、加工、配货、运输、信息处理等若干功能要素的一种物流活动，是物流的一个缩影。其包含的运输功能也主要是指较短距离、较小规模、频率较高的运输形式。

### 二、配送的作用

发展配送，对于物流系统的完善、流通企业和生产企业的发展，以及整个经济社会效益的提高具有重要的作用。

（1）配送可以降低整个社会物资的库存水平。发展配送，实行集中库存，整个社会物资的库存总量必然低于各企业分散库存总量。同时，配送可以实现对资源的优化配置。此外，集中库存可以发挥规模经济优势，降低库存成本。

（2）配送有利于提高物流效率，降低物流费用。采用配送方式，批量进货，集中发货，以及将多个小批量集中一起大批量发货，都可以有效地节省运力，实现经济运输，降低成本，提高物流经济效益。

（3）对于生产企业来讲，配送可以实现低库存。实行高水平的定时配送方式之后，生产企业可以依靠配送中心准时配送或即时配送，而不需保持自己的库存，这就可以实现生产企业的"零库存"，节约储备资金，降低生产成本。

（4）配送可以成为流通社会化、物流产业化的战略选择。实行社会集中库存、集中配送，可以从根本上打破条块分割的分散流通体制，实现流通社会化、物流产业化。

### 三、配送的组织形式

1. 定时配送

按规定时间或时间间隔进行配送，这一类配送形式统称为定时配送。定时配送的时间，由配送的供给与需求双方通过协议确认。每次配送的品种及数量可预先在协议中确定，实行计划配送；也可以在配送之前以商定的联络方式（如电话、传真、计算机网络等）通知配送品种及数量。

定时配送这种服务方式，由于时间确定，对用户而言，易于根据自己的经营情况，按照最理想时间进货，也易于安排接货力量（如人员、设备等）。对于配送供给企业而言，这种服务方式易于安排工作计划，有利于对多个用户实行共同配送以减少成本的投入，易于计划使用车辆和规划路线。这种配送服务方式，如果配送物品种类、数量变化大，配货及车辆配装的难度则较大，会使配送运力的安排出现困难。

定时配送有以下几种具体形式。

1）小时配

小时配是接到配送订货要求之后，在1小时之内将货物送达。这种方式适用于一般消费者突发的个性化需求所产生的配送要求，也经常用作配送系统中应急的配送方式。B-to-C型的电子商务，在一个城市范围内，也经常采用小时配的配送服务方式。

2）日配

接到订货要求之后，在24小时之内将货物送达的配送方式。日配是定时配送中实行较为广泛的方式，尤其在城市内的配送，日配占绝大多数比例。一般而言，日配的时间要求大体上是，上午的配送订货，下午可送达；下午的配送订货，第二天早上送达。这样就可以使用户获得在实际需要的前半天得到送货服务的保障，如果是企业用户，这可使企业的运行更加精密化。

日配方式广泛而稳定开展，就可使用户基本上无须保持库存，不以传统库存为生产和销售经营的保障，而以配送的日配方式实现这一保证，也即实现用户的"零库存"。

3）准时配送方式

准时配送是按照双方协议的时间，准时将货物配送到用户的一种方式。这种方式和时配、日配的主要区别在于：时配、日配是向社会普遍承诺的配送服务方式，针对社会上不确定的、随机性的需求。准时方式则是两方面协议，往往是根据用户的生产节奏，按指定的时间将货送达。这种方式比日配方式更为精密，可以利用这种方式，连"暂存"的微量库存也可以取消，绝对地实现零库存。

准时配送的服务方式可以通过协议计划来确定，也可以通过看板方式来实现。准时配送方式要求有很高水平的配送系统来实施。由于用户的要求独特，因而不大可能对多用户进行周密的共同配送计划。这种方式适合于装配型、重复、大量生产的企业用户，这种用户所需的配送物资是重复、大量而且没有太大变化的，因而往往是一对一的配送。

## 2. 定量配送

定量配送是按事先协议规定的数量进行配送。这种方式数量固定，备货工作有较强的计划性，操作比较简单，管理也比较容易。可以按托盘、集装箱及车辆的装载能力来有效地选择配送的数量，这样能够有效地利用托盘、集装箱等集装方式，也可做到整车配送，配送的效率较高。

定量配送服务方式，由于不严格规定时间，可以将不同用户所需物品凑整车后进行合理配装配送，运力利用率较高。

定量配送不仅有利于配送服务供给企业的科学管理，对用户来讲，每次接货都是同等数量的货物，这有利于人力、装卸机具、储存设施的配备。定量配送适合在下述领域采用。

（1）用户对于库存的控制不十分严格，有一定的仓储能力，不实施"零库存"。

（2）从配送中心到用户的配送路线保证程度较低，难以实现准时的要求。

（3）难以对多个用户实行共同配送。只有达到一定配送批量，才能使配送成本降低到供、需双方都能接受的水平。

## 3. 定时定量配送

按照规定的配送时间和配送数量进行配送。定时定量配送兼有定时、定量两种方式优点，是一种精密的配送服务方式。这种方式计划难度较大，由于适合采用的对象不多，很难实行共同配送等配送方式，因而成本较高，在用户有特殊要求时采用，不是一种普遍适用的方式。

定时定量配送方式实际应用，主要在大量而且稳定生产的汽车、家用电器、机电产品的供应物流里面取得了成功。这种方式的管理和运作，一是靠配送双方事先的一定时期的协议为依据来执行；也常常采用"看板方式"来决定配送的时间和数量。

## 4. 定时定路线配送

在规定的运行路线上，制定配送车辆到达的时间表，按运行时间表进行配送，用户可以按照配送企业规定的路线及规定的时间选择这种配送服务，并于指定位置及时间接货。

采用这种方式有利于配送企业计划安排车辆及驾驶人员，可以依次对多个用户实行共同配送，不需要每次决定货物配装、配送路线、配车计划等问题，因此比较易于管理，配送成本较低。

对用户而言，可以在确定的路线、确定的时间表上进行选择，又可以有计划地安排接货力量，虽然配送路线可能与用户还有一段距离，但由于成本较低，用户也乐于接受这种服务方式。

这种方式特别适合对小商业集中区的商业企业的配送。商业集中区域交通较为拥挤，街道又比较狭窄，难以实现配送车辆"门到门"的配送，如果在某一站点将相当多商家的货物送达，然后再用小型人力车辆将货物运回，这项操作往往在非营业时间内完成，可以避免上述矛盾对配送造成的影响。

## 5. 即时、应急配送

完全按用户突然提出的配送要求随时进行配送方式。

这是对各种配送服务进行补充和完善的一种配送方式,这种配送方式主要应对用户由于事故、灾害、生产计划的突然变化等因素所产生的突发性需求;也应对一般消费者经常出现的突发性需求。这是有很高灵活性的一种应急方式,也是大型配送企业应当具备的应急能力。有了这种应急能力,就能够支持和保障配送企业的经营活动。需要指出的是,这种配送服务成本很高,难以作为经常性的服务方式。

## 四、配送的流程

### 1. 备货

备货是配送的准备工作和基础工作。备货工作包括筹集货源、订货、采购、集货、进货及有关的质量检查、结算、交接等。

配送的优势之一,就是可以集中若干用户的需求进行一定规模的备货。备货是决定配送成败的初期工作,如果备货成本太高,会大大降低配送的效益。

### 2. 储存

配送中的储存有储备及暂存两种形态。

1) 储备

配送储备是按一定时期的配送经营要求,形成的对配送的资源保证。这种类型的储备数量较大,储备结构也较完善,根据货源及到货情况,可以有计划地确定周转储备及保险储备结构及数量。配送的储备保证有时在配送中心附近单独设库解决。

2) 暂存

另一种储存形态是暂存,是具体执行配送时,按分拣配货要求,在理货场地所做的少量储存准备。由于总体储存效益取决于储存总量,所以,这部分暂存数量只会对工作方便与否造成影响,而不会影响储存的总效益,因而在数量上控制并不严格。

还有另一种形式的暂存,即是分拣、配货之后,形成的发货的暂存,这个暂存主要是调节配货与送货的节奏,暂存时间不长。

### 3. 分拣及配货

分拣及配货是配送不同于其他物流形式的有特点的功能要素,也是配送成败的一项重要支持性工作。分拣及配货是完善送货、支持送货的准备性工作,是不同配送企业在送货时进行竞争和提高自身经济效益的必然延伸,所以,也可以说是送货向高级形式发展的必然要求。有了分拣及配货,就会大大提高送货服务水平,所以,分拣及配货是决定配送系统水平的关键要素。

### 4. 配装

在单个用户配送数量不能达到车辆的有效载运负荷时,就存在如何集中不同用户的配送货物,进行搭配装载以充分利用运能、运力的问题,这就需要配装。

与一般送货不同之处在于,通过配装可以大大提高送货水平及降低送货成本,所以配装也是配送系统中有现代特点的功能要素,是现代配送不同于传统送货的重要区别之处。

#### 5. 配送运输

配送运输属于运输中的末端运输、支线运输，与一般运输形态主要区别在于：配送运输是较短距离、较小规模、频度较高的运输形式，一般使用汽车和其他小型车辆作运输工具。

与干线运输的另一个区别是，配送运输路线选择问题是一般干线运输所没有的，干线运输的干线是唯一的运输线，而配送运输由于配送用户多，一般城市交通路线又比较复杂，如何组成最佳路线，如何使配装和路线有效搭配等，是配送运输的特点，也是难度较大的工作。

#### 6. 送达服务

配好的货运输到用户还不算配送工作的完结，这是因为送货和用户接货往往还会出现不协调，使配送前功尽弃。因此，要圆满地实现运到之货的移交，有效、方便地处理相关手续并完成结算，还应讲究卸货地点、卸货方式等。送达服务也是配送独具的特殊性。

#### 7. 配送加工

在配送中，配送加工这一功能要素不具有普遍性，但是往往是有重要作用的功能要素。主要原因是通过配送加工，可以大大提高用户的满意程度并提高被配送货物的附加价值。配送加工是流通加工的一种，但配送加工有它不同于一般流通加工的特点，即配送加工一般只取决于特殊用户要求，其加工的目的较为单一。

【任务操作】

通过查找资料或实地考察，了解我国配送成本的总体状况及发展趋势。

## 任务2　配送成本构成及核算

### 一、配送成本的构成

配送的主体活动是配送运输、分拣、配货及配载。分拣配货是配送的独特要求，也是配送中有特点的活动。以送货为目的的配送运输是最后实现配送的主要手段，从这一点出发，常常将配送简化看成运输中的一种。

根据配送流程及配送环节，配送成本实际上是含配送运输费用、分拣费用、配装及流通加工费用等。其成本应由以下费用构成。

1. 配送运输费用

配送运输费用主要包括以下方面。

1）车辆费用

车辆费用指从事配送运输生产而发生的各项费用。具体包括驾驶员及助手的工资及福利费、燃料、轮胎、修理费、折旧费、养路费、车船使用税等项目。

2）营运间接费用

这是指营运过程中发生的不能直接计入各成本计算对象的站、队经费。包括站、队人员的工资及福利费、办公费、水电费、折旧费等内容,但不包括管理费用。

2. 分拣费用

1)分拣人工费用

这是指从事分拣工作的作业人员及有关人员工资、奖金、补贴等费用的总和。

2)分拣设备费用

这是指分拣机械设备的折旧费用及修理费用。

3. 配装费用

1)配装材料费用

常见的配装材料有木材、纸、自然纤维和合成纤维、塑料等。这些包装材料功能不同,成本相差很大。

2)配装辅助费用

除上述费用外,还有一些辅助性费用,如包装标记、标志的印刷,拴挂物费用等的支出。

3)配装人工费用

这是指从事配装工作的工人及有关人员的工资、奖金、补贴等费用。

4. 流通加工费用

1)流通加工设备费用

流通加工设备因流通加工形式不同而不同,购置这些设备所支出的费用,以流通加工费用的形式转移到被加工产品中去。

2)流通加工材料费用

流通加工材料费用是指在流通加工过程中,投入加工过程中的一些材料消耗所需要的费用。

3)人员工资费用

人员工资费用是指在流通加工过程中从事加工活动的管理人员、工人及有关人员工资、奖金等费用的总和。

实际应用中,应该根据配送的具体流程归集成本,不同的配送模式,其成本构成差异较大。相同的配送模式下,由于配送物品的性质不同,其成本构成差异也很大。

## 二、配送成本的核算

配送成本的核算是多环节的核算,是各个配送环节或活动的集成。配送各个环节的成本费用核算都具有各自的特点,如流通加工的费用核算与配送运输费用的核算具有明显的区别,其成本计算的对象及计算单位都不同。

由于涉及多环节的配送成本费用的计算,应当计算各成本计算对象的总成本。总成本是指成本计算期内成本计算对象的成本总额,即各个成本项目金额之和。配送成本费用总额由各个环节的成本组成。其计算公式如下:

配送成本 = 配送运输成本 + 分拣成本 + 配装成本 + 流通加工成本

需要指出的是，在进行配送成本费用核算时要避免配送成本费用重复交叉。

1. 运输成本的核算

配送运输成本的核算，是指将配送车辆在配送生产过程中所发生的费用，按照规定的配送对象和成本项目，计入配送对象的运输成本项目中去的核算。运输成本的核算方法在前面的项目中已做详细阐述，这里只做简单介绍。

1）配送运输成本的数据来源

（1）工资及职工福利费。根据"工资分配汇总表"和"职工福利费计算表"中各车型分配的金额计入成本。

（2）燃料。根据"燃料发出凭证汇总表"中各车型耗用的燃料金额计入成本。配送车辆在本企业以外的油库加油，其领发数量不作为企业购入和发出处理的，应在发生时按照配送车辆领用数量和金额计入成本。

（3）轮胎。轮胎外胎采用一次摊销法的，根据"轮胎发出凭证汇总表"中各车型领用的金额计入成本；采用轮胎行驶千米数进行折旧的，根据"轮胎摊提费计算表"中各车型应负担的摊提额计入成本。发生轮胎翻新费时，根据付款凭证直接计入各车型成本或通过待摊费用分期摊销。内胎、垫带根据"材料发出凭证汇总表"中各车型成本领用金额计入成本。

（4）修理费。辅助生产部门对配送车辆进行保养和修理的费用，根据"辅助营运费用分配表"中分配各车型的金额计入成本。

（5）折旧费。根据"固定资产折旧计算表"中按照车辆种类提取的折旧金额计入各分类成本。

（6）养路费及运输管理费。配送车辆应缴纳的养路费和运输管理费，应在月末计算成本时，编制"配送营运车辆应缴纳养路费及管理费计算表"，据此计入配送成本。

（7）车船使用税、行车事故损失和其他费用。如果是通过银行转账、应付票据、现金支付的，根据付款凭证等直接计入有关的车辆成本；如果是在企业仓库内领用的材料物资，根据"材料发出凭证汇总表""低值易耗品发出凭证汇总表"中各车型领用的金额计入成本。

（8）营运间接费用。根据"营运间接费用分配表"计入有关配送车辆成本。

2）配送运输成本计算表

物流配送企业月末应编制配送运输成本计算表，见表9-1，以反映配送总成本和单位成本。配送运输总成本是指成本计算期内成本计算对象的成本总额，即各个成本项目金额之和。单位成本是指成本计算期内各成本计算对象完成单位周转量的成本额。

各成本计算对象的降低额和降低率的计算公式如下：

成本降低额 = 上年度实际单位成本 × 本期实际周转量 − 本期实际总成本

成本降低率 = 成本降低额/(上年度实际单位成本 × 本期实际周转量) × 100%

其计算表格可按照表9-1进行。

表9-1 配送运输成本计算表

| 成本项目 | 运输工作组 | | | 合计 |
| --- | --- | --- | --- | --- |
| | 1组 | 2组 | 其他 | |
| 一、运营直接费用 | | | | |
| 　工资福利 | | | | |
| 　燃料 | | | | |
| 　轮胎 | | | | |
| 　修理费 | | | | |
| 　折旧 | | | | |
| 　养路费 | | | | |
| 　税费 | | | | |
| 二、运营间接费用 | | | | |
| 三、运输总成本 | | | | |
| 四、周转量 | | | | |
| 五、单位成本 | | | | |
| 六、成本降低率 | | | | |

2. 分拣成本的核算

分拣成本是指分拣机械及人工在完成货物分拣过程中所发生的各种费用。

1）分拣成本项目和内容

（1）分拣直接费用。分拣直接费用包括：工资，指按规定支付给分拣作业工人的标准工资、奖金、津贴等；职工福利费，指按规定的工资总额和提取标准计提的职工福利费；修理费，指分拣机械进行保养和修理所发生的费用；折旧费，指分拣机械按规定计提的折旧费；其他费用，指不属于以上各项的费用。

（2）分拣间接费用。这是指配送分拣管理部门为管理和组织分拣生产，需要由分拣成本负担的各项管理费用和业务费用。

上述分拣直接费用和间接费用构成了配送环节的分拣成本。

2）分拣成本的计算方法

配送环节分拣成本的计算方法，是指分拣过程中所发生的费用，按照规定的成本计算对象和成本项目计入分拣成本的方法。

（1）工资及职工福利费。根据"工资分配汇总表"和"职工福利费计算表"中分配的金额计入分拣成本。

（2）修理费。辅助生产部门对分拣机械进行保养和修理的费用，根据"辅助生产费用分配表"中分配的分拣成本金额计入成本。

（3）折旧费。根据"固定资产折旧计算表"中按照分拣机械提取的折旧金额计入成本。

（4）其他。根据"低值易耗品发出凭证汇总表"中分拣成本领用的金额计入成本。

（5）分拣间接费用。根据"配装管理费用分配表"计入分拣成本。

3）分拣成本计算表

物流配送企业月末应编制配送分拣成本计算表，以反映配送分拣总成本，见表9-2。

表9-2 配送分拣成本计算表

| 成本项目 | 分拣品种 | | | 合计 |
|---|---|---|---|---|
|  | 货物1 | 货物2 | 其他货物 |  |
| 一、分拣直接费用 |  |  |  |  |
| 　工资福利 |  |  |  |  |
| 　材料 |  |  |  |  |
| 　折旧 |  |  |  |  |
| 　修理费 |  |  |  |  |
| 　其他费用 |  |  |  |  |
| 二、分拣间接费用 |  |  |  |  |
| 　分拣总成本 |  |  |  |  |

3. 配装成本的计算

配装成本是指在完成配装货物的过程中所发生的各种费用。

1）配装成本项目和内容

（1）配装直接费用。配装直接费用包括：工资，指按规定支付的配装作业工人的标准工资、奖金、津贴；职工福利费，指按规定的工资总额和提取标准计提的职工福利费；材料费用，指配装过程中消耗的各种材料，如包装纸、箱、塑料等；辅助材料，指配装过程中耗用的辅助材料，如标志、标签等；其他费用，指不属于以上各项的费用，如配装工人的劳保用品费等。

（2）配装间接费用。这是指配送配装管理部门为管理和组织配装生产所发生的各项费用，由配装成本负担的各项管理费用和业务费用。

上述配装直接费用和配装间接费用构成了配装成本。

2）配装成本的计算方法

配送环节的配装活动是配送的独特要求，其成本的计算方法，是指配装过程中所发生的费用按照规定的成本计算对象和成本项目进行计算的方法。

（1）工资及福利费。根据"工资分配汇总表"和"职工福利费计算表"中分配的配装成本的金额计入成本。

"职工福利费计算表"是依据"工资结算汇总表"确定的各类人员工资总额，按照规定的提取比例计算后编制的。

（2）材料费用。根据"材料发出凭证汇总表""领料单"及"领料登记表"等原始凭证，将配装成本耗用的金额计入成本。

直接材料费用中，材料费用数额是根据领料凭证汇总编制"耗用材料汇总表"确定的；在归集直接材料费用时，凡能分清某一成本计算对象的费用，应单独列出，以便直接计入该配装对象的成本计算单中；属于几个配装成本对象共同耗用的直接材料费用，应当选择适当的方法，分配计入各配装成本计算对象的成本计算单中。

（3）辅助材料费用。根据"材料发出凭证汇总表""领料单"中的金额计入成本。

（4）其他费用。根据"材料发出凭证汇总表""低值易耗品发出凭证"中配装成本领用的金额计入成本。

(5) 配装间接费用。根据"配装间接费用分配表"计入配装成本。

物流配送企业月末应编制配送环节配装成本计算表,以反映配装过程中发生的成本费用总额。配装作业是配送的独特要求,只有进行有效的配装,才能提高送货水平,降低送货成本。

#### 4. 流通加工成本的核算

1) 流通加工成本项目和内容

(1) 直接材料费。流通加工的直接材料费用是指对流通加工产品加工过程中直接消耗的材料、辅助材料、包装材料以及燃料和动力等费用。与工业企业相比,在流通加工过程中的直接材料费用,占流通加工成本的比例不大。

(2) 直接人工费用。流通加工成本中的直接人工费用,是指直接进行加工生产的工人的工资总额和按工资总额提取的职工福利费。生产工人工资总额包括计时工资、计件工资、奖金、津贴和补贴、加班工资、非工作时间的工资等。

(3) 制造费用。流通加工制造费用是物流中心设置的生产加工单位为组织和管理生产加工所发生的各项间接费用。主要包括流通加工生产单位管理人员的工资及提取的福利费,生产加工单位房屋、建筑物、机器设备等的折旧和修理费、生产单位固定资产租赁费、机物料消耗、低值易耗品摊销、取暖费、水电费、办公费、差旅费、保险费、试验检验费、季节性停工和机器设备修理期间的停工损失以及其他制造费用。

2) 流通加工成本项目的归集

(1) 直接材料费用的归集。直接材料费用中,材料和燃料费用数额是根据全部领料凭证汇总编制的"耗用材料汇总表"确定的;外购动力费用是根据有关凭证确定的。

在归集直接材料费用时,凡能分清某一项成本计算对象的费用,应单独列出,以便直接计入该加工对象的成本计算单中;属于几个加工成本对象共同耗用的直接材料费用,应当选择适当的方法,分配计入各加工成本计算对象的成本计算单中。

(2) 直接人工费用的归集。计入成本中的直接人工费用的数额,是根据当期"工资结算汇总表"和"职工福利费计算表"来确定的。

"工资结算汇总表"是进行工资结算和分配的原始依据。它是根据"工资结算单"按人员类别(工资用途)汇总编制的。"工资结算单"应当依据职工工作卡片、考勤记录、工作量记录等工资计算的原始记录编制。

"职工福利费计算表"是依据"工资结算汇总表"确定的各类人员工资总额,按照规定的提取比例计算后编制的。

(3) 制造费用的归集。制造费用是通过设置制造费用明细账,按照费用发生的地点来归集的。制造费用明细账按照加工生产单位开设,并按费用明细账项目设专栏组织核算。流通加工制造费用表的格式可以参考工业企业的制造费用表的一般格式。由于流通加工环节的折旧费用、固定资产修理费用等占成本比例较大,其费用归集尤其重要。

3) 流通加工成本计算表

配送环节的流通加工成本是指成本计算期内成本计算对象的成本总额,即各个成本项目金额的总和。物流配送企业月末应编制流通加工成本计算表,以反映配送总成本和单位成本。其计算表格可按照表9-3进行。

表9-3 配送加工成本计算表

| 项目 | 流通加工品种 | | | 合计 |
| --- | --- | --- | --- | --- |
|  | 甲产品 | 乙产品 | 其他产品 |  |
| 一、加工直接费用 |  |  |  |  |
| 　工资福利 |  |  |  |  |
| 　材料 |  |  |  |  |
| 　折旧 |  |  |  |  |
| 　维护保养费 |  |  |  |  |
| 　其他费用 |  |  |  |  |
| 二、加工间接费用 |  |  |  |  |
| 加工总成本 |  |  |  |  |

【任务操作】

去某一家企业实地调查企业的配送成本主要项目，以及配送成本产生的主要环节。

## 任务3　配送成本的优化

在各项物流成本中，配送费用比例也是较高的，降低配送费用对降低物流成本，提高物流效益有着主要的作用。

### 一、配送合理化的判断标志

对于配送合理化与否的判断，是配送决策系统的重要内容，目前国内外尚无一定的技术经济指标体系和判断方法，按一般认识，以下若干标志是应当纳入的。

1. 库存标志

库存是判断配送合理与否的重要标志。具体指标有以下两方面。

1）库存总量

库存总量指一个配送系统中，配送中心的库存量加上系统中各个用户的库存量的总和。经过配送优化，配送中心库存数量加上各用户在实行配送后库存量之和应低于实行配送前各用户库存量之和，从而实现库存总量的下降。

库存总量是一个动态的量，上述比较应当是在一定生产规模的前提下。在用户生产有发展之后，库存总量的上升则反映了经营的发展，必须扣除这一因素，才能对总量是否合理做出正确的判断。

2）库存周转

由于配送企业的调控作用，以较低库存保持较强的供应能力，库存周转速度一般总是快于原来企业库存周转速度。

为了取得共同比较基准，以上库存标志都以库存储备资金计算，而不以实际物资数量计算。

2. 资金标志

总的来讲，实行配送应有利于资金占用率的降低及资金运转的科学化。具体判断标志如下。

1）资金总量

用于资源筹措所占用流动资金总量，随储备总量的下降及供应方式的改变必然有一个较大的降低。

2）资金周转

从资金周转来讲，由于整个节奏加快，资金充分发挥作用，同样数量的资金，过去需要较长时期才能满足一定供应要求，配送之后，在较短时期内就能达此目的。所以资金周转是否加快，是衡量配送合理与否的标志。

3）资金投向的改变

资金分散投入还是集中投入，是资金调控能力的重要反映。实行配送后，资金必然应当从分散投入改为集中投入，以增加调控作用。

3. 成本和效益

总效益、宏观效益、微观效益、资源筹措成本都是判断配送合理化的重要标志。对于不同的配送方式，可以有不同的判断侧重点。例如，配送企业、用户都是各自独立的以利润为中心的企业，不但要看配送的总效益，而且还要看对社会的宏观效益及两个企业的微观效益，忽视任何一方，都必然导致不合理。又例如，如果配送是由用户集团自己组织的，配送主要强调保证能力和服务性，那么，效益主要从总效益、宏观效益和用户集团企业的微观效益来判断，不必过多顾及配送企业的微观效益。

4. 供应保证标志

实行配送，各用户的最大担心是害怕供应保证程度降低，这是个心态问题，也是承担风险的实际问题。

配送的重要一点是必须提高而不是降低对用户的供应保证能力，才算实现了合理。供应保证能力可以从以下方面判断。

1）缺货次数

实行配送后，对各用户来讲，该到货而未到货以致影响用户生产及经营的次数，必须下降才算合理。

2）配送企业集中库存量

对每一个用户来讲，其数量所形成的保证供应能力高于配送前单个企业保证程度，从供应保证来看才算合理。

3）供应保障能力

即时配送的能力及速度是用户出现特殊情况的特殊供应保障方式，这一能力必须高于未实行配送前用户紧急进货能力及速度才算合理。

特别需要强调一点，配送企业的供应保障能力，是一个科学、合理的概念，而不是无限的概念。具体来讲，如果供应保障能力过高，超过了实际的需要，属于不合理。所以追求供应保障能力的合理化也是有限度的。

5. 社会运力节约标志

末端运输是目前运能、运力使用不合理，浪费较大的领域，因而人们寄希望于配送来解决这个问题。这也成了配送合理化的重要标志。

运力使用的合理化是依靠送货运力的规划和整个配送系统的合理流程及与社会运输系统合理衔接实现的。送货运力的规划是任何配送中心都需要花力气解决的问题，而其他问题有赖于配送及物流系统的合理化，判断起来比较复杂。可以简化判断如下。

（1）社会车辆总数减少，而承运量增加为合理。
（2）社会车辆空驶减少为合理。
（3）一家一户自提自运减少，社会化运输增加为合理。

6. 用户企业仓库、供应、进货人力物力节约标志

配送的重要观念是以配送代劳用户。因此，实行配送后，各用户库存量、仓库面积、仓库管理人员减少为合理；用于订货、接货、供应的人应减少才为合理。真正解除了用户的后顾之忧，配送的合理化程度则可以说已达到一定水平。

7. 物流合理化标志

配送必须有利于物流合理，可以从以下几方面判断。

（1）是否降低了物流费用。
（2）是否减少了物流损失。
（3）是否加快了物流速度。
（4）是否发挥了各种物流方式的最优效果。
（5）是否有效衔接了干线运输和末端运输。
（6）是否不增加实际的物流中转次数。
（7）是否采用了先进的技术手段。

物流合理化的问题是配送要解决的大问题，也是衡量配送本身的重要标志。

## 二、配送合理化的方法

对配送的管理就是在配送的目标即满足一定的顾客服务水平与配送成本之间寻求平衡：在一定的配送成本下尽量提高顾客服务水平，或在一定的顾客服务水平下使配送成本最小。

1. 混合策略

混合策略是指配送业务一部分由企业自身完成，另一部分则外包给第三方物流公司完成。这种策略的基本思想是，尽管采用纯策略（即配送活动要么全部由企业自身完成，要么完全外包给第三方物流完成）易形成一定的规模经济，并使管理简化，但由于产品品种多变、规格不一、销量不等等情况，采用纯策略的配送方式如果超出一定程度，不仅不能取得规模效益，反而还会造成规模不经济。而采用混合策略，合理安排企业自身完成的配送和外包给第三方物流完成的配送，能使配送成本最低。例如，美国一家干货生产企业为了满足遍及全美的1 000家连锁店的配送需要，建造了6座仓库，并拥有自己的车队。随着经营的发展，

企业决定扩大配送系统，计划在芝加哥投资 7 000 万美元再建一座新仓库，并配以新型的物料处理系统。该计划提交董事会讨论时，却发现这样不仅成本较高，而且就算仓库建起来也还是满足不了需要。于是，企业把目光投向租赁公共仓库，结果发现，如果企业在附近租用公共仓库，增加一些必要的设备，再加上原有的仓储设施，企业所需的仓储空间就足够了，但总投资只需 20 万元的设备购置费，10 万元的外包运费，加上租金，也远远没有 7 000 万元。

### 2. 差异化策略

差异化策略的指导思想是：产品特征不同，顾客服务水平也不同。当企业拥有多种产品线时，不能对所有产品都按照同一标准的顾客服务水平来配送，而应按照产品的特点、销售水平，来设置不同的库存、不同的运输方式以及不同的储存地点，忽视产品的差异性会增加不必要的配送成本。例如，一家生产化学品添加剂的公司，为了降低成本，按照各种产品的销售量比重进行分类：A 类产品的销售量占总销售量的 70% 以上，B 类产品占 20% 左右，C 类产品占 10% 左右。对 A 类产品，公司在各销售网点都备有库存，B 类产品只在地区分销中心备有库存而在各销售网点不备有库存，C 类产品连地区分销中心都不设库存，仅在工厂的仓库才有存货。经过一段时间的运行，事实证明这种方法是成功的，企业总的配送成本下降了 20% 之多。

### 3. 合并策略

合并策略包含两个层次，一是配送方法上的合并；另一个则是共同配送。

#### 1）配送方法上的合并

企业在安排车辆完成配送任务时，充分利用车辆的容积和载重量，做到满载满装，是降低成本的重要途径。由于产品品种繁多，不仅包装形态、储运性能不一，在容重方面，往往也相差甚远。一车上如果只装容重大的货物，往往是达到了载重量，但容积空余很多；只装容重小的货物则相反，看起来车装得满，实际上并未达到车辆载重量。这两种情况实际上都造成了浪费。实行合理的轻重配装、容积大小不同的货物搭配装车，就可以不但在载重方面达到满载，而且也充分利用车辆的有效容积，取得最优效果。

#### 2）共同配送

共同配送是一种产权层次上的共享，也称集中协作配送。它是几个企业联合集小量为大量共同利用同一配送设施的配送方式，其标准运作形式是：在中心机构的统一指挥和调度下，各配送主体以经营活动或以资产为纽带联合行动，在较大的地域内协调运作，共同对某一个或某几个客户提供系列化的配送服务。这种配送有如下两种情况。

（1）中小生产、零售企业之间分工合作实行共同配送，即同一行业或在同一地区的中小型生产、零售企业单独进行配送的运输量少、效率低的情况下进行联合配送，不仅可减少企业的配送费用，使配送能力得到互补，而且有利于缓和城市交通拥挤，提高配送车辆的利用率。

（2）几个中小型配送中心之间的联合，针对某一地区的用户，由于各配送中心所配物资数量少、车辆利用率低等原因，几个配送中心将用户所需物资集中起来，共同配送。

4. 延迟策略

传统的配送计划安排中，大多数的库存是按照对未来市场需求的预测量设置的，这样就存在预测风险，当预测量与实际需求量不符时，就出现库存过多或过少的情况，从而增加配送成本。延迟策略的基本思想就是对产品的外观、形状及其生产、组装、配送应尽可能推迟到接到顾客订单后再确定。一旦接到订单就要快速反应，因此采用延迟策略的一个基本前提是信息传递要非常快。一般来说，实施延迟策略的企业应具备以下几个基本条件。

（1）产品特征：模块化程度高，产品价值密度大，有特定的外形，产品特征易于表述，定制后可改变产品的容积或重量。

（2）生产技术特征：模块化产品设计，设备智能化程度高，定制工艺与基本工艺差别不大。

（3）市场特征：产品生命周期短，销售波动性大，价格竞争激烈，市场变化大，产品的提前期短。

实施延迟策略常采用两种方式：生产延迟（或称形成延迟）和物流延迟（或称时间延迟），而配送中往往存在加工活动，所以实施配送延迟策略既可采用形成延迟方式，也可采用时间延迟方式。具体操作时，常常发生在诸如贴标签（形成延迟）、包装（形成延迟）、装配（形成延迟）和发送（时间延迟）等领域。美国一家生产金枪鱼罐头的企业就通过采用延迟策略改变配送方式，降低了库存水平。这家企业为了提高市场占有率，曾针对不同的市场设计了几种品牌，产品生产出来后运到各地的分销仓库储存起来。由于顾客偏好不一，几种品牌的同一产品经常出现某种品牌的畅销而缺货，而另一些品牌却滞销压仓。为了解决这个问题，该企业改变以往的做法，在产品出厂时都不贴标签就运到各分销中心储存，当接到各销售网点的具体订货要求后，才按各网点指定的品牌标志贴上相应的标签，这样就有效地解决了矛盾，从而降低了库存。

5. 标准化策略

标准化策略就是尽量减少因品种多变而导致附加配送成本，尽可能多地采用标准零部件、模块化产品。如服装制造商按统一规格生产服装，直到顾客购买时才按顾客的身材调整尺寸大小。采用标准化策略要求厂家从产品设计开始就要站在消费者的立场去考虑如何节省配送成本，而不要等到产品定型生产出来了才考虑采用什么技巧降低配送成本。

 项目小结

本项目首先主要介绍了配送的基本内容，如配送的组织形式和配送流程，在此基础详细阐述了配送成本由配送运输费用、分拣费用、配装费用及流通加工等构成，以及配送成本各项费用如何分类核算；最后介绍了配送成本的优化策略。

## 项目实训

### 城市共同配送

【实训背景】

2013年3月5日《财政部办公厅 商务部办公厅关于组织申报城市共同配送试点的通知》（财办建〔2013〕21号），决定自2013年起在现代服务业综合试点工作中启动实施城市共同配送试点。

【实训目的】

1. 使学生能和实际结合，了解相关政策。
2. 开展城市共同配送的益处。

【实训准备】

1. 了解城市共同配送的相关政策和法规。
2. 了解某个城市共同配送的情况。

【实训步骤】

1. 两人一组。
2. 以某个城市为例，城市共同配送实施前和后的对比分析。
3. PPT演示文稿汇报。

## 思考与练习

一、单项选择题

1. 配送活动离不开运输但在整个运输过程中它是处于（　　）的地位。
   A. 主要运输　　　B. 主干运输　　　C. 二次运输　　　D. 远程运输
2. 配送企业的地位是（　　）地位。
   A. 服务　　　　　B. 主导　　　　　C. 从属　　　　　D. 领导
3. 将物品按品种、规格、出入库先后顺序进行分门别类堆放的作业属于（　　）。
   A. 配装　　　　　B. 分拣　　　　　C. 堆码　　　　　D. 配送
4. 配送运输属于运输中的末端运输、支线运输。它的特点是（　　）。
   A. 运距较长　　　　　　　　　　　B. 规模较大
   C. 频度不高　　　　　　　　　　　D. 以汽车为主要运输工具

二、多项选择题

1. 根据配送流程及配送环节，配送成本实际上包含（　　）。

A. 配送运输费用　　B. 分拣费用　　　C. 配装费用　　　D. 储存费用
E. 流通加工费用
2. 配送合理化的策略有(　　)。
A. 混合策略　　　B. 差异化策略　　C. 标准化策略　　D. 延迟策略
E. 合并策略

三、判断题
1. 相同配送模式下配送成本的构成是相同的。　　　　　　　　　　　(　　)
2. 即时配送是指完全按照用户提出的配送要求即时进行的配送方式。(　　)

四、思考题
1. 什么是物流配送？物流配送主要有哪些服务方式？
2. 配送作业的基本环节有哪些？
3. 联系实际简述配送成本控制的策略。

五、案例分析

## 沃尔玛成功的利器

沃尔玛公司作为世界上最大的商业零售企业如何能在销售收入上超过"制造之王"的汽车工业，超过世界所有的银行、保险公司等金融机构，超过引领"新经济"的信息企业，已成为各方关注的焦点。

1. 配送设施是成功的关键

沃尔玛前任总裁大卫·格拉斯这样总结："配送设施是沃尔玛成功的关键之一，如果说我们有什么比别人干得好的话，那就是配送中心。"

沃尔玛公司1962年建立第一个连锁店(图9.2)。随着连锁店铺数量的增加和销售额的增长，物流配送逐渐成为企业发展的瓶颈。于是，1970年沃尔玛在公司总部所在地建立起第一间配送中心，集中处理公司所销商品的40%。随着公司的不断发展壮大，配送中心的数量也不断增加。到现在该公司已建立62个配送中心，为全球4 000多个连锁店提供配送服务。整个公司销售商品85%由这些配送中心供应，而其竞争对手只有50%~65%的商品集中配送。

图9.2　沃尔玛连锁店

其配送中心的基本流程是：供应商将商品送到配送中心后，经过核对采购计划、进行商品检验等程序，分别送到货架的不同位置存放。连锁店提出要货计划后，电脑系统将所需商品的存放位置查出，并打印有商店代号的标签。整包装的商品直接由货架上送往传送带，零散的商品由工作台人员取出后也送到传送带上。一般情况下，商店要货的当天就可以将商品送出。

沃尔玛公司共有以下六种形式的配送中心。

（1）"干货"配送中心，主要用于生鲜食品以外的日用商品进货、分装、储存和配送，该公司目前这种形式的配送中心数量很多。

（2）食品中心，包括不易变质的饮料等食品，以及易变质的生鲜食品等，需要有专门的冷藏仓储和运输设施，直接送货到店。

（3）山姆会员店配送中心，这种业态批零结合，有1/3的会员是小零售商，配送商品的内容和方式同其他业态不同，使用独立的配送中心。

（4）服装配送中心，不直接送货到店，而是分送到其他配送中心。

（5）进口商品配送中心，为整个公司服务，主要作用是大量进口以降低进价，再根据要货情况送往其他配送中心。

（6）退货配送中心，接收店铺因各种原因退回的商品，其中一部分退给供应商，一部分送往折扣商店，一部分就地处理，其收益主要来自出售包装箱的收入和供应商支付的手续费。

如今，沃尔玛在美国拥有100%的物流系统，配送中心已是其中一部分，沃尔玛完整的物流系统不仅包括配送中心，还有更为复杂的资料输入采购系统、自动补货系统等。

2. 高新技术助力发轫

为了满足美国国内3 000多个连锁店的配送需要，沃尔玛公司在国内共有近3万个大型集装箱挂车，5 500辆大型货运卡车，24小时昼夜不停地工作。每年的运输总量达到77.5亿箱，总行程6.5亿千米。合理调度如此规模的商品采购、库存、物流和销售管理，离不开高科技的手段。为此，沃尔玛公司建立了专门的电脑管理系统、卫星定位系统和电视高清系统，拥有世界第一流的先进技术。

沃尔玛公司总部只是一座普通的平房，但与其相连的计算机控制中心却是一座外貌同体育馆的庞然大物，公司的计算机系统规模在美国仅次于五角大楼（美国国防部），甚至超过了联邦航天局。全球4 000多个店铺的销售、订货、库存情况可以随时调出查问。公司同休斯公司合作，发射了专用卫星，用于全球店铺的信息传送与运输车辆的定位及联络。公司5 500辆运输卡车，全部装备了卫星定位系统，每辆车在什么位置、装载什么货物、目的地是什么地方，总部一目了然。可以合理安排运量和路程，最大限度地发挥运输潜力，避免浪费，从而降低了成本，提高了效率。

（资料来源：http://www.9956.cn/college/45797.html）

讨论：

1. 沃尔玛花巨资发射了一颗卫星，值得吗？为什么？
2. 以最佳的服务，最低的成本，提供最高质量的服务，沃尔玛做到了吗？
3. 建立自有车队有什么优、缺点？
4. 沃尔玛的哪些管理经验值得推广？

# 项目十

## 包装成本实务

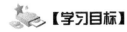
【学习目标】

| 知识目标 | 能力目标 |
| --- | --- |
| 1. 理解和掌握包装成本构成的具体内容；<br>2. 掌握包装成本核算的方法；<br>3. 理解包装成本优化的措施。 | 1. 能根据日常支出核算包装成本；<br>2. 能根据实际情况优化包装成本。 |

> **导入案例**

## 三星电子降低家电包装成本

在家电成本中,包装成本始终是不可忽视的一个重要环节,尤其是白色家电,如冰箱、空调和洗衣机,由于其体积相对其他产品较大,因此包装的成本一直占据着十分重要的一块。三星电子(图10.1)在科学研究包装箱的成本因素后发现,白色家电的包装成本还有很大的下降空间,并且包装物的变更并不会影响产品本身的品质,因此公司在充分保证产品在运输及存储方面的安全性后,针对自身实际情况,从两方面采取行动来推进包装物成本的下降。

图 10.1　三星电子 LOGO

1. 包装箱共用化方案实现了管理成本的下降

在三星电子,由于产品的型号较多,并且每个型号都会开发一个包装箱,这样就给公司的管理带来不便,同时也降低了包装纸箱供应商的生产效率和积极性。因为按照计划,每生产一个型号的产品,包装纸箱厂家就要按时生产出所需型号准确数量的包装箱,并及时送到产品包装生产线上,这样包装纸箱厂家就要根据不同型号纸箱不断变更丝网印刷,导致生产效率和积极性下降。有时,因为生产计划的变更,包装纸箱厂家不得不将送来的包装箱拉回,重新生产送货,这无形中增加了成本。基于这种情况给双方带来的不便,三星积极从宏观管理方面寻求突破,转而致力于包装箱共用化的开发,使一个系列的产品采用一种类型的包装箱。从设计、开发到生产的每一个生产过程都着眼于"共用"两个字,为此,公司专门制定了包装箱共用化方案,并在后期制定了包装箱共用化 Progress,同时还对现有包装设备进行了改造。

2. 对包装箱颜色的重新开发带来印刷成本的下降

基于销售和生产两方面的考虑,三星对原先四色及彩印的包装纸箱进行了颜色的重新开发。采取这一举措是因为经过公司市场部的调查发现,多数消费者在决定购买家电产品时,更为注重的是产品的品牌、质量、售后服务以及产品自身的外观、功能、性能、价格等,至于包装物的外观和颜色,绝大多数消费者都不会特别在意,而在实际生产中,包装箱每增加一种印刷颜色,就要换一套丝印及颜料,重新上色,再加上颜料本身的成本,使得彩色包装箱的成本远远高于单色包装箱。同时,环境问题也一直是各国关注的焦点,如何在工业化生产中减少污染,一直是三星公司考虑的重要因素,为此,公司从简约设计与简化流程入手,对纸箱外观进行了重新设计,将大多数普通型号和出口型号都改为单色印刷,降低了生产成本及原料的成本,在某种意义上也体现了环保理念。

通过以上两个方案,公司不但实现了预想的包装箱降价目标,而且管理和环保方面也都有所改善。

## 任务1　识别包装成本

### 一、包装

**1. 包装的含义**

包装作为企业产品的构成要素之一，与运输、保管、搬运、流通加工均有十分密切的关系。包装是生产的终点，同时又是物流的起点。合理的包装能够保护商品不受损坏，便于集中运输和储存以取得最佳的经济效益，同时还能分割及重新组合商品以适应多种装运条件及分货要求。

根据《中华人民共和国国家标准　包装术语》（GB/T 4122.1—2008），将包装定义为：为在流通过程中保护产品、方便储运、促进销售，按一定技术方法而采用的容器、材料及辅助物等的总体名称；也指为了达到上述目的而采用容器、材料和辅助物的过程中施加一定技术方法等的操作活动。具体而言，上述关于包装的定义包含了两层含义：一是静态的含义，指能合理容纳商品、抵抗外力、保护宣传商品、促进商品销售的物体，通常称作包装物，如纸盒（图10.2）、木箱等包装容器。二是动态的含义，指包裹、捆扎商品、保护商品的技术操作活动。

图10.2　各种纸质包装

包装既是社会生产的一种特殊商品，其本身具有价值和使用价值；同时又是构成商品的重要组成部分，是实现商品价值和使用价值的重要手段。包装的价值包含在商品的价值中，不但在出售商品时给予补偿，而且会因其特定的功能而得到超额补偿。

从现代物流发展的趋势来看，随着生产力的不断发展，市场经济体系的不断完善，社会分工越来越细，市场活动范围越来越大，对包装的要求会越来越高，不仅要求包装具有技术特性而且要有艺术特性。包装材料及包装技术将会有很大的发展空间，包装在物流系统中的作用将越来越受重视。

2. 包装的分类

包装的门类繁多，品种复杂，这是由于要适应各种物品性质的差异和不同运输工具等各种不同的要求和目的，使包装在设计、选料、包装技术、包装形态等方面出现了多样化。按不同的分类标准，包装的分类如下。

（1）按包装的功能，包装可分为物流包装和商业包装两个大类。

物流包装也称为工业包装，是以保护商品、方便运输为主要目的的包装，是一种外部包装（包含内部包装）。物流包装的主要作用是具有保护功能、定量或单位化功能、提效功能等。商业包装也叫零售包装或消费者包装，主要是根据零售业的需要，作为商品的一部分或为方便携带所做的内包装。商业包装的主要功能是定量功能、标识功能、商品功能、便利功能和促销功能，主要目的在于吸引顾客，扩大销售。

有些情况下，物流包装同时又是商业包装，比如装橘子的纸箱子（15kg装）应属物流包装，连同箱子出售时，也可以认为是商业包装。为使物流包装更加合理并促进销售，在有些情况下，也可以采用商业包装的办法来做物流包装，如家电用品就是兼有商业包装性质的物流包装。

（2）按包装的层次，包装可分为内包装和外包装两大类。

内包装又称销售包装，其作用与功能主要是：保护商品、宣传、美化、便于陈列、识别、选购、携带和使用。主要有陈列类（堆叠式、吊挂式、展开式）、识别类（透明式、开窗式、封闭式）和使用类（普通式、便携式、礼品式、易开式、喷挤式、复合式）。

外包装主要是方便运输、装卸和储运，减少损耗、牢固完整、便于检核。在包装中应选择合适的包装造型、材料、体积、轻重或印制条形码。外包装又有单件包装（箱、包、袋、捆、桶）和集合包装（集装包、集装箱、托盘）两类。

下面讨论的主要是与物流联系密切的外包装（工业包装），即物流包装。

## 二、物流包装的功能

在现代物流观念形成以前，包装被看成生产的终点，因而一直是生产领域的活动，包装的设计往往主要从生产终结的要求出发，因而常常不能满足流通的要求，增加了商品运输、销售过程中的成本。随着市场经济的发展，人们对包装的认识不断深化，尤其是物流业的出现，社会开始对包装赋予更新、更广的内容。作为物流的始点，包装在从生产领域转入流通领域的整个过程中起着非常重要的作用。其基本功能有保护功能、容纳功能、便利功能和促销功能。

1. 包装的保护功能

包装的保护功能就是指商品经过包装后，其性能可以免遭物流过程中各种外界因素的损害，商品的价值得以较好的维护，该项功能是包装最重要和最基本的功能。商品在装卸、运输、储存等物流环节中会受到冲击、振动、颠簸和摩擦等外力作用，在这些外力作用下，商品在物流过程中会出现擦伤、变形、破损、泄漏等现象，降低了商品价值和使用价值。例如，由于运输过程中剧烈的振动，商品在搬运过程中意外跌落；储存中的高层堆码，使底层物品负荷过大等情况都会降低商品的经济效益。其次，商品在物流过程中也会受到光、水和微生物等外界因素的影响而发生物理变化和化学变化，造成商品的开裂、变形、老化变质等现象，同样也损害商品的价值和使用价值。例如，气温的升高会导致商品的变质，湿度的变化会导致物品生锈或霉变，光照的变化会使得某些商品变硬或变脆。为了合理保护商品的性能，必须对商品进行适应物流作业的包装，以使商品的经济效益不因物流过程而受损。

2. 包装的容纳功能

包装的容纳功能是包装最基本的功能。许多商品没有一定的集合形态，如液体、气体和粉末状的商品，依靠包装的容纳功能而具有特定的商品形态，没有包装它们就无法运输、储存和销售。包装的容纳功能不仅有利于商品流通和销售，而且提高商品的价值和物流的效率。如对于质地疏松的商品，包装的容纳功能集合标准化和合理压缩，可充分利用包装容器，节约包装费用，节省储运空间，实现效用最大化；对于复杂结构的商品，包装的容纳功能能使其外形整齐划一，形成标准化单元，便于组合成较大包装，提高物流效率。

集合化功能是容纳功能的延伸，它是指包装能把许多个体或个别的包装物统一集合起来，化整为零，化分散为集中，这种集合的容纳不仅有利于商品运输，同时也可以减少流通费用。

3. 包装的便利功能

包装的便利功能是指包装应该能够为商品从生产领域向流通领域和消费领域转移提供一切方便。其内容主要包括方便运输、装卸、储存、分发、销售、识别、携带、开启、使用、回收、处理等。便利功能使商品与物流各环节具有广泛的适应性，使物流操作快捷、准确、可靠、便利。同时，包装提供的便利功能还应适合市场营销的需要，为消费者带来方便，有助于扩大商品销售。

4. 包装的促销功能

包装的促销功能主要指销售包装，它在商品和消费者之间起着媒介作用，通过美化商品和宣传商品，使商品具有吸引消费者的魅力，引起消费者的购买欲望，从而在一定程度上促进商品的销售。包装的促销功能是因为包装具有传达信息的功能、表现商品功能和美化商品功能而引起的。

## 三、物流包装技术

为了使包装的作用得到充分发挥，不但要选用合适的包装材料和容器，物流包装还须根据物流要求和商品特征采用相应的包装技术。物流包装技术体现为两方面：包装容器技术和包装保护技术。

1. 包装容器技术

1）包装袋

包装袋是柔性包装中的重要技术，该包装材料具有较高的韧性、抗拉强度和耐磨性，包装操作一般采用充填方式。包装袋广泛适用于运输包装、商业包装、内装、外装，液状、粉末状、块状和异形物的包装等。

2）包装盒

包装盒是介于刚性和柔性包装两者之间的包装技术。包装结构是规则几何形状的立方体，也可裁制成其他形状，如圆盒状、尖角状，一般容量较小，有开闭装置。包装盒不适合做运输包装，适合做商业包装、内包装，适合包装块状及各种异形物品。

3）包装箱

包装箱是刚性包装技术中的重要一类。包装材料有较高强度且不易变形。包装操作主要为码放。包装箱整体强度较高，抗变形能力强，包装量也较大，适合做运输包装、外包装等。常见包装箱有以下几种：瓦楞纸箱、木箱、塑料箱、集装箱。

4）包装瓶

包装瓶是瓶颈尺寸有较大差别的小型容器，是刚性包装中的一种。包装瓶包装量一般不大，适合美化装潢，主要做商业包装、内包装使用。主要包装液体、粉状货。包装瓶按外形可分为圆瓶、方瓶、高瓶、矮瓶、异形瓶等若干种。瓶口与瓶盖的封盖方式有螺纹式、凸耳式、齿冠式等。

5）包装罐（筒）

包装罐是罐身各处横截面形状大致相同，罐颈短，罐颈内径比罐身内颈稍小或无罐颈的一种包装容器，是刚性包装的一种。包装材料强度较高，罐体抗变形能力强。包装操作是装填操作，然后将罐口封闭，可做运输包装、外包装，也可做商业包装、内包装用。

2. 包装保护技术

1）缓冲保护技术

缓冲保护技术是指为了减缓内装物受到冲击和振动，保护其免受损坏所采取的一定防护措施的包装技术，又称防震、防破损包装技术。在各种包装方法中占有重要的地位。产品从生产出来到开始使用要经过一系列的运输、保管、堆码和装卸过程，置于一定的环境之中。在任何环境中都会有力的作用在产品之上，并使产品发生机械性损坏，为了防止产品遭受损坏，就要设法减小外力的影响。

2）防锈包装技术

防锈包装技术包括涂封防锈包装技术和气相防锈包装技术，主要作用是防止大气锈蚀的产生。大气锈蚀是空气中的氧、水蒸气及其他有害气体等作用于金属表面引起电化学作用的结果。涂封防锈包装技术就是在金属表面上涂上一层物质，隔绝金属与大气接触，从而防止锈蚀。气相防锈包装技术就是使用气相缓蚀剂（挥发性缓蚀剂），在密封包装容器中对金属制品进行防锈处理的技术。气相缓蚀剂是一种能减慢或完全停止金属在侵蚀性介质中的破坏过程的物质，从而起到抑制大气对金属的锈蚀作用。

3）防霉腐包装技术

在运输包装内装运食品和其他有机碳水化合物货物时，货物表面可能生长霉菌，在流通过程中如遇潮湿，霉菌生长繁殖极快，甚至伸延至货物内部，使其腐烂、发霉、变质，因此要采取特别的防护措施。防霉烂变质的措施，通常是采用冷冻包装、真空包装或高温灭菌方法。

4）防虫包装技术

防虫包装技术，常用的是驱虫剂，即在包装中放入有一定毒性和臭味的药物，利用药物在包装中挥发气体杀灭和驱除各种害虫。常用驱虫剂有萘、对位二氯化苯、樟脑精等。也可采用真空包装、充气包装、脱氧包装等技术，使害虫无生存环境，从而防止虫害。

5）危险品包装技术

危险品包装技术主要是针对有毒、易燃易爆及有腐蚀性的商品所采取一种特殊保护技术。对有毒商品的包装要明显地标明有毒的标志。防毒的主要措施是包装严密不漏、不透气。例如有机农药一类的商品应装入沥青麻袋，缝口严密不漏。对有腐蚀性的商品，要注意商品和包装容器的材质发生化学变化。例如甲酸易挥发，其气体有腐蚀性，应装入良好的耐酸坛、玻璃瓶或塑料桶中，严密封口，再装入坚固的木箱。对于易燃、易爆商品，应做好防燃、防爆措施。

6）特种包装技术

特种包装技术主要是指具有防霉、防腐和保鲜作用的技术，包括充气包装技术、真空包装技术、收缩包装技术、拉伸包装技术、脱氧包装技术等。

（1）充气包装是采用二氧化碳气体或氮气等不活泼气体置换包装容器中空气的一种包装技术方法，因此也称为气体置换包装。

（2）真空包装是将物品装入气密性容器后，在容器封口之前抽真空，使密封后的容器内基本没有空气的一种包装方法。

（3）收缩包装就是用收缩薄膜裹包物品（或内包装件），然后对薄膜进行适当加热处理，使薄膜收缩而紧贴于物品（或内包装件）的包装技术方法。

（4）拉伸包装是依靠机械装置在常温下将弹性薄膜围绕被包装件拉伸、紧裹，并在其末端进行封合的一种包装方法。

（5）脱氧包装是在密封的包装容器中，使用能与氧气起化学作用的脱氧剂与之反应，从而除去包装容器中的氧气，以达到保护内装物的目的。

【任务操作】

通过查找资料或实地考察，了解我国包装成本的总体状况及发展趋势。

## 任务2　包装成本的构成与核算

### 一、包装成本的构成

包装作为生产的终点和物流的起点，因而其包装的实施过程可能在生产企业，也可能在物流企业。无论其为工业包装还是商业包装，都需耗用一定的人力、物力和财力，对于大多数商品，只有经过包装，才能进入流通。据统计，包装费用占流通费用的10%，有些商品特别是生活消费品，其包装费用所占比例高达40%~50%。因而加强其包装费用的管理与核算，可以降低物流成本，进一步提高物流企业的经济效益。

1. 包装成本的构成

在包装过程中，包装成本主要由包装材料费用、包装机械费用、包装技术费用、包装人工费用及其他辅助费用构成，分别阐述如下。

1）包装材料费用

它是指各类物资在实施包装过程中，耗费在材料费用上的支出。常用的包装材料有木材、纸、金属、自然纤维、合成纤维、玻璃、塑料等，功能各不相同。企业必须根据各种物资的特性，选择适合的包装材料，既要达到包装效果，又要合理节约包装材料费用。包装材料的价值主要由买价、运杂费、合理损耗、税金等项目构成。包装材料费用的高低不仅取决于耗费的数量，还与购买价格有关。

2）包装机械费用

现代包装发展的标志之一就是包装机械的广泛使用，包装过程中使用机械作业可以极大地提高包装作业的劳动生产率，同时可以大幅度提高包装水平，也相应地提高了包装费用。使用包装机械（或工具）就会发生购置费用支出，日常维护保养费支出。每一个会计期间必须计提折旧费用，核算修理费用，这些都构成了物流企业的包装机械费用。

3）包装技术费用

为了使包装的功能充分发挥作用，达到最佳的包装效果，因而包装时，也需采用一定的技术措施。比如，实施缓冲包装、防潮包装、防霉包装等。企业不但要购买这些技术的设计、发生包装技术购置成本，而且在实施包装技术过程中，发生相应的人工支出，领用一定的材料及其他辅助工具，这些费用合称包装技术费用。

4）包装人工费用

在实施包装过程中，必须有工人或专业作业人员进行操作。对这些人员发放的计时工资、计件工资、奖金、津贴和补贴等各项费用支出，构成了包装人工费用支出。

5）其他辅助费用

除了上述主要费用以外，物流企业有时还会发生一些其他包装辅助费用，如包装标记、包装标志的印刷、低值易耗品的领用，燃料动力的消耗等。

2. 包装成本的归集

在会计核算上，包装费用按支付形态分为直接成本和间接成本。

1）包装直接成本

直接成本是指与包装直接相关联的各项支出，包含如下内容。

（1）工资福利。它是指按规定支付给包装工人的计件工资、加班工资、奖金、福利费用、工资性津贴等。

（2）材料费用。它是指包装过程中所耗用的主要材料、辅助材料、配件及周转材料的摊销等。

（3）修理费。它是指包装机械和包装工具在进行维护保养过程中所发生的人工、材料费用。企业可以对此项目预提，也可以将当期发生的费用直接归入本项目。

（4）折旧。它是指对包装机械在使用过程中发生损耗（包括有形损耗和无形损耗两种），而逐渐转移到包装成本的那部分价值，折旧按标准定期提取。

（5）租赁费用。它是指企业租入相应的包装机械进行作业，按合同支付的租金。

（6）工具费。它是指包装作业中所领用低值易耗品的摊销额及修理费。

（7）设计费。它是指对包装物采取保护措施而发生的包装设计费用。这项费用可以是自创，也可以是外购。

（8）其他直接成本，指包装过程中所发生不属于上述项目的包装直接费用。例如临时设施摊销费、检验测试费、机械损坏费、材料损耗费等。

2）包装间接成本

包装间接成本是指不能直接归属包装成本核算对象，需要分摊的各项开支，主要有包装作业的办公费、水电费、差旅费及劳动保护费用等。

## 二、包装成本的核算

包装成本的计算，对于直接费用，依据各种凭证汇总表、分配表及有关原始凭证直接计入包装成本，如包装作业中的人工费、材料费用、折旧、修理费、设计费等费用，对于间接费用，可通过一定的方法分配计入，如对于包装作业过程中的组织、经营管理等方面发生的费用。

1. 工资福利

包装成本中的直接人工费用的数额，是根据当期"工资结算汇总表"和"职工福利费计算表"来确定的。

"工资结算汇总表"是进行工资结算和分配的原始依据。它是根据"工资结算单"按人员类别（工资用途）汇总编制的。"工资结算单"应当依据职工工作卡片、考勤记录、工作量记录等工资计算的原始记录编制。

"职工福利费计算表"是依据"工资结算汇总表"确定的各类人员工资总额，按照规定的提取比例计算后编制的。

2. 材料费用

直接材料费用中，材料费用数额是根据全部领料凭证汇总编制的"耗用材料汇总表"确定的；外购动力费用是根据有关凭证确定的。

在归集直接材料费用时，凡能分清某一成本计算对象的费用，应单独列出，以便直接计入该加工对象的成本计算单中；属于几个加工成本对象共同耗用的直接材料费用，应当选择适当的方法，分配计入各加工成本计算对象的成本计算单中。

企业的包装材料除少数由企业自制外，大多是外购。外购包装材料的成本构成如下。

（1）买价：购买材料时的发票价格。

（2）运杂费：运输费、装卸搬运费、保险费、包装费、仓储费等。

(3) 运输和储存中的合理损耗。

(4) 入库前的挑选整理费用(包括整理中发生的费用支出)。

(5) 购入材料应负担的税金和其他费用。企业在购入各种材料后,应分清各种材料的采购成本。

【例 10-1】某食品公司向一家包装材料生产厂家购入三种包装材料,甲材料 5 000 千克,每千克 10 元;乙材料 10 000 千克,每千克 15 元;丙材料 15 000 千克,每千克 8 元。由一家物流公司将三种材料送往食品公司,共发生运杂费用 3 000 元。试核算各种材料的采购成本。

由于运杂费是发生在一起的,因此必须按某种比例分摊,这里按照重量比例分摊。

分配率 = 运杂费/(甲材料重量 + 乙材料重量 + 丙材料重量) = 3 000/(5 000 + 10 000 + 15 000) = 0.1

甲材料应负担的运杂费 = 5 000 × 0.1 = 500(元)

乙材料应负担的运杂费 = 10 000 × 0.1 = 1 000(元)

丙材料应负担的运杂费 = 15 000 × 0.1 = 1 500(元)

各种材料的采购成本分别为

甲材料的采购成本 = 5 000 × 10 + 500 = 50 500(元)

乙材料的采购成本 = 10 000 × 15 + 1 000 = 151 000(元)

丙材料的采购成本 = 15 000 × 8 + 1 500 = 121 500(元)

企业在不同时期购买的材料、不同批次的材料以及向不同单位购买的材料,其单价往往是不同的。因此在每次发料时,就存在到底按哪一种单价计价的问题。企业可以根据情况,选择下列方法计价。

1) 先进先出法

此方法是以先购入的材料先使用为假设前提,每次发出材料的单价,要按库存材料中最先购入的那批材料的实际单价计价(表 10-1)。采用这种方法要求分清所购每批材料的数量和单价。在发出材料时,除应逐笔登记发出数量外,还要登记余额,并结出结存的数量和金额。采用这种方法,其优点是使企业不能随意挑选材料计价以调整当期利润,有利于均衡核算工作。缺点是核算工作量比较烦琐。而且当物价上涨时,会高估企业当期利润和库存材料价值。在物价持续下跌时,又会使计入产品成本的材料费用偏高,导致低估企业期末库存材料价值和当期利润。

表 10-1 某种材料采用先进先出法计算发出材料和期末材料的成本

| 2014 年 | | 摘 要 | 收 入 | | | 发 出 | | | 结 存 | | |
| --- | --- | --- | --- | --- | --- | --- | --- | --- | --- | --- | --- |
| 月 | 日 | | 数量/kg | 单价/(元/kg) | 金额/元 | 数量/kg | 单价/(元/kg) | 金额/元 | 数量/kg | 单价/(元/kg) | 金额/元 |
| 12 | 1 | 期初 | — | — | — | — | — | — | 500 | 40 | 20 000 |
| 12 | 8 | 购入 | 1 000 | 50 | 50 000 | | | | 500 | 40 | 20 000 |
| | | | | | | | | | 1 000 | 50 | 50 000 |
| 12 | 12 | 发出 | | | | 500 | 40 | 20 000 | 500 | 50 | 25 000 |
| | | | | | | 500 | 50 | 25 000 | | | |

续表

| 2014年 | | 摘要 | 收入 | | | 发出 | | | 结存 | | |
|---|---|---|---|---|---|---|---|---|---|---|---|
| 月 | 日 | | 数量/kg | 单价/(元/kg) | 金额/元 | 数量/kg | 单价/(元/kg) | 金额/元 | 数量/kg | 单价/(元/kg) | 金额/元 |
| 12 | 15 | 购入 | 800 | 45 | 36 000 | | | | 500 | 50 | 25 000 |
| | | | | | | | | | 800 | 45 | 36 000 |
| 12 | 18 | 发出 | | | | 500 | 50 | 25 000 | 500 | 45 | 22 500 |
| | | | | | | 300 | 45 | 13 500 | | | |
| 12 | 25 | 购入 | 500 | 50 | 25 000 | | | | 500 | 45 | 22 500 |
| | | | | | | | | | 500 | 50 | 25 000 |
| 12 | 31 | 本月合计 | 2 300 | | 101 000 | 1 800 | | 83 500 | 500 | 45 | 22 500 |
| | | | | | | | | | 500 | 50 | 25 000 |

2）后进先出法

与先进先出法相反，此方法是以最后购入的材料先使用为假设前提，每次发出材料的单价，要按库存材料中最后购入的那批材料的实际单价计价。采用这种方法要求分清所购每批材料的数量和单价。在发出材料时，除应逐笔登记发出数量外，还要登记余额，并结出结存的数量和金额。

采用这种方法计算出来的发出材料的成本比较接近现行成本，物价持续上涨时，会使企业高估成本，低估利润，这种做法比较符合谨慎性原则。

3）全月一次加权平均法

全月一次加权平均法是以账面月初的结存材料金额与本月购买入库的材料金额之和，除以月初结存材料数量与全月收入材料数量之和，算出以数量为权数的材料平均单价，从而确定材料的发出和库存成本，这种平均单价每月月末计算一次（表10-2）。计算公式为：

材料月末加权平均单价 =（月初结存材料金额 + 全月收入材料金额）/（月初结存材料数量 + 全月收入材料数量）

$$本月发出材料成本 = 本月发出材料数量 \times 材料加权平均单价$$

$$月末库存材料成本 = 本月发出材料数量 \times 材料加权平均单价$$

表10-2　某种材料采用全月一次加权平均法计算发出材料和期末材料的成本

| 2014年 | | 摘要 | 收入 | | | 发出 | | | 结存 | | |
|---|---|---|---|---|---|---|---|---|---|---|---|
| 月 | 日 | | 数量/kg | 单价/(元/kg) | 金额/元 | 数量/kg | 单价/(元/kg) | 金额/元 | 数量/kg | 单价/(元/kg) | 金额/元 |
| 12 | 1 | 期初 | — | — | — | — | — | — | 500 | 40 | 20 000 |
| 12 | 8 | 购入 | 1 000 | 50 | 50 000 | | | | 1 500 | | |
| 12 | 12 | 发出 | | | | 1 000 | | | 500 | | |
| 12 | 15 | 购入 | 800 | 45 | 36 000 | | | | 1 300 | | |
| 12 | 18 | 发出 | | | | 800 | | | 500 | | |
| 12 | 25 | 购入 | 500 | 50 | 25 000 | | | | 1 000 | | |
| 12 | 31 | 合计 | 2 300 | | 111 000 | 1 800 | 46.79 | 84 214 | 1 000 | 46.79 | 46 786 |

材料月末加权平均单价 = (20 000 + 111 000)/(2 300 + 500) = 46.79(元)
本月发出材料成本 = 1 800 × 46.79 = 84 214(元)
月末库存材料成本 = 1 000 × 46.79 = 46 786(元)

采用加权平均法只在月末一次计算加权平均单价，可以大大简化核算工作，而且在市场价格上涨或下跌时所计算出来的单位成本平均化，对材料成本的分摊较为折中。但是这种方法平时在账上无法提供发出和结存材料的单价和金额，不利于材料的日常管理。同时，材料计价工作集中在月末进行，容易影响材料核算工作的均衡性和及时性。该方法适宜于各期材料成本变化不大的情况。

4）移动加权平均法

移动加权平均法是以原结存材料金额与本批材料收入金额之和，除以原结存材料数量与本批收入材料数量之和，算出以数量为权数的材料平均单价，作为日常发料的单价。收入材料单价变动一次，就要计算一次加权平均单价（表10-3）。其计算公式为：

移动加权平均单价 = （原结存材料金额 + 本批收入材料金额）/（原结存材料数量 + 本批收入材料数量）

表10-3 某种材料采用移动加权平均法计算发出材料和期末材料的成本

| 2014年 | | 摘要 | 收入 | | | 发出 | | | 结存 | | |
|---|---|---|---|---|---|---|---|---|---|---|---|
| 月 | 日 | | 数量/kg | 单价/(元/kg) | 金额/元 | 数量/kg | 单价/(元/kg) | 金额/元 | 数量/kg | 单价/(元/kg) | 金额/元 |
| 12 | 1 | 期初 | — | — | — | — | — | — | 500 | 40 | 20 000 |
| 12 | 8 | 购入 | 1 000 | 50 | 50 000 | | | | 1 500 | 46.67 | 70 000 |
| 12 | 12 | 发出 | | | | 1 000 | 46.67 | 46 670 | 500 | 46.67 | 23 335 |
| 12 | 15 | 购入 | 800 | 45 | 36 000 | | | | 1 300 | 45.64 | 59 335 |
| 12 | 18 | 发出 | | | | 800 | 45.64 | 36 512 | 500 | 45.64 | 22 820 |
| 12 | 25 | 购入 | 500 | 50 | 25 000 | | | | 1 000 | 47.82 | 47 820 |
| 12 | 31 | 合计 | 2 300 | | 101 000 | 1 800 | | 83 182 | 1 000 | 47.82 | 47 820 |

8日第一批收料后的平均单价 = (20 000 + 50 000)/(500 + 1 000) = 46.67(元)
15日第二批收料后的平均单价 = (23 335 + 36 000)/(500 + 800) = 45.64(元)
25日第三批收料后的平均单价 = (22 820 + 25 000)/(500 + 500) = 47.82(元)

采用这种计价方法，可以均衡材料核算工作，有利于材料的日常管理，而且计算出平均单价比较客观。但在材料收入批数较多的情况下，核算工作量比较大。

3. 修理费

由专职包装机械维修工进行维修的工料费直接计入包装成本，由配送中心的维修车间进行维修的工料费，可通过相应账户归集，期末摊入包装成本。维修过程中所领用的材料依据材料出库凭证直接计入包装成本。

4. 折旧

按固定资产规定的折旧基数和折旧率计算，分别计入包装成本。影响该项折旧的因素主要有包装机械的原值、净残值、折旧方法及使用年限等。

5. 设计费

包装设计分自创和外购两种情况，外购的直接根据相关原始凭证核算计入包装成本，自创技术根据设计过程中领用的材料、参与的人工费用及其他费用合并计入包装成本。

6. 租赁费

依据租赁合同将本期应分摊的金额计入包装成本。

7. 工具费

包装过程中的工具费用按照所领用的低值易耗品的性能，用五五摊销法、一次性摊销及多次摊销计入当期成本。

8. 其他直接费用

其他直接费用按照发生时所取得的原始凭证直接列入当期成本。

9. 包装间接费用

包装间接费用按照相关费用的分配表列入当期包装成本。

包装总成本算出来后，可依据包装物品的数量算出其单位成本，为成本的分析及售价的确定提供依据。

【例10-2】某企业包装车间某月包装三种产品，其中甲产品1 000件，乙产品5 000件，丙产品2 000件，共消耗包装材料1 500千克，每千克的成本为10元。本月发生的工资福利费用共计5 000元，支付包装设计费用1 000元，包装机械的维护保养费及折旧费为500元，本月共发生水电费1 000元，办公费用1 200元，差旅费300元。试汇总本月的包装成本及单价产品的包装成本。

包装直接成本 = 1 500 × 10 + 5 000 + 1 000 + 500 = 21 500(元)

包装间接成本 = 1 000 + 1 200 + 300 = 2 500(元)

包装成本 = 包装直接成本 + 包装间接成本 = 21 500 + 2 500 = 24 000(元)

这里假设每种产品的包装成本是相同的，因而单件产品的包装成本 = 24 000/(1 000 + 5 000 + 2 000) = 3(元/件)

【任务操作】

去某一家企业实地调查企业的包装成本主要项目，以及包装成本产生的主要环节。

## 任务3 包装成本的优化

包装成本优化是指管理者对商品包装作业过程进行合理的组织，以最少的投入完成商品包装任务。

包装环节管理的好坏，包装费用支出的节约与否，直接影响着企业的经济效益。因而，对于企业来说，加强包装费用的管理十分重要。企业包装成本的优化通常包括下列几个方面。

## 一、建立规范的包装作业制度

建立规范的包装作业制度，增强包装作业的计划性，实行严格的质量管理制度，提高包装环节的作业质量，杜绝因员工工作的随意性给企业带来不必要的材料浪费，工时延长、机器的损坏等情况而导致成本的增长。加强员工职业技术培训，提高作业熟练程度，强化成本意识，让降低成本的思想深入人心。

## 二、优化包装设计

优化包装设计，降低包装成本。包装设计不当主要带来三种不良后果，一方面导致包装材料的浪费，大材小用，带来过剩的作业包装；其次会因选用不适当材料，而忽略了更经济的替代材料；最后，因包装的形态和结构不适合，给其他物流活动带来障碍。企业不断进行包装设计优化，对货物包装的外形、替代材料等方面进行重新思考，着眼于包装改造及创新，根据产品的特性和保护要求选择适合、经济的包装材料，既能达到包装效果，又能减少浪费，降低材料费用支出。

## 三、合理实现包装机械化

包装过程引入机械化作业，不但可以大幅度地提高效率，而且可以减少人力的投入；同时，包装机械也相应地增加了物流企业的购置成本。在包装成本此起彼伏的变换中，对于实力不是很雄厚的企业而言，这笔投资带来的压力也不小，企业要做好投资的可行性分析，从机器运营负荷上及企业的长远规划上，考虑企业在什么时间加大这方面投资最佳，使得设备的运转时间能充分利用，从整体利益出发，实现包装成本的降低。

## 四、实现包装标准化

包装标准是对各种包装标志、包装所用材料规格、质量、包装的技术规范要求、包装的检验方法等的技术规定。包装标准化是实现产品包装科学合理的技术保证，但它不是单纯的包装本身的事情，而是在整个物流系统实现合理化、有序化、现代化、低成本的前提下的包装合理化及现代化。通过包装标准化，可以提高包装过程的效率，减少人工费用和材料费用支出，同时也方便物流过程中的装卸和运输等其他作业。

## 五、加强包装物的回收利用

许多包装材料都具有结实耐用的特点，在包装作业中，由于种种原因，包装材料的回收状况不尽如人意，企业应培养物尽其用的、综合利用的意识，从制度上强调包装物回收的重要性，加强包装过程中的日常管理与核算，做好包装材料的回收和旧包装的利用工作。

## 六、优化包装作业

着眼于物流成本的减少，统筹兼顾，优化包装作业。包装作业属于物流系统的基础环节，它直接影响装卸、搬运、储存、运输等流程的工作效率，比如采用纸箱、托盘加集装箱的方式则可以改变原来的木箱包装，从而节省包装成本；合理的包装尺寸和规格，可以提高运输容积率；有效地设计包装容器的堆码层高，可以很好地提高仓库的利用率而节省费用；一味地降低包装成本，而带来其他物流作业成本的上升，这并不是真正意义上降低了包装成本，物流企业须统筹兼顾相互影响的物流作业环节，加强物流环节的协同性、系统性，立足于降低物流成本的高度来优化包装成本。

## 七、合理选择包装材料

在保证包装质量不降低的情况下，可以采用替代材料，如用国产材料代替进口材料，用价格低廉的材料代替价格昂贵的材料。不仅在经济上合算，在技术上也是可行的。此外在有多种材料可供选择时，在效果相同的情况下，应按照成本效益原则，选择价格较低的材料。在保证包装质量的基础上，使用价低、轻薄的材料，以降低包装成本和方便运输。

## 八、包装尺寸的标准化

实现包装尺寸的标准化，不仅能促进包装工业的发展，而且能使包装成本大幅度下降。例如：多采用标准模数尺寸制作包装，多使用集装箱、托盘等集装单元容器，可以降低总体物流成本。实现包装规格的标准化主要表现在包装材料单耗的下降，从而促进包装费用的下降。由于标准化，包装工业可以进行大批量生产，发挥规模经济效益，降低生产单位包装物的成本，从而降低产品的包装成本。

## 项目小结

本项目从包装概念出发，介绍了包装的分类、特性及包装技术等基础知识。重点论述了包装成本的构成项目、包装发生的各项成本费用的归集，通过实例说明包装成本的核算。由于包装成本是企业成本的重要组成之一，因此企业为了降低成本，采用各种措施优化包装成本。

## 项目实训

**生态包装**

【实训背景】

在公众环保意识越来越强和市场竞争越来越激烈的双重压力下，包装出现了新的变化——生态包装。

【实训目的】

1. 使学生能够理论联系实际，了解包装发展的趋势。
2. 掌握生态包装的基本原则。

【实训准备】

1. 查阅最新包装的发展情况。
2. 了解生态包装的内涵。

【实训步骤】

1. 两人一组。
2. 包装发展的最新动态。
3. 生态包装的基本信息。
4. PPT 演示文稿汇报。

## 思考与练习

一、单项选择题

1. 商业包装的主要目的在于(　　)功能。
   A. 促销　　　　　B. 定量　　　　　C. 便利　　　　　D. 商品
2. 将包装分为工业包装和商业包装两大类，是属于按照包装的(　　)分类。
   A. 技术　　　　　B. 功能　　　　　C. 层次　　　　　D. 目的
3. 采用防潮材料对产品进行包装以隔绝外部空气相对湿度变化对产品的影响，从而确保产品质量的包装属于(　　)。
   A. 缓冲包装　　　B. 防潮包装　　　C. 防锈包装　　　D. 防霉包装
4. (　　)环节处于生产过程的结尾和物流过程的起始。
   A. 配送　　　　　B. 运输　　　　　C. 包装　　　　　D. 仓储

二、多项选择题

1. 按包装层次不同包装通常可分为(　　)。
   A. 单件包装　　　B. 内包装　　　　C. 外包装　　　　D. 工业包装
   E. 商业包装
2. 包装的主要功能有(　　)。
   A. 提高产品质量　B. 保护　　　　　C. 提高效率　　　D. 便利
   E. 促销

三、判断题

1. 商业包装的主要目的在于促销。　　　　　　　　　　　　　　　　　　(　　)
2. 包装材料的买价可直接计入包装的材料成本。　　　　　　　　　　　　(　　)

3. 物流包装主要是指保护商品，方便运输的包装。　　　　　　　（　　）
4. 包装是一个重要的物流要素。　　　　　　　　　　　　　　　（　　）
5. 合理的包装有利于节约成本。　　　　　　　　　　　　　　　（　　）
6. 特种包装技术主要是指具有防霉、防腐和保鲜作用的技术。　　（　　）

四、思考题

1. 简述包装的作用。
2. 优化包装成本的方式有哪些？

五、计算题

某企业编制包装成本费用核算表，资料如下：

(1) 直接人工费用：基本工资为 5 000 元；另加每工时的津贴 1.20 元。

(2) 包装所需材料费：每工时负担 0.35 元。

(3) 维护费：生产能力在 3 000~6 000 工时的范围内，基数为 2 000 元，另加每工时应负担 0.08 元。

(4) 包装设备的折旧费：3 000 元。

(5) 分摊的水电费：基数为 1 000 元，另加每工时应负担 0.20 元。

(6) 包装设计费用：2 000 元。

试根据上述资料绘制出包装成本费用核算表，并算出包装总费用。

六、案例分析

### 缓解包装成本压力　两乐"轻装上阵"

可口可乐中国区所有易拉罐饮料日前已悄然"换装"，容量由 355 毫升"缩水"至 330 毫升。尽管可口可乐方面坚称，此番更换包装纯粹出于环保及与国际接轨考虑，然而事情远非如此简单。在采访过程中，记者独家获悉，百事可乐也已定制了 330 毫升的易拉罐，很可能将于近期踏上同一条让消费者颇有异议的"瘦身之路"。

"可口可乐此次换包装主要是为了与国际接轨，在国外卖得最好的啤酒也是 330 毫升。借奥运之机推出环保包装则是另一个动机，新罐的易拉环不是抛弃型可随罐回收，仅这一项，可口可乐在中国就可节约 1 200 吨铝材。"可口可乐中国区公共事务及传讯副总监赵彦红表示。

尽管如此，细心的消费者还是发现，每罐饮料减少 25 毫升的量，而售价不变。等于平均每买 14 罐饮料就"蒸发"了一罐，变相涨价幅度达 7.5%。

对此，一位与可口可乐颇有渊源的人士一针见血地指出，此举仍与成本压力有关。"虽然每罐只减少 25 毫升，但以其销量计算，省下的钱还是很可观。"

记者致电百事可乐公司，对方称对可口可乐换装不做评论。但记者由其上游包装罐生产厂家处了解到，该厂已接到百事可乐 330 毫升装铝罐的订单，与此同时，355 毫升包装罐仍在生产。业内人士表示，"两乐"以前价格等策略上一向咬得很紧，不出意外，百事可乐将很快更换包装。

除减料外，包装成本也可以节约一笔。不愿具名的可口可乐包装罐生产商告诉记者，330毫升的罐子一个可节约几厘钱，而一个铝罐的成本在七八毛钱左右。记者在天河南某超市看到，可口可乐系列罐装产品正价标注为2.1元。以此计算，包装成本所占比例当超过1/3。

知情人士表示，企业规模大，如可口可乐、百事可乐（图10.3），可在全球集中采购、设厂成本较低。如果仅在国内销售，产量较低，包装成本就会更大。

图10.3　百事可乐

上游包装生产企业成本的上升拉升了饮料企业的整体包装成本。业内人士透露，五六年前上游包装商一个铝罐可赚1分钱，但眼下只有1厘钱，企业只能勉强维持。"包装成本的上涨主要来自铝材涨价，早几年1吨铝1 500元，现涨到3 000元左右。其他的也在上涨，比如涂料，7月份刚刚涨了10%。"

该人士表示，涂料涨价的主因是石油价格上涨，而铝价上涨的原因较多。"可能来自于供求紧张，近两年房地产对铝的消耗较大，国外时不时的罢工令原材料不能及时运到，也会拉升铝价。"据其透露，1吨铝大概可以生产7万多个330毫升的铝罐。"要看加工企业的量，数量大，我们的成本就低。"

尽管如此，包装行业同样存在激烈的竞争。"这个行业企业不是很多，全国只有10多家，一起开会时也谈过统一执行一个价格，但结果好多企业私下压价。"上述人士表示，"现在大家都在坚持，看谁能守到最后。"

（资料来源：http://www.chinabaike.com/t/9791/2016/0105/4167572.html）

讨论：

"两乐"为何瘦身？

# 项目十一

## 装卸搬运成本实务

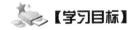【学习目标】

| 知识目标 | 能力目标 |
| --- | --- |
| 1. 理解和掌握装卸搬运成本的构成；<br>2. 掌握装卸搬运成本核算的方法；<br>3. 理解装卸搬运成本优化的措施。 | 1. 能根据日常支出核算装卸搬运成本；<br>2. 能根据实际情况优化装卸搬运成本。 |

> **导入案例**

据我国统计，火车货运以 500 千米为分界点。运距超过 500 千米，运输的在途时间多于起止的装卸时间；运距低于 500 千米，装卸时间则超过实际运输时间。美国与日本之间的远洋船运，一个往返需 25 天，其中运输时间 13 天，装卸时间 12 天。据我国对生产物流的统计，机械工厂每生产 1 吨成品，需进行 252 吨次的装卸搬运（图 11.1），其成本为加工成本的 15.5%。

图 11.1　货物的装卸

## 任务 1　识别装卸搬运

### 一、装卸搬运的含义

**1. 装卸搬运的含义**

在同一地域范围内（如车站范围、工厂范围、仓库内部等）以改变"物"的存放、支承状态的活动称为装卸（Loading and Unloading），以改变"物"的空间位置的活动称为搬运（Handling/Carrying），两者合称装卸搬运。装卸搬运就是指在某一物流节点范围内进行的，以改变物料的存放状态和空间位置为主要内容和目的的活动。有时候或在特定场合，单称"装卸"或单称"搬运"也包含了"装卸搬运"的完整含义。在习惯使用之中，物流领域（如铁路运输）常将装卸搬运这一整体活动称作"货物装卸"；在生产领域常将这一整体活动称作"物料搬运"。实际上，活动内容都是一样的，只是领域不同而已。在实际操作中，装卸与搬运是密不可分的，两者是伴随在一起发生的。因此，在物流学科中并不过分强调两者的差别，而是将它们作为一种活动来对待。

搬运的"运"与运输的"运"，不同之处在于，搬运是在同一地域的小范围内发生的，而运输则是在较大范围内发生的，两者是量变到质变的关系，中间并无一个绝对的界限。

2. 装卸搬运的特点

1）装卸搬运是附属性、伴生性的活动

装卸搬运是物流中每一项活动开始及结束时必然发生的活动，有时被人忽视，有时被看作其他物流活动时不可缺少的组成部分。例如，一般而言的"运输"，实际就包含了相伴的装卸搬运，仓库中泛指的保管活动，也含有装卸搬运活动。

2）装卸搬运是支持、保障性活动

装卸搬运的附属性不能理解成被动的，实际上，装卸搬运对其他物流活动有一定决定性的作用。装卸搬运会影响其他物流活动的质量和速度，例如，装车不当，会引起运输过程中的损失；卸放不当，会引起货物转换成下一步运动的困难。许多物流活动在有效的装卸搬运支持下，才能实现高水平。

3）装卸搬运是衔接性的活动

物流活动互相过渡时，一般都是以装卸搬运来衔接，因而，装卸搬运往往成为整个物流"瓶颈"，是物流各功能之间能否形成有机联系和紧密衔接的关键，而这又是一个系统的关键。建立一个有效的物流系统，关键看这一衔接是否有效。比较先进的系统物流方式——联合运输方式就是着力解决这种衔接而实现的。

3. 装卸搬运的分类

（1）按照装卸搬运施行的物流设施、设备对象分类。

以此可分为仓库装卸搬运、铁路装卸搬运、港口装卸搬运、汽车装卸搬运等。

仓库装卸搬运：配合出库、入库、维护保养等活动进行，并且以堆垛、上架、取货等操作为主。

铁路装卸搬运：是对火车车皮的装进及卸出，特点是一次作业就实现一车皮的装进或卸出，很少有像仓库装卸时出现的整装零卸或零装整卸的情况。

港口装卸搬运：包括码头前沿的装船，也包括后方的支持性装卸搬运，有的港口装卸搬运还采用小船在码头与大船之间"过驳"的办法，因而其装卸搬运的流程较为复杂，往往经过几次的装卸搬运作业才能最后实现船与陆地之间货物过渡的目的。

汽车装卸搬运：一般一次装卸搬运批量不大，由于汽车的灵活性，可以少或根本不需要搬运活动，而直接、单纯利用装卸作业达到车与物流设施之间货物过渡的目的。

（2）按照装卸搬运的机械及机械作业方式分类。

以此可分成使用吊车的"吊上吊下"方式，使用叉车的"叉上叉下"方式，使用半挂车或叉车的"滚上滚下"方式、"移上移下"方式及散装散卸方式等。

"吊上吊下"方式：采用各种起重机械从货物上部起吊，依靠起吊装置的垂直移动实现装卸，并在吊车运行的范围内或回转的范围内实现搬运或依靠搬运车辆实现小搬运。由于吊起及放下属于垂直运动，这种装卸方式属垂直装卸。

"叉上叉下"方式：采用叉车从货物底部托起货物，并依靠叉车的运动进行货物位移，搬运完全靠叉车本身，货物可不经中途落地直接放置到目的处。这种方式垂直运动不大而主要是水平运动，属于水平装卸方式。

"滚上滚下"方式：主要指港口装卸的一种水平装卸方式。利用叉车或半挂车、汽车承载货物，连同车辆一起开上船，到达目的地后再从船上开下，称"滚上滚下"方式。利用叉车的"滚上滚下"方式，在船上卸货后，叉车必须离船。利用半挂车、平车或汽车，则拖车将半挂车、平车拖拉至船上后，拖车开下离船而载货车辆连同货物一起运到目的地，再原车开下或拖车上船拖拉半挂车、平车开下。"滚上滚下"方式需要有专门的船舶，对码头也有不同要求，这种专门的船舶称"滚装船"。

"移上移下"方式：是在两车之间（如火车及汽车）进行靠接，然后利用各种方式，不使货物垂直运动，而靠水平移动从一个车辆上推移到另一车辆上，称移上移下方式。移上移下方式需要使两种车辆水平靠接，因此，对站台或车辆货台需进行改变，并配合移动工具实现这种装卸。

散装散卸方式：对散装物进行装卸。一般从装点直到卸点，中间不再落地，这是集装卸与搬运于一体的装方式。

（3）按照被装物的主要运动形式分类。

以此可分垂直装卸搬运、水平装卸搬运两种形式。

（4）按照装卸搬运对象分类。

以此可分成散装货物装卸搬运、单件货物装卸搬运、集装货物装卸搬运等。

（5）按照装卸搬运的作业特点分类。

以此可分成连续装卸搬运与间歇装卸搬运两类。

连续装卸搬运主要是同种大批量散装或小件杂货通过连续输送机械连续不断地进行作业，中间无停顿，货物之间无间隔。在装卸量较大、装卸对象固定、货物对象不易形成大包装的情况下适合采取这一方式。

间歇装卸搬运有较强的机动性，装卸地点可在较大范围内变动，主要适用于货流不固定的各种物品，尤其适于包装货物、大件货物，散粒货物也可采取此种方式。

## 二、装卸搬运活动的重要性

装卸搬运活动的基本动作包括装车（船）、卸车（船）、堆垛、入库、出库及连接上述各项动作的短程输送，是随运输和保管等活动而产生的必要活动。

1. 装卸搬运在物流活动转换中起承上启下的联结作用

装卸搬运是伴随输送和保管而产生的必要的物流活动，但是和运输产生空间效用、保管产生时间效用不同，它本身不具有明确的价值。但这并不说明搬运装卸在物流过程中不占有重要地位。物流的主要环节，如运输和存储等是靠装卸搬运活动连接起来的。运输的起点有"装"的作业，终点有"卸"的作业；仓储的开始有入库"卸"的作业，最后由出库"装"的作业结束。物流活动其他各个阶段的转换也要通过装卸搬运连接起来。由此可见，在物流系统的合理化中，装卸和搬运环节占有重要地位。

2. 装卸搬运在物流成本中占有重要的地位

装卸搬运不仅发生次数频繁，而且又是劳动密集型、耗费人力的作业，它所消耗的费用在物流费用中也占有相当大的比重。以我国为例，铁路运输的始发和到达的装卸搬运作业费用占运费的20%左右,船运占40%左右。由于是劳动密集型,在人工费用日益上涨的今天,对物流成本的影响尤其值得注意。因此降低物流费用中,装卸搬运是一个重要环节。

3. 装卸搬运是提高物流系统效率的关键

装卸搬运的作业内容复杂,大至数百吨物品的搬运,小至贴标签的轻巧作业;作业对象物品有笨重的钢材、容易破碎的玻璃制品,也有需要特殊条件的鲜活物品;有液态、固态之分,也有散料和成件物品之分。因此,在实施机械化、自动化提高物流系统效率的过程中,装卸搬运环节的问题常常难以解决,形成提高系统效率的瓶颈所在。

在物流过程中,装卸搬运活动是不断出现和反复进行的,它出现的频率高于其他各项物流活动,每次装卸活动都要花费很长时间,所以往往成为决定物流速度的关键。

4. 装卸搬运是最容易造成货物损失的环节

进行装卸搬运操作时往往需要接触货物,而装卸搬运活动频繁发生,作业繁多。因此,这是在物流过程中造成货物破损、散失、损耗、混合等损失的主要环节。例如袋装水泥纸袋破损和水泥散失主要发生在装卸过程中,玻璃、机械、器皿等产品在装卸时最容易造成损失。

通过上述分析可知,装卸搬运是影响物流效率、决定物流效率、决定物流经济效果的重要环节。

## 任务2　装卸搬运成本的构成和核算

### 一、装卸搬运成本构成

在装卸搬运这项物流活动中,主要参与的是人力和机械设备,因而相应的装卸搬运成本也就由人力成本和机械成本构成。企业的装卸搬运支出,应设置"装卸搬运支出"明细科目,按成本责任部门设置账页,按规定的项目设置专栏,归集所发生的各项费用。装卸搬运基层单位核算完成本时,该基层单位应设置装卸搬运成本明细分类账,进行账务处理,除核算装卸搬运直接费用和该单位的经费外,有时还需要分摊车站经费。最后由企业汇总,形成企业的装卸搬运总成本。

### 二、装卸搬运的人力成本及核算

1. 装卸搬运人力成本构成

装卸搬运是劳动密集型物流活动,人力成本在装卸搬运这项活动中所占比重很大,而且由于装卸搬运作业次数频繁,因而人力成本在整个物流中所占比重也比较大。装卸搬运的人力成本主要是支付给从事装卸搬运的职工的工资和福利费,主要由三部分组成。

1)工资

工资是指按规定支付给装卸搬运工人、装卸搬运机械司机的计时工资、计件工资、加班工资及各种工资性津贴。

2) 职工福利费

职工福利费是指按装卸搬运工人工资总额和规定比例计提的职工福利费,一般按照工资总额的 14% 计提。

3) 劳动保护费

劳动保护费是指从事装卸搬运业务所使用的劳动保护用品、防暑、防寒、保健饮料,以及实施劳保措施所发生的各项费用。

2. 装卸搬运人力成本核算

一般可以根据企业"工资分配汇总表"和"职工福利费计算表"的有关数字,直接计入装卸搬运成本的人力成本。

在实行计件工资制的企业,应付工人的计件工资等于职工完成的装卸搬运数量乘以计件单价。如果工人在同一月份内从事多种作业,作业计件单价各不相同,就需逐一计算相加。计件工资计算如下:

$$应付计件工资 = \sum 某种货物装卸搬运的数量 \times 该种货物装卸搬运的单价$$

1) 个人计件工资

【例 11-1】某物流公司对装卸搬运实行计件工资,装卸搬运 A 产品的计件单价 0.20 元、B 产品的计件单价 0.30 元。某职工一天装卸搬运 A 产品 150 件、装卸 B 产品 80 件,则该职工的日工资为:

$$150 \times 0.20 + 80 \times 0.30 = 54(元)$$

也可以采用另一种方法计算职工的计件工资,即将某月内装卸搬运完成的各种产品折合为定额工时数,乘以小时工资率,用公式表式如下:

$$完成定额工时数 = \sum 某种产品装卸搬运的数量 \times 该种产品装卸搬运单位工时定额$$

$$应得的计件工资 = 完成定额工时数 \times 小时工资率$$

【例 11-2】物流公司装卸搬运工李兵 9 月份装卸搬运 A 产品 600 个,每个定额工时 10 分钟,装卸搬运 B 产品 900 件,每件定额工时 5 分钟,该装卸搬运工小时工资率为 5.50 元,应得计件工资计算如下:

$$完成定额工时数 = (600 \times 10 + 900 \times 5) \div 60 = 175(小时)$$

$$应得的计件工资 = 175 \times 5.50 = 962.50(元)$$

2) 班组集体计件工资

如果实行班组集体计件工资,在班组内按每人贡献大小进行分配,通常是按每人的标准工资和实际的工作时间(日数或工时数)的综合比例进行分配。其计算公式为:

$$班组内工资分配率 = 班组集体计件工资额 \div [\sum 每人日工资率(或小时工资率) \times 出勤日数(或工时数)]$$

$$某工人应得计件工资 = 该工人日工资率(或小时工资率) \times 出勤日数(或工时数) \times 班组内工资分配率$$

【例 11-3】某生产小组集体装卸货物,其中 A 产品 1 800 件,计件单价 1.25 元;B 产品 1 500 件,计件单价 0.90 元;C 产品 1 011 件,计件单价 0.70 元;D 产品 300 件,计件单价 2.30 元，该小组由 3 人组成，相关情况以及计算结果见表 11 – 1。

表 11 – 1  相关情况及每人应得计件工资　　　　　　　　　单位：元

| 职工 | 工资标准 | 小时工资 | 出勤工时 | 小时工资×出勤工时 | 应得计件工资 |
|---|---|---|---|---|---|
| 甲 | 956.89 | 5.65 | 180 | 1 017 | 1 647.54 |
| 乙 | 1 058.5 | 6.25 | 160 | 1 000 | 1 620 |
| 丙 | 904.38 | 5.34 | 200 | 1 068 | 1 730.16 |

注：小时工资 = 月标准工资/(21.17 × 8)

班组集体计件工资额 = (1 800 × 1.25 + 1 500 × 0.90 + 1 011 × 0.70 + 300 × 2.30) = 4 997.7

班组内工资分配率 = 4 997.7 ÷ (1 017 + 1 000 + 1 068) = 1.62

应得计件工资 = 1.62 × 出勤工时

### 三、装卸搬运的机械成本及核算

#### 1. 装卸搬运的机械种类

装卸搬运机械是指用来搬移、升降、装卸和短距离输送物料或货物的机械。装卸搬运机械是物流系统中使用频率最高、次数最多的一类机械装备。往往一次运输过程，最少也要有四次装卸搬运作业，如果运输过程中还会有中转、转运、储存、流通加工等活动，则会有更多的装卸搬运过程；在生产过程中，一个生产工艺过程往往有几十次物料搬运过程，反复不断地进行取、搬、装、运等操作，装卸搬运机械则要有效地衔接这些过程。这些过程有时是同一动作的简单重复，有时则是在特定条件下针对特定对象，专业性很强。因此，装卸搬运机械要满足这些数量众多又各具特点的装卸搬运活动，就要有很多种类通用的以及专用的多种装卸搬运机械来满足各种作业活动。

装卸机械按作用可分为三类：装卸机械，包括起重机、悬臂吊等；搬运机械，包括卡车、牵引车、连续输送机、搬运车等；装卸搬运机械，包括叉车、吊车等。

1) 起重机

起重机是起重机械的统称。按照起重机所具有的机构、动作繁简的程度以及工作性质和用途，可以把起重机归纳为三大类。

(1) 简单起重机械：一般只作为升降运动或一个直线方向移动，只需要具有一个运动机构，而且大多数是手动的，如绞车、葫芦等。

(2) 通用起重机械：除需要一个使物品升降的起升机构外，还有使物品水平方向的直线运动或旋转运动机构。属于这类起重机械的有：通用桥式起重机、门式起重机、固定旋转式起重机和行动旋转式起重机(如汽车起动机)。

(3) 特种起重机械：它需要具备两个以上机构的多动作起重机械，专门用于某些专业性的工作，构造比较复杂。如冶金专用起重机、建筑专用起重机和港口专用起重机等。

2) 连续输送机

连续输送机的特点是，在工作时连续不断地沿同一方向输送散料或重量不大的单件物品，装卸过程中不需要停车，因此生产率很高。在流水作业生产线上，连续输送机已成为整个工艺过程中最重要的环节之一。其优点是生产率高、设备简单、操作简便。缺点是一定类型的连续输送机只适合输送一定种类的物品（散料或重量不大的单件物品），不适合搬运很热的物料或形状不规则的单元物料；只能布置在物料输送线上，而且只能沿着一定线路定向输送，因而在使用上有一定的局限性。

3）叉车（又名铲车、装卸车）

叉车是一种能把水平运输和垂直升降有效结合起来的装卸机械，有装卸、起重及运输等方面的综合功能。其具有工作效率高、操作使用方便、机动灵活等优点，其标准化和通用性也很高，被广泛用于车间、仓库、建筑工地、货栈、车站、机场和码头，对成件成箱货物进行装卸、堆垛以及短途搬运、牵引和吊装工作。

4）小型搬运车

小型搬运车有：手推车、手动托盘搬运车和手动叉车等。推车是一种人力为主，在路面上水平输送物料的搬运车；手动托盘搬运车用来搬运装卸载于托盘（托架）上的集装单元货物；手动叉车也是一种利用人力提升货物的装卸、堆垛、搬运的多用车。

5）无人搬运车和工业机器人

无人搬运车：无人搬运车就是无人驾驶自动搬运车，它可以自动导向、自动认址、自动程序动作。其具有灵活性强、自动化程度高、可节省大量劳动力等优点，还适用于有噪声、空气污染、放射性元素危害人体健康的地方及通道狭窄、光线较暗等不适合驾驶车辆的场所，它已日益引起人们的关注，并得到广泛应用。

工业机器人：工业机器人是一种能自动定位控制、可重复编成、多功能、多自由度的操作机。其能运用材料、零件或操持工具，用以完成各种作业。目前已广泛应用于产业部门，特别是汽车工业和电子行业。从作业内容来看，以堆垛、包装、机床上下材料、定位焊、弧焊以及喷漆最为普遍。

6）运输机械

货车：货车是一种重型载货汽车的通称，是主要的运输工具，在物料搬运中，配合装卸机械在厂内外进行运输工作。其类型、型号很多。

拖车：拖车由牵引车牵引行驶，其运载能力强，适用于尺寸大、重量大的货物运输，有全挂车和半挂车两种。一般由汽车牵引，也有用蓄电池搬运车或其他车辆牵引的。

7）装卸搬运器具

装卸搬运的工具与装载搬运器具是人工与机械化之间的桥梁，是系统的通用设备。在物流搬运过程中大量使用的装卸搬运器具有：垫板、托盘、标准料箱、料架、料斗、装运箱甚至集装箱。

2. 装卸搬运的机械成本项目

装卸搬运机械成本主要由下列几项费用组成。

1）燃料和动力费

燃料和动力费指装卸搬运机械在运行和操作过程中所耗用的燃料、动力和电力费用。

2）轮胎费

轮胎费指装卸搬运机械领用的外胎、内胎、垫带及其翻新和零星修补费用。

3）修理费

修理费指为装卸搬运机械和装卸搬运工具进行维护和小修所发生的工料费用，以及装卸搬运机械在运行过程中耗用的机油、润滑油的费用。为装卸搬运机构维修领用的材料费用和按规定预提的装卸搬运机械的大修理费用，也列入本项目。

4）折旧费

折旧费指装卸搬运机械按规定计提的费用。

5）工具费

这里的工具费指装卸搬运机械耗用的工具费，包括装卸搬运工具的摊销额和工具的修理费。自制装卸搬运工具的制造费，应通过辅助营运费用核算，所领用的材料和支付的工资费用，不得列入本项目。

6）租费

租费是指企业租用装卸搬运机械或装卸搬运设备进行装卸搬运作业，按合同规定支付的租金。

7）劳动保护费

劳动保护费指从事装卸搬运业务使用的劳动保护用品、防暑、防寒、保健饮料，以及劳保防护措施所发生的各项费用。

8）外付装卸搬运费

外付装卸搬运费指支付给外单位支援装卸搬运工作所发生的费用。

9）运输管理费

运输管理费指按规定向运输管理部门缴纳的运输管理费。

10）事故损失费

事故损失费指在装卸搬运作业过程中，因某项工作造成的应由本期装卸搬运成本负担的货损、机械损坏、人员人身伤亡等事故所发生的损失，包括货物破损等货损、货差损失和损坏装卸搬运机械设备所支付的修理费用。

11）其他费用

其他费用指不属于以上各项目的其他装卸搬运的机械费用。

3. 装卸搬运的机械成本核算

1）燃料和动力费

月末根据油库转来的装卸搬运机械领用燃料凭证，计算实际消耗数量与金额，计入成本。电力可根据供电部门的收费凭证或企业的分配凭证，直接计入装卸搬运成本。

2）轮胎费

由于装卸搬运机械的轮胎磨耗与行驶里程无明显关系，故其费用不宜采用按胎千米分摊的方法处理，应在领用新胎时将其价值直接计入成本。如果一次领换轮胎数量较大时，可作为待摊费用或预提费用，按月分摊计入装卸搬运成本。

3）修理费费

由专职装卸搬运机械维修工或维修班组进行维修的工料费，应直接计入装卸搬运成本；由维修车间进行维修的工料费，通过"辅助营运费用"账户归集和分配计入装卸搬运成本。

装卸搬运机械在运行和装卸搬运操作过程中耗用的机油、润滑油以及装卸搬运机械保修领用的材料,月末根据油料库的领料凭证直接计入装卸搬运成本。

装卸搬运机械的大修理预提费用,可分别按预定的计提方法(如按操作量计提)计算,并计入装卸搬运成本。

4) 折旧费

折旧是指装卸搬运机械由于在使用过程中发生损耗,而定期逐渐转移到装卸搬运成本中那一部分价值。装卸搬运机械的损耗,分为有形损耗和无形损耗两种。有形损耗是指装卸搬运机械在使用过程中,由于使用和自然力影响而引起的在使用价值和价值上的损失;无形损耗是指装卸搬运机械,由于技术进步而引起的在价值上的损失。

装卸搬运机械的折旧按规定的分类方法和折旧率计算计入装卸搬运成本。影响折旧的因素主要有:装卸搬运机械原价、固定资产净残值率和使用年限。可选择的折旧方法包括平均年限法、工作量法和加速折旧法。

(1) 平均年限法:平均年限法又称直线法,是指按固定资产的折旧均衡地分摊到各期的一种方法。采用这种方法计算的每期折旧额均是等额的。其计算公式为:

$$年折旧率 = (1 - 预计净残值率) \div 预计使用年限 \times 100\%$$

$$月折旧率 = 年折旧率 \div 12$$

$$月折旧额 = 固定资产原价 \times 月折旧率$$

【例 11-4】某物流公司一台装卸搬运机械,其购买时原价为 200 000 元,预计可使用年限为 10 年,预计净残值率为 4%。计算按月计提的折旧额。

解:年折旧率 = (1 - 4%) ÷ 10 × 100% = 9.6%

月折旧率 = 9.6% ÷ 12 = 0.8%

月折旧额 = 200 000 元 × 0.8% = 1 600(元)

(2) 工作量法:工作量法是按固定资产预计总工作量计提折旧额的一种方法,这种方法弥补平均年限法只重视使用时间,不考虑使用强度的缺点。其计算公式为:

$$每一工作量折旧额 = 固定资产原价 \times (1 - 预计净残值率) \div 预计总工作量$$

$$某项固定资产月折旧额 = 每一工作量折旧额 \times 该项固定资产当月工作量$$

【例 11-5】某物流公司一辆货运卡车,其购买时原价为 60 000 元,预计总行驶里程为 50 万千米,其报废时的残值率为 5%,本月统计表明该卡车行驶里程为 4 000 千米,试计算本月该机器的折旧额。

解:每工作小时折旧 = 60 000 元 × (1 - 5%) ÷ 500 000 = 0.114(元/千米)

本月应提折旧额 = 4 000 × 0.114 = 456(元)

(3) 加速折旧法:加速折旧法也称为快速折旧法或递减折旧法,其特点是在固定资产有效使用年限的前期多提折旧,后期则少提折旧,从而相对加快折旧的速度,以使固定资产成本在有效使用年限加快得到补偿。加速折旧的计提方法有多种,常用的有双倍余额递减法和年数总和法。

① 双倍余额递减法:双倍余额递减法是在不考虑固定资产残值的情况下,根据每期期初固定资产账面余额,以双倍直线折旧率法计算固定资产折旧的一种方法。其计算公式为:

$$年折旧率 = 2 \div 预计的折旧年限 \times 100\%$$

月折旧率 = 年折旧率 ÷ 12

月折旧额 = 固定资产账面净值 × 月折旧率

由于双倍余额递减法不考虑固定资产的残值，因此，在应用这种方法时必须注意在折旧年限到期前两年，将扣除预计净残值后的固定资产净值平均摊销。

【例11-6】物流公司某项卸搬运机械原价为10 000元，预计残值为200元，预计使用年限为5年。采用双倍余额递减法计算折旧，各年折旧额见表11-2。

表11-2 折旧额计算表　　　　　　　　　　　单位：元

| 年限 | 期初账面净值 | 折旧率/(%) | 折旧额 | 累计折旧额 | 期末账面净值 |
|---|---|---|---|---|---|
| 1 | 10 000 | 40 | 4 000 | 4 000 | 6 000 |
| 2 | 6 000 | 40 | 2 600 | 6 400 | 3 600 |
| 3 | 3 600 | 40 | 1 440 | 7 840 | 2 160 |
| 4 | 2 160 | — | 980 | 8 820 | 1 180 |
| 5 | 1 180 | — | 980 | 9 800 | 200 |

在表11-2中，年折旧率为 $2 \div 5 \times 100\% = 40\%$。

从第四年起，将扣除预计净残值后的固定资产净值（2 160-200）平均摊销。其计算如下：

每年净值摊销额 = (2 160-200) ÷ 2 = 980(元)

② 年数总和法：年数总和法又称折旧年限积数法，它是将固定资产的原值减去残值后的净值乘以一个逐年递减分数，计算确定固定资产折旧的一种方法。逐年递减分数的分子代表固定资产尚可使用折旧的年数，分母代表使用年数逐年数字之总和，如使用年限为 $n$ 年，分母即为：$1+2+3+\cdots+n = n(n+1) \div 2$。其折旧计算公式如下：

年折旧率 = (预计使用年限-已使用年数) ÷ [折旧年限 × (折旧年限+1) ÷ 2]

× 100% = 尚可使用年数 ÷ 预计使用年限的年数总和

月折旧率 = 年折旧率 ÷ 12

月折旧额 = (固定资产原值-预计净残值) × 月折旧率

【任务操作】

某物流公司某项卸搬运机械原价为50 000元，预计残值为2 000元，预计使用年限为5年。采用年数总和法计算折旧，求各年折旧额。

5) 工具费

装卸搬运机械领用的随车工具、劳保用品和耗用的工具，在领用时可将其价值一次计入成本。

6) 租费

按照合同规定，将本期成本应负担的租金计入本期成本。

7) 外付装卸搬运费

在费用发生和支付时直接计入成本。

8) 运输管理费

本月计提或实际缴纳的运输管理费计入本项目。

9）事故损失

月末将应由本期装卸搬运成本负担的事故净损失，结转计入本期成本。

10）其他费用

由装卸搬运基层单位直接开支的其他费用及管理费用，在发生和支付时，直接列入成本。按机械装卸搬运和人工装卸搬运分别计算成本时，装卸搬运基层单位经费可先通过"营运间接费用"账户汇集，月末按直接费用比例分配。

## 任务3　装卸搬运成本优化

由于装卸搬运作业不仅是衔接运输、仓储、包装、配送、流通加工等各物流环节的活动，而且是物流各项活动中出现频率最高的一项作业活动，其效率高低，会直接影响到物流的整体效率。因此，改善装卸搬运作业的环境，提高装卸搬运作业的效率、优化装卸搬运的成本是物流现代化的重要课题。

### 一、装卸搬运作业的合理化

1. 防止和消除无效作业

所谓无效作业是指在装卸搬运作业活动中超出必要的装卸搬运量的作业。显然，防止和消除无效作业对装卸作业的经济效益有重要作用。为了有效地防止和消除无效作业，可从以下几个方面入手。

（1）尽量减少装卸搬运次数：物料进入物流领域之后，常常要经过多次的装卸搬运作业。要使装卸搬运次数降低到最少，尤其要避免没有物流效果的装卸搬运作业。

（2）提高被装卸搬运物料的纯度：物料的纯度是指物料中含有水分、杂质等与物料本身使用无关的物质的多少。物料的纯度越高，则装卸搬运作业的有效程度越高。反之，则无效作业就会增加。

（3）包装要适宜：包装是物流中不可缺少的辅助作业。包装的轻型化、简单化、实用化会不同程度地减少作业于包装上的无效劳动。

2. 提高物料装卸搬运的灵活性

所谓物料装卸搬运的灵活性是指在装卸作业中的物料进行装卸作业的难易程度。所以，在堆放货物时，事先要考虑到物料装卸搬运作业的方便性。

物料装卸搬运的灵活性，根据物料所处的状态，即物料装卸搬运的难易程度，可分为不同级别的活性指数，见表11-3。

0级：物料杂乱地堆在地面上的状态。

1级：物料装箱或经捆扎后的状态。

2级：箱子或被捆扎后的物料，下面放有枕木或其他衬垫，便于叉车或其他机械作业的状态。

3级：物料被放于台车上或用起重机吊钩钩住，即刻移动的状态。

4级：被装卸搬运的物料已经是可以直接作业的状态。

表11-3 装卸搬运活性指数表

| 货物的放置状态 | 需要进行的作业 | | | | 活性指数 |
|---|---|---|---|---|---|
| | 整理 | 架起 | 提起 | 拖动 | |
| 散放地上 | 要 | 要 | 要 | 要 | 0 |
| 放置在容器内 | 不要 | 要 | 要 | 要 | 1 |
| 集装化 | 不要 | 不要 | 要 | 要 | 2 |
| 在无动力车上 | 不要 | 不要 | 不要 | 要 | 3 |
| 在传送带或车上 | 不要 | 不要 | 不要 | 不要 | 4 |

从理论上讲，活性指数越高越好，但也必须考虑到实施的可能性。例如，物料在储存阶段中，活性指数为4的输送带和活性指数为3的车辆，在一般的仓库中很少被采用，因为大批量的物料不可能存放在输送带和车辆上。为了说明和分析物料搬运的灵活程度，通常采用平均活性指数的方法。这个方法是对某一物流过程物料所具备的活性情况，累加后计算其平均值，用($\delta$)表示。$\delta$值的大小是确定改变搬运方式的信号。如：

当$\delta<0.5$时，指所分析的搬运系统半数以上处于活性指数为0的状态，即大部分处于散放情况，其改进方式可采取料箱、推车等存放物料。

当$0.5<\delta<1.3$时，则是大部分物料处于集装状态，其改进方式可采用叉车和动力搬动车。

当$1.3<\delta<2.3$时，装卸搬运系统大多处于活性指数为2，可采用单元化物料的连续装卸和运输。

当$\delta>2.7$时，则说明大部分物料处于活性指数为3的状态，其改进方法可选用拖车、机车车头拖挂的装卸搬运方式。

装卸搬运的活性分析，除了上述指数分析法外，还可采用活性分析图法。活性分析图法是将物流过程通过图示来表示装卸搬运活性程度。

3. 实现装卸作业的省力化

装卸搬运使物料发生垂直和水平位移，必须通过做功才能实现，因此要尽力实现装卸作业的省力化。

在装卸作业中应尽可能地消除重力的不利影响。在有条件的情况下利用重力进行装卸，可减轻劳动强度和能量的消耗。将设有动力的小型运输带（板）斜放在货车、卡车或站台上进行装卸，使物料在倾斜的输送带（板）上移动。这种装卸是依靠重力的水平分力完成的。在搬运作业中，不用手搬，而是把物料放在台车上，由器具承担物体的重量，人们只要克服滚动阻力，使物料水平移动，这无疑是十分省力的。

利用重力式移动货架也是一种利用重力进行省力化的装卸方式。重力式货架的每层格均有一定的倾斜度，利用货箱或托盘可自己沿着倾斜的货架层板自己滑到输送机械上。为了使滑动的阻力越小越好，通常货架表面均处理得十分光滑或者在货架层上装有滚轮，也有在承重物料的货箱或托盘下装上滚轮，这样将滑动摩擦变为滚动摩擦，物料移动时所受到的阻力会更小。

4. 装卸作业的机械化

随着生产力的发展以及物流技术的发展，装卸搬运的机械化程度将不断提高。此外，由于装卸搬运的机械化能把工人从繁重的体力劳动中解放出来，尤其对于危险品的装卸作业，机械化能保证人和货物的安全，也是装卸搬运机械化程度不断得以提高的动力。

5. 短距化

短距化，即以最短的距离完成装卸搬运作业，最明显的例子是生产流水线作业。它把各道工序连接在输送带上，通过输送带的自动运行，使各道工序的作业人员以最短的距离实现作业，大大地节约了时间，减少了人的体力消耗，大幅度提高了作业效率；转动式吊车、挖掘机也是短距化装卸搬运机械；短距化在人们生活中也能找出实例，如转盘式餐桌，各种美味佳肴放在转盘上，人不必站起来就能夹到菜。缩短装卸搬运距离，不仅省力，又能使作业快速、高效。

6. 推广组合化装卸

在装卸搬运作业过程中，根据不同物料的种类、性质、形状、重量来确定不同的装卸作业方式。在物料装卸搬运中，处理物料装卸搬运的方法有三种形式：普通包装的物料逐个进行装卸搬运，叫作"分块处理"；将颗粒状物料不加小包装而原样装卸，叫作"散装处理"；将物料以托盘、集装箱、集装袋为单位进行组合后进行装卸，叫作"集装处理"。对于包装的物料，尽可能进行"集装处理"，实现单元化装卸搬运，可以充分利用机械进行操作。组合化装卸具有很多优点：装卸单位大、作业效率高，可大量节约装卸作业时间；能提高物料装卸搬运的灵活性；操作单元大小一致，易于实现标准化；不用手去触及各种物料，可达到保护物料的效果。

7. 装卸搬运的顺畅化

货物装卸搬远的顺畅化是保证作业安全、提高作业效率的重要方面，所谓顺畅化，就是作业场所无障碍、作业不间断、作业通道畅通。如叉车在仓库中作业，应留有安全作业空间，转弯、后退等动作不应受面积和空间限制；人工进行货物搬运，要有合理的通道，脚下不能有障碍物，头顶留有空间，不能人撞人，人挤人；用手推车搬运货物，地面不能坑坑洼洼，不应有电线、工具等杂物影响小车行走；人工操作电葫芦吊车，地面防滑、行走通道两侧的障碍等问题均与作业顺畅与否相关。机械化、自动化作业途中停电、线路故障、作业事故的预防等，都是确保装卸搬运作业顺畅和安全的因素。

8. 装卸搬运的单元化、连续化

单元化装卸搬运是提高装卸搬运效率的有效方法，如集装箱、托盘等单元化设备的利用等都是单元化的例证。

连续化装卸搬运的例子很多，如输油、输气管道，电力输送设备、皮带穿梭机、辊道输送机、旋转货架等都是连续化装卸搬运的有力证明。

9. 人性化原则

装卸搬运是重体力劳动，很容易超过人的承受限度。如果不考虑人的因素或不尊重人格，容易发生野蛮装卸、乱扔乱摔现象。搬运的东西在包装盒捆包时应考虑人的正常能力和抓取的方便性，也要注意安全性和防污染性等。国外一些国家早已重视了这一点，在设计包装尺寸和重量时，以妇女搬运能力为标准。

## 二、减少装卸搬运损失

装卸搬运是比较容易发生货损和事故的环节。对装卸搬运作业的安全管理，既可以防止和消除货物损坏、人员伤亡事故，又可以减少装卸搬运的事故损失成本。装卸搬运的总体安全必须注意下列要求。

（1）应有统一的现场指挥。作业现场应有一人统一指挥，指挥时有明确固定的指挥信号，以防止作业混乱，发生事故。作业现场的装卸搬运人员和机具操作人员要严守劳动纪律，服从指挥。非作业人员不得在作业区逗留。

（2）必须按操作规程作业。机械作业时，必须严格执行操作规程和有关规定。要有专人负责操作设备和起吊、拴吊工作，严格按照设备规定负荷作业和车船允许载荷装载。人力装卸搬运时，应量力而行，配合协调，绝不可冒险违章操作。

（3）保证物料、包装不受损失。严格注意稳挂、稳吊、轻抬、轻放，避免不适于钩、吊、挂的操作，以免造成物料变形、残损、散失和包装损坏。要注意包装上的标志，发现物料包装有渗漏损失时，必须立即修补加固。

项目小结

本项目首先介绍了装卸搬运的概念、特点和重要性，在此基础上讲述了装卸搬运的成本构成和相应的成本核算。由于装卸搬运不仅是物流中最频繁的一项活动，而且也是物流中最容易造成货物损失的一项活动，因此项目也介绍了一些减少装卸搬运活动发生的措施，以优化装卸搬运的成本。

项目实训

### 装卸搬运及技术的发展

【实训背景】

装卸搬运在物流中是一项伴随性的活动，它不仅不是一项增值活动，而且往往会带来商品的损害，给企业带来损失。但是装卸搬运又不可以完全取消，企业只能尽可能减少装卸搬运的次数，降低损失。

【实训目的】

使学生能和实际结合，了解装卸搬运发展的新态势。

【实训准备】

1. 查阅装卸搬运的最新发展情况。
2. 了解装卸搬运技术的发展。

【实训步骤】

1. 两人一组。
2. 装卸搬运的最新发展动态。
3. 装卸搬运的新设备。
4. PPT 演示文稿汇报。

## 思考与练习

### 一、单项选择题

1. 物品在指定地点以人力或机械装入或卸下运输设备的行为属于（　　）。
   A. 装卸　　　　　B. 搬运　　　　　C. 运输　　　　　D. 配送
2. 以下对装卸搬运作业的特点描述不正确的是（　　）。
   A. 对象复杂　　　B. 作业量小　　　C. 作业不均衡　　D. 作业量大
3. 将商品置于集装单元器具内时，其装卸活性有所提高，被定为（　　）。
   A. 1 级活性　　　B. 2 级活性　　　C. 3 级活性　　　D. 4 级活性

### 二、多项选择题

1. 降低装卸搬运成本可以通过（　　）方法。
   A. 减少作业次数　B. 缩短作业距离　C. 提高货物活性　D. 增加作业容易度
   E. 选择恰当的作业方式和方法
2. 与物流其他环节相比，（　　）具有伴随性的特点。
   A. 运输　　　　　B. 仓储　　　　　C. 配送　　　　　D. 装卸
   E. 搬运

### 三、判断题

1. 从物流角度讲装卸与搬运是同一个概念。　　　　　　　　　　　　　　（　　）
2. 装卸搬运作业的难易程度，在很大程度上决定了装卸搬运的工作量。　　（　　）

### 四、思考题

1. 装卸搬运成本项目有哪些内容？
2. 如何计算装卸搬运成本？
3. 固定资产折旧方法有哪些？
4. 装卸搬运成本的优化方法有哪些？

### 五、计算题

某生产小组集体装卸货物，其中 A 产品 1 000 件，计件单价 1.25 元，B 产品 700 件，计件单价 0.90 元，共计 1 880 元，该小组由 3 人组成，出勤情况为甲 160 小时，乙 170 小时，丙 165 小时，甲、乙、丙的小时工资率分别为 6.5、5.5、6，求每人应得计件工资。

六、案例分析

## 联华公司先进实用的装卸搬运系统

联华公司是上海首家发展连锁经营的商业公司，经过多年的发展，已成为中国大型连锁企业之一。联华公司的快速发展，离不开高效便捷的物流配送中心的大力支持。目前，联华公司共有 4 个配送中心，分别是 2 个常温配送中心、1 个便利物流中心、1 个生鲜加工配送中心，总面积七万多平方米。

上海联华便利物流中心总面积 8 000 平方米，由 4 层楼的复式结构组成。为了实现货物的装卸搬运，配置的主要装卸搬运机械设备为：电动叉车 8 辆、手动托盘搬运车 20 辆、垂直升降机 2 台、笼车 1 000 辆、辊道输送机 5 条、数字拣选设备 2 400 套。搬运时的操作过程如下：卸下来货后，把其装在托盘上，由手动叉车将货物搬运至入库运载装置，将货物送上入库输送带。当接到向第一层搬送指示的托盘在经过升降机平台时，不再需要上下搬运，而是直接从当前位置经过一层的入库输送带自动分配到一层入库区等待入库；接到向二至四层搬送指示的托盘，将由托盘垂直升降机自动传输到所需楼层。当升降机到达指定楼层时，由各层的入库输送带自动搬送货物至入库区。货物下平台时，由叉车从输送带上取下托盘入库。出库时，根据订单进行拣选配货，拣选后的出库货物用笼车装载，由各层平台通过笼车垂直输送机送至一层的出货区，装到相应的运输车上。

先进而且实用的装卸搬运系统，为联华便利店的发展提供了强大的支持，使联华便利物流运作能力和效率大大提高。

（资料来源：http://www.docin.com/p-319047600.html，有改动）

问题：

1. 请画出该物流中心作业流程图。
2. 你认为该物流中心装卸搬运系统有改进的余地吗？假如有，请简述如何改进？

# 项目十二

## 流通加工成本实务

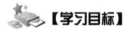
【学习目标】

| 知识目标 | 能力目标 |
| --- | --- |
| 1. 理解和掌握流通加工成本的构成；<br>2. 掌握流通加工成本核算的方法；<br>3. 理解流通加工成本优化的措施。 | 1. 能根据日常支出核算流通加工成本；<br>2. 能根据实际情况优化流通加工成本。 |

## 导入案例

**阿迪达斯的流通加工**

阿迪达斯公司在美国有一家超级市场(图 12.1),设立了组合式鞋店,摆放着不是做好了的鞋,而是做鞋用的半成品,款式花色多样,有 6 种鞋跟、8 种鞋底,均为塑料制造的,鞋面的颜色以黑、白为主,搭带的颜色有 80 种,款式有百余种,顾客进来可任意挑选自己所喜欢的各个部位,交给职员当场进行组合。只要 10 分钟,一双崭新的鞋便唾手可得。这家鞋店昼夜营业,职员技术娴熟。鞋子的售价与成批制造的价格差不多,有的还稍微便宜些,所以顾客络绎不绝,销售额比邻近的鞋店多十倍。

(资料来源:http://www.doc88.com/p-9827123847926.html)

图 12.1　阿迪达斯在美国的超级市场

## 任务 1　识别流通加工

### 一、流通加工的含义

1. 流通加工的含义

商品流通是以货币为媒介的商品交换,它的重要职能是将生产及消费(或再生产)联系起来,起"桥梁和纽带"的作用,完成商品所有权和实物形态的转移。因此,流通与流通对象的关系,一般不是改变其形态而创造价值,而是保持流通对象的已有形态,完成空间的转移,实现其"时间效用"及"场所效用"。

流通加工则与商品流通有较大的区别,总的来讲,流通加工在流通中,仍然和流通一样在总体上起"桥梁和纽带"作用。但是它却不是通过"保护"流通对象的原有形态而实现这一作用的,它是和生产类似,通过改变或完善流通对象的原有形态来实现"桥梁和纽带"作用的。

流通加工是在物品从生产领域向消费领域流动的过程中，为了促进销售、维护产品质量和提高物流效率，对物品进行加工。使物品发生物理或形状的变化，包括对物品施加包装、分割、计量、组装、价格贴付、标签贴付等简单作业。

流通加工和一般的生产型加工在加工方法、加工组织、生产管理方面并无显著区别，但在加工对象、加工程度方面差别较大，其差别的主要表现在以下几方面。

（1）流通加工的对象是进入流通过程的商品，具有商品的属性，以此与生产加工相区别。流通加工的对象是商品，而生产加工对象不是最终产品，是原材料、零配件或半成品。

（2）流通加工程度大多是简单加工，而不是复杂加工。一般来讲，如果必须进行复杂加工才能形成人们所需的商品，那么这种复杂加工应专设生产加工过程，生产过程理应完成大部分加工活动，流通加工对生产加工则是一种辅助及补充。特别需要指出的是，流通加工绝不是对生产加工的取消或代替。

（3）从价值观点看，生产加工的目的在于创造价值及使用价值，而流通加工则在于完善其使用价值并在不进行大的变动的情况下提高价值。

（4）流通加工的组织者是从事流通工作的人，能密切结合流通的需要进行这种加工活动，从加工单位来看，流通加工由商业或物资流通企业完成，而生产加工则由生产企业完成。

（5）商品生产是为交换为消费而生产的，流通加工一个重要目的，是为了消费（或再生产）而进行的加工，这一点与商品生产有共同之处。但是流通加工也有时候是以自身流通为目的，纯粹是为流通创造条件，这种为流通所进行的加工与直接为消费进行的加工，从目的来讲是有区别的，这也是流通加工不同于一般生产的特殊之处。

2. 流通加工的类型

流通加工是现代物流系统构架中重要结构之一。流通加工能够提高物流系统的服务水平，提高物流效率和物品的利用率，更重要的是流通加工对物流活动具有增值作用。

1）为了弥补生产领域加工不足的深加工

有许多产品在生产领域的加工只能到一定程度，这是由于存在许多限制因素限制了生产领域不能完全实现终极的加工。例如钢铁厂的大规模生产只能按标准规定的规格生产，以使产品有较强的通用性，使生产能有较高的效率和效益；木材如果在产地制成木制品的话，就会造成运输的极大困难，所以原生产领域只能加工到圆木、板方材这个程度。进一步的下料、切裁、处理等加工则由流通加工完成。这种流通加工实际上是生产的延续，是生产加工的深化，对弥补生产领域加工不足具有重要的意义。

2）为了满足需求多样化进行的服务性加工

从需求角度看，需求存在多样化和变化两个特点，为了满足这种要求，经常是用户自己设置加工环节，例如，生产消费型用户的再生产往往从原材料初级处理开始。

就用户来讲，现代生产的要求，是生产型用户能尽量减少流程，尽量集中力量从事较复杂的、技术性较强的劳动，而不愿意将大量初级加工包揽下来。这种初级加工带有服务性，由流通加工来完成，生产型用户便可以缩短自己的生产流程，使生产技术密集程度提高。

对一般消费者而言，则可省去烦琐的预处置工作，而集中精力从事较高级能直接满足需求的劳动。

3）为了保护产品所进行的加工

在物流过程中，直到用户投入使用前都存在对产品的保护问题，防止产品在运输、储存、装卸、搬运、包装等过程中遭到损失，保证其使用价值能顺利实现。与前两种加工不同，这种加工并不改变进入流通领域的"物"的外形及性质。这种加工主要采取稳固、改装、冷冻、保鲜、涂油等方式。

4）为了提高物流效率，方便物流的加工

有一些产品本身的形态使之难以进行物流操作。如鲜鱼的装卸、储存操作困难；过大设备装卸搬运困难；气体运输、装卸困难等。进行流通加工，可以使物流各环节易于操作，如鲜鱼冷冻、过大设备解体、气体液化等；这种加工可以改变"物"的物理状态，但并不改变其化学特性，并最终仍能恢复原来的物理状态。

5）为了促进销售的流通加工

流通加工可以从若干方面起到促进销售的作用。如将过大包装或散装物分装成适合一次销售的小包装的分装加工；将原以保护产品为主的运输包装改换成以促进销售为主的装饰性包装，以起到吸引消费者、促进消费的作用；将零配件组装成用具、车辆以便于直接销售；将蔬菜、肉类洗净切块以满足消费者要求等。这种流通加工不改变"物"的本体，只进行简单改装的加工，也有许多是组装、分块等深加工。

6）为了提高加工效率的流通加工

许多生产企业的初级加工由于数量有限加工效率不高，也难以投入先进科学技术。流通加工以集中加工形式解决了单个企业加工效率不高的弊病。以一家流通加工企业代替了若干生产企业的初级加工工序，促使生产水平有一个发展。

7）为了提高原材料利用率的流通加工

流通加工利用其综合性强、用户多的特点，可以实行合理规划、合理套裁、集中下料的办法，这能有效提高原材料的利用率，减少损失浪费。

8）衔接不同运输方式，使物流合理化的流通加工

在干线运输及支线运输的结点，设置流通加工环节，可以有效解决大批量、低成本、长距离干线运输与多品种、少批量、多批次末端运输和集货运输之间的衔接问题，在流通加工点与大生产企业之间形成大批量、定点运输的渠道，又以流通加工中心为核心，组织对多用户的配送。也可在流通加工点将运输包装转换为销售包装，从而有效地衔接不同目的的运输方式。

9）以提高经济效益，追求企业利润为目的流通加工

流通加工的一系列优点，可以形成一种"利润中心"的经营形态，这种类型的流通加工是经营的一环，在满足生产和消费要求基础上取得利润，同时在市场和利润引导下使流通加工在各个领域中能有效地发展。

10）生产—流通一体化的流通加工形式

依靠生产企业与流通企业的联合，或者生产企业涉足流通，或者流通企业涉足生产，形成的对生产与流通加工进行合理分工、合理规划、合理组织，统筹进行生产与流通加工的安

排，这就是生产—流通一体化的流通加工形式。这种形式可以促成产品结构的优化及产业结构的调整，充分发挥企业集团的经济技术优势，是目前流通加工领域的新形式。

## 二、流通加工与物流

1. 流通加工在物流中的地位

1）流通加工有效地完善了物流

流通加工在实现时间和场所两个重要效用方面，确实不能与运输和储存相比；流通加工的普遍性也不能与运输、储存相比，流通加工不是所有物流中必然出现的。但这绝不是说流通加工不重要，实际上它是不可轻视的，是起着补充、完善、提高增强作用的功能要素，它能起到运输、储存等其他功能要素无法代替的作用。所以，流通加工的地位可以描述为：是提高物流水平，促进流通向现代化发展的不可少的形态。

2）流通加工是物流中的重要利润源和增值服务

流通加工是一种低投入、高产出的加工方式，往往以简单加工解决大问题。实践证明，有的流通加工通过改变装饰使商品档次跃升而充分实现其价值，有的流通加工将产品利用率一下子提高20%～50%，这是采取一般方法提高生产率所难以企及的。根据我国近些年的实践经验，流通加工仅向流通企业提供利润一点，其成效并不亚于从运输和储存中挖掘的利润，是物流中的重要利润源。

3）流通加工在国民经济中也是重要的加工形式

在整个国民经济的组织和运行方面，流通加工是其中一种重要的加工形态，对推动国民经济的发展和完善国民经济的产业结构和生产分工有一定的意义。

2. 流通加工的作用

流通加工是流通领域的特殊形式，同流通总体一样起着"桥梁和纽带"的作用。流通加工和生产一样，通过改变或完善流通对象的形态来实现"桥梁和纽带"作用的。流通加工的主要作用在于优化物流系统，提高整个物流系统的服务水平。

1）提高原材料利用率

利用流通加工环节进行集中下料，是将生产厂家运来的简单规格的产品，按照使用部门的要求进行下料。例如将钢板进行剪板、裁切；将钢筋或圆钢裁制成毛坯；将木材加工成各种长度及大小的板材、方材等。集中下料可以优材优用、小材大用、合理套裁，有很好的技术经济效果。

2）进行初级加工，方便用户

用量小或临时需要的使用单位，缺乏进行高效率初级加工的能力，依靠流通加工可以省去进行初级加工的投资、设备及人力，从而搞活供应，方便了用户。目前发展较快的初级加工有：将水泥加工成混凝土，将原木或板方材加工成门窗，将钢板进行预处理、整形、打孔等加工。

3）提高加工效率及设备利用率

由于建立集中加工点，可以采用效率高、技术先进、加工量大的专门机具和设备。这样做的好处：一是提高了加工质量，二是提高了设备利用率，三是提高了加工效率。其结果是降低了加工费用及原材料成本。例如，一般的使用部门在对钢板下料时，采用气割的方法留出较大的加工余量，不但出材率低，而且由于热加工容易改变钢的组织，加工质量也不好。集中加工后可设置高效率的剪切设备，在一定程度上防止了上述缺点。

4）充分发挥各种输送手段的最高效率

流通加工环节将实物的流通分成两个阶段。一般说来由于流通加工环节设置在消费地，因此，从生产厂到流通加工这第一阶段输送距离长，而从流通加工到消费环节的第二阶段距离短。第一阶段是在数量有限的生产厂与流通加工点之间进行定点、直达、大批量的远距离输送，因此，可以采用船舶、火车等大量输送的手段；第二阶段则是利用汽车和其他小型车辆来输送经过流通加工后的多规格、小批量、多用户的产品。这样可以充分发挥各种输送手段的最高效率，加快输送速度，节省运力和运费。

5）改变功能，提高收益

在流通过程中进行一些改变产品某些功能的简单加工，其目的除上述几点外还在于提高产品销售的经济效益。例如，内地的许多制成品（如洋娃娃玩具、时装、轻工纺织产品、工艺美术品等）在深圳进行简单的装饰加工，改变了产品外观功能，仅此一项就可使产品售价提高20%以上。

所以，在物流领域中，流通加工可以成为高附加价值的活动。这种高附加价值的形成，主要着眼于满足用户的需要，提高服务功能而取得的，是贯彻物流战略思想的表现，是一种低投入、高产出的加工形式。

【任务操作】

通过查找资料或实地考察，了解我国流通加工成本的总体状况及发展趋势。

## 任务2　流通加工成本的构成和核算

### 一、流通加工成本的主要构成

在物流系统中进行流通加工所消耗的物化劳动和活劳动的货币表现，即为流通加工成本。流通加工成本由以下几方面构成。

1. 流通加工设备费用

流通加工设备因流通加工形式、服务对象不同而不同。物流中心常见的流通加工设备有数种设备项目，如剪板加工需要的剪板机、印贴标签条码的喷印机、拆箱需要的拆箱机等。购置这些设备所支出的费用，以流通加工费的形式转移到被加工的产品中去。

2. 流通加工材料费用

在流通加工过程中需要消耗一些材料，如一些包装材料等，消耗的这些材料费用，即是流通加工材料费用。

3. 流通加工劳务费用

在流通加工过程中从事加工活动的管理人员、工人及有关人员工资、奖金等费用的总和，即为流通加工费用。

4. 流通加工其他费用

除上述费用外，在流通加工中耗用的电力、燃料、油料等费用，也是流通加工成本的构成费用。

为了简化核算，对流通加工成本设置直接材料、直接人工和制造费用三个成本项目。由于流通加工对象的所有权一般归生产企业所有，而非物流企业，需要单独核算废品损失，增加废品损失成本项目。

## 二、流通加工成本的计算

1. 流通加工直接材料费用的计算

1）流通加工直接材料费用的内容

流通加工的直接材料费用，是指加工过程中直接消耗的辅助材料、包装材料等。同工业企业相比，在流通加工过程中的直接材料费用，占流通加工成本的比例不大。

2）材料消耗量的计算

为了正确计算在流通加工过程中材料的消耗量，企业应当采用连续记录法，及时记录材料的消耗数量；记录生产过程中材料消耗量的原始凭证有"领料单""限额领料单""领料登记表"等。为了正确计算材料的消耗量，期末，对于在生产过程中只领未用的材料，应当填制"退料单"，"退料单"也是记录材料消耗的原始凭证。只有严格材料发出的凭证和手续，才能正确计算和确定材料消耗的数量。

3）消耗材料价格的计算

在实际工作中，物流企业可以按照实际成本计价方式，也可按计划成本计价方式，但无论采用哪种计价方式，加工过程中消耗的材料，都应当是材料的实际成本。

当采用实际成本计价方式计算时，由于同一材料的购入时间和地点不同，各批材料购进的实际单价可能不一致，因此，物流企业必须采用一定的方法，正确计算消耗材料的实际价格。

当采用计划成本计价方式计算时，物流企业应当正确计算消耗材料应分摊的材料成本差异，将消耗材料的计划成本调整为实际成本。消耗材料的实际成本等于计划成本加上应分摊的材料成本超支差异，或减去应分摊的材料成本节约差异。

4）直接材料费用的归集

直接材料费用受材料消耗量和材料价格两个因素的影响，正确计算与确定材料的消耗数量和价格后，就可以计算直接材料费用。

在直接材料费用中，材料费用数额是根据全部领料凭证汇总编制"耗用材料汇总表"确定的。在归集直接材料费用时，凡能分清某一成本计算对象的费用，应单独列出，以便直接计入该加工对象的产品成本计算单中；属于几个加工成本对象共同耗用的直接材料费用，应当选择适当的方法，分配计入各加工成本计算对象的成本计算单中。

5）直接材料费用的分配

需要分配计入各加工成本对象的直接材料费用，在选择分配方法时，要遵循合理、简便的原则。在直接材料费用中，流通加工所消耗的材料和燃料费用的分配，一般可以选用重量（体积、产品产量）分配法，定额耗用量比例分配法，系数分配法（标准产量分配法）；流通加工所消耗的动力费用的分配，可以选用定额耗用量比例分配法、系数分配法（标准产量分配法）、生产工时分配法、机器工时分配法等。

2. 流通加工直接人工费用的计算

1）流通加工直接人工费用的内容

流通加工成本中的直接人工费用，是指直接进行加工生产的生产工人的工资总额和按工资总额提取的职工福利费，生产工人工资总额包括计时工资、计件工资、奖金、津贴和补贴、加班工资、非工作时间的工资等。

2）流通加工直接人工费用的归集

计入产品成本中的直接人工费用的数额，是根据当期"工资结算汇总表"和"职工福利费计算表"来确定的。

"工资结算汇总表"是进行工资结算和分配的原始依据，它是根据"工资结算单"按人员类别（工资用途）汇总编制的，"工资结算单"应当依据职工工作卡片、考勤记录、工作量记录等工资计算的原始记录编制。

"职工福利费计算表"是依据"工资结算汇总表"确定的各类人员工资总额，按照规定的提取比例经计算后编制的。

3）流通加工直接人工费用的分配

采用计件工资形式支付生产工人工资，一般可以直接计入所加工产品的成本，不需要在各种产品之间进行分配。采用计时工资形式支付的工资，如果生产工人只加工一种产品，也可以将工资费用直接计入该产品成本，不需要分配；如果加工多种产品，则需要选用合理方法，在各种产品之间进行分配。按照工资总额的一定比例提取的职工福利费，其归集方法与工资相同。

直接人工费用的分配方法有生产工时分配法、系数分配法等。流通加工生产工时分配法中的生产加工工时，可以是产品的实际加工工时，也可以是按照单位加工产品定额工时和实际加工生产量的定额总工时。流通加工生产工时分配法的计算公式如下：

$$费用分配率 = 应分配的直接人工费用 \div 各种产品加工工时之和$$

$$某加工产品应分配费用 = 该产品加工工时 \times 费用分配率$$

3. 流通加工制造费用的计算

1）制造费用的内容

流通加工制造费用是物流中心设置的生产加工单位，为组织和管理生产加工所发生的各项间接费用，主要包括流通加工生产单位管理人员的工资及提取的福利费；生产加工单位房屋、建筑物、机器设备等的折旧和修理费；生产单位固定资产租赁费、机物料消耗、低值易耗品摊销、取暖费、水电费、办公费、差旅费、保险费、试验检验费、季节性停工和机器设备修理期间的停工损失以及其他制造费用。

在构成流通加工成本的直接材料费用、直接人工费用和制造费用等项目中，制造费用属于综合性费用，明细项目比较多，除机器设备等的折旧费和修理费外，制造费用的大部分为一般费用。尽管有些制造费用和加工产品产量的变动有关，但制造费用多为固定费用，不能按照业务量制定定额，只能按会计期间编制制造费用预算，来控制制造费用总额。

2）制造费用的归集

制造费用是通过设置制造费用明细账，按照费用发生的地点来归集的。制造费用明细账按照加工生产单位开设，并按费用明细账项目设专栏组织计算。流通加工制造费用的格式可以参考工业企业的制造费用一般格式。

由于物流中心流通加工环节的折旧费用、固定资产修理费用等占成本比例较大，其费用归集尤其重要。下面简述折旧费用和固定资产修理费用等项目的归集。

（1）折旧费用：折旧费用和修理费从其与加工生产工艺过程的关系看，属于基本费用，为了简化核算，通常视同组织和管理加工生产所发生的间接费用，作为制造费用的项目。折旧费用是通过编制"折旧费用计算汇总表"，计算出各生产单位本期折旧费用以后，计入制造费用的。

【例 12-1】某流通加工中心有三个加工车间，某月初应计折旧固定资产（房屋设备）总值、该月的折旧费用经计算汇总见表 12-1。

表 12-1 折旧费用计算汇总表　　　　　　　　　　　　　　　　　　单位：元

| 生产部门 | 固定资产类别 | 月初应计折旧固定资产总值 | 月折旧率/(‰) | 月折旧额 |
|---|---|---|---|---|
| 第一车间 | 设备Ⅰ | 500 000 | 4 | 2 000 |
| | 房屋 | 400 000 | 2.5 | 1 000 |
| | 设备Ⅱ | 200 000 | 6.2 | 1 240 |
| 第二车间 | 设备Ⅰ | 800 000 | 4 | 3 200 |
| | 房屋 | 600 000 | 2.5 | 1 500 |
| | 设备Ⅱ | 150 000 | 6.2 | 930 |
| 第三车间 | 设备Ⅰ | 400 000 | 4 | 1 600 |
| | 房屋 | 300 000 | 2.5 | 750 |
| | 设备Ⅱ | 200 000 | 6.2 | 1 240 |
| 合计 | | 3 550 000 | | 13 460 |

根据上面计算的折旧费用汇总表得出的折旧额，计算出流通加工部门折旧费用。

（2）固定资产修理费用：固定资产修理费用，一般可以直接计入当月该生产单位的制造费用。当修理费用发生不均衡，一次发生的费用数额较大时，也可以采用分期摊销或按计划预提计入制造费用的办法。如某物流中心当月支付固定资产月修理费 4 500 元，其中第一加工车间 1 200 元，第二加工车间 1 600 元，第三加工车间 1 700 元。根据发生的上述修理费用计入当期各加工生产车间的制造费用。

当采用预提方式计提大修理费用时，要注意应正确预计每月的提取数额，且预提费用总额与实际支付费用总额的差额，期末应当调整计入流通加工成本。

3）制造费用的分配

制造费用是各加工单位为组织和管理流通加工所发生的间接费用，其受益对象是流通加工单位当期所发生的全部产品。当加工单位只加工一种产品时，制造费用不需要在受益对象之间分配，直接转入流通加工成本；若加工多种产品时，则需要在全部受益对象之间分配，包括自制材料、工具，以及生产单位负责进行的在建工程，都要负担制造费用。在选择制造费用分配方法时，同样注意分配标准的合理和简便。在实际工作中，制造费用分配方法有生产工时计算法、机器工时分配法、系数分配法、直接人工费用比例分配法、计划分配率分配法等。下面以生产工时分配法、机器工时分配法和计划分配率分配法为例说明。

（1）生产工时分配法：生产工时分配法，是以加工各种产品的生产工时为标准分配费用的方法。加工生产工时一般指加工产品实际总工时，也可以是按实际加工量和单位加工量的定额工时计算的定额总工时。生产工时分配法的计算公式如下：

费用分配率 = 某流通加工单位应分配制造费用 ÷ 该流通加工单位各种产品加工工时之和

某加工产品应分配费用 = 该产品的加工工时 × 费用分配率

【例12-2】某物流中心流通加工部门，本月制造费用明细账归集的制造费用总额为20 000元，本月实际加工工时为40 000小时，其中加工甲产品14 000小时，乙产品11 000小时，丙产品15 000小时。采用生产工时分配法编制制造费用分配，见表12-2。

表12-2 制造费用分配表

| 产品名称 | 加工工时/小时 | 分配率 | 分配金额/元 |
| --- | --- | --- | --- |
| 甲产品 | 14 000 | 0.5 | 7 000 |
| 乙产品 | 11 000 | 0.5 | 5 500 |
| 丙产品 | 15 000 | 0.5 | 7 500 |
| 合计 | 40 000 |  | 20 000 |

（2）机器工时分配法：机器工时分配法，是以各种加工产品（各受益对象）的机器工作时间为标准，来分配制造费用的方法。当制造费用中机器设备的折旧费用和修理费用比较大时，采用机器工时分配法比较合理。

必须指出，不同机器设备在同一工作时间内的折旧费用和修理费用差别较大。也就是说，同一件产品（或不同产品）在不同的机器上加工一个单位所负担的费用应当有所差别。因此，当一个加工部门内存在使用和维修费用差别较大的不同类型的机器设备时，应将机器设备合理分类，确定各类机器设备的工时系数。各类机器设备的实际工作时间，应当按照其工时系数换算成标准机器工时，将标准机器工时作为分配制造费用的依据。

【例12-3】某物流中心流通加工部门，本月制造费用总额为56 000元，各种产品机器加工工时为71 000小时，其中甲产品由A类设备加工15 000小时，B类设备加工7 000小时；乙产品由A类设备加工8 000小时，B类设备加工13 000小时；丙产品由A类设备加工18 000小时，B类设备加工10 000小时。该加工部门A类设备为一般设备，B类设备为高级精密大型设备，按照设备使用和维修费用发生情况确定的A类设备（标准设备类）系数为1，B类设备系数为1.3。根据资料采用机器工时分配法编制制造费用分配表，见表12-3。

表 12-3　制造费用分配表

| 产品名称 | 机器工作时间 | | | 标准工时 | 分配率 | 分配金额/元 |
| --- | --- | --- | --- | --- | --- | --- |
| | A 类设备(标准) | B 类设备系数(1.3) | | | | |
| | | 加工时数 | 折合时数 | | | |
| 甲产品 | 15 000 | 8 000 | 10 400 | 25 400 | 0.7 | 17 780 |
| 乙产品 | 8 000 | 15 000 | 19 500 | 27 500 | 0.7 | 19 250 |
| 丙产品 | 18 000 | 7 000 | 9 100 | 27 100 | 0.7 | 18 970 |
| 合计 | 41 000 | 30 000 | 39 000 | 80 000 | | 56 000 |

从表 12-3 的分配结果可以看到,考虑设备工时系数以后,甲、乙两种产品实际机器工时均为 23 000 小时,但由于乙产品在 B 类设备加工工时较多,因此就比甲产品多负担了 1 470 元费用,这样分配比较合理。

(3) 计划分配率分配法:计划分配率分配法,是按照年初确定计划制造费用分配率分配制造费用,实际发生的制造费用与按计划分配率分配的制造费用的差异年末进行调整。

计划分配率是根据各加工单位计划年度制造费用总额和计划年度定额总工时计算的。其计算公式为:

计划制造费用分配率 = 某加工单位计划年度制造预算费用总额 ÷ 该加工单位年度计划完成定额总工时

某加工产品当月应分配制造费用,是根据该产品实际加工量,按单位产品定额工时计算的定额总工时和计划分配率计算的。其计算公式为:

某产品应分配费用 = 该产品按实际加工量计算的定额总工时 × 计划制造费用分配率

【例 12-4】某物流中心流通加工部门,本年度制造费用预算总额为 340 000 元,该部门加工甲、乙、丙三种产品,本年计划加工量分别为 4 000 件、7 000 件和 8 000 件,单位产品定额加工工时分别为 50 小时、40 小时和 25 小时,年度计划完成的定额总工时为 680 000 小时。本年 5 月份分别加工甲产品 400 件、乙产品 500 件、丙产品 700 件。按计划分配率分配制造费用的分配,计算结果如下:

计划制造费用分配率 = 340 000 ÷ (4 000 × 50 + 7 000 × 40 + 8 000 × 25) = 340 000 ÷ 680 000 = 0.5(元/小时)

5 月份应分配制造费用:

甲产品:400 × 50 × 0.5 = 10 000(元)

乙产品:600 × 40 × 0.5 = 12 000(元)

丙产品:700 × 25 × 0.5 = 8 750(元)

计划分配率一经确定,年度内一般不再变更,因此这种方法计算简便,各月产品成本所负担的制造费用也比较均衡。

4. 加工生产费用在完工产品和期末在产品之间的分配

1) 在产品数量的计算

在产品指流通加工单位或某一加工步骤正在加工的在制品,在产品完成全部加工过程、验收合格以后就成为完工产品。

按成本项目归集加工费用,并在各成本计算对象之间进行分配以后,企业本期(本月)发生的加工费用,已经全部计入各种产品(各成本计算对象)的成本计算单中。登记在某种产品成本计算单中的月初在产品成本加上加工费用,即生产费用合计数或称作累计生产费用,有以下三种情况。

(1) 该产品本月已经全部完工,没有月末在产品,则加工费用合计数等于本月完工产品加工总成本。如果月初也没有在产品,则本月加工费用等于本月完工产品加工总成本。

(2) 该产品本月全部没有完工,则加工费用合计数等于月末在产品加工成本。

(3) 该产品既有已经完工的产品,又有正在加工的月末在产品,这时,需要将加工费用合计数在本月完工产品和月末在产品之间进行分配,以正确计算本月完工产品的实际总成本和单位成本。用公式表示为:

月初在产品加工成本 + 本月发生加工费用 = 本月完工产品成本 + 月末在产品加工成本

根据上述公式,本月完工产品加工成本为:

本月完工产品成本 = 月初在产品加工成本 + 本月发生加工费用 – 月末在产品加工成本

上述公式表明,正确计算完工产品成本,关键是要正确计算月末在产品加工成本。

2) 在产品加工成本的计算

物流中心的流通加工部门,在产品的品种规格多,流动性大,完工程度不一,所以在产品加工成本的计算是一个比较复杂的问题。物流企业应当根据在产品加工费用的投入程度、月末在产品数量的多少、各月月末在产品数量变化的大小、加工成本中各成本项目费用比重的大小以及企业成本管理基础工作等具体情况,选择合理的在产品成本计算方法。

【任务操作】

去某一家企业,实地调查企业的流通加工成本主要项目,以及流通加工成本产生的主要环节。

## 任务3　流通加工成本优化

### 一、不合理流通加工若干形式

流通加工是在流通领域中对生产的辅助性加工,从某种意义来讲它不仅是生产过程的延续,而且是生产本身或生产工艺在流通领域的延续。这个延续可能有正、反两方面的作用,即一方面可能有效地起到补充完善的作用,但是,也必须估计到另一个可能性,即对整个过程的负效应。各种不合理的流通加工都会产生低效益的负效应。几种不合理流通加工形式如下。

1. 流通加工地点设置的不合理

流通加工地点设置即布局状况是整个流通加工是否能够有效的重要因素。一般而言,为了衔接单品种大批量生产与多样化需求的流通加工,加工地设置在需求地区,才能实现大批量的干线运输与多品种末端配送的物流优势。如果将流通加工地设置在生产地区,其不合理之处在于以下几方面。

(1) 多样化需求要求的产品多品种、小批量由产地向需求地的长距离运输会出现不合理。

(2) 在生产地增加了一个加工环节，同时增加了近距离运输、装卸、储存等一系列物流活动。

所以，在这种情况下，不如由原生产单位完成这种加工而不需要设置专门的流通加工环节。一般而言，为了方便物流的流通加工环节应设在产出地，设置在进入社会物流之前，如果将其设置在物流之后，即设置在消费地，则不但不能解决物流问题，又在流通中增加了一个中转环节，因而也是不合理的。

即使是产地或需求地设置流通加工的选择是正确的，还有流通加工在小地域范围内的正确选址问题，如果处理不善，仍然会出现不合理。这种不合理主要表现在交通不便、流通加工与生产企业或用户之间距离较远、流通加工点的投资过高（如受选址的地价影响）、加工点周围社会环境条件不良等。

2. 流通加工方式选择不当

流通加工方式包括流通加工对象、流通加工工艺、流通加工技术、流通加工程度等。流通加工方式的确定实际上是与生产加工的合理分工。分工不合理，本来应由生产加工完成的，却错误地由流通加工完成；本来应由流通加工完成的，却错误地由生产过程去完成，都会造成不合理性。

流通加工不是对生产加工的代替，而是一种补充和完善。所以，一般而言，如果工艺复杂、技术装备要求较高，或加工可以由生产过程延续或轻易解决者都不宜再设置流通加工，尤其不宜与生产过程争夺技术要求较高、效益较高的最终生产环节，更不宜利用一个时期市场的压迫力使生产者变成初级加工或前期加工，而流通企业完成装配或最终形成产品的加工。如果流通加工方式选择不当，就会出现与生产夺利的恶果。

3. 流通加工作用不大，形成多余环节

有的流通加工过于简单，或对生产及消费者作用都不大，甚至有时流通加工的盲目性同样未能解决品种、规格、质量、包装等问题，相反却实际增加了环节，这也是流通加工不合理的重要形式。

4. 流通加工成本过高，效益不好

流通加工之所以能够有生命力，重要优势之一是有较大的产出投入比，因而起到补充完善的作用。如果流通加工成本过高，则不能实现以较低投入实现更高使用价值的目的。除了一些必需的、从政策要求即使亏损也应进行的加工外，都应看成是不合理的。

## 二、流通加工合理化

流通加工合理化的含义是实现流通加工的最优配置，不仅做到避免各种不合理，使流通加工有存在的价值，而且做到最优的选择。

为了避免各种不合理现象，对是否设置流通加工环节、在什么地点设置、选择什么类型的加工、采用什么样的技术装备等，需要做出正确选择。目前，国内在进行这方面合理化的考虑中已积累了一些经验，取得了一定成果。

实现流通加工合理化主要考虑以下几方面。

1. 加工与配送结合

这是将流通加工设置在配送点中，一方面按配送的需要进行加工，另一方面加工又是配送业务流程中分货、拣货、配货之一环，加工后的产品直接投入配货作业，这就不需要单独设置一个加工的中间环节，使流通加工有别于独立的生产，而使流通加工与中转流通巧妙结合在一起。同时，由于配送之前有加工，可使配送服务水平大大提高。这是当前对流通加工做合理选择的重要形式，在煤炭、水泥等产品的流通中已表现出较大的优势。

2. 加工与配套结合

在对配套要求较高的流通中，配套的主体来自各个生产单位，但是，完全配套有时无法全部依靠现有的生产单位。进行适当流通加工，可以有效促成配套，大大提高流通的桥梁与纽带作用。

3. 加工与合理运输结合

流通加工能有效地衔接干线运输与支线运输，促进两种运输形式的合理化。利用流通加工，在支线运输转干线运输或干线运输转支线运输这本来就必须停顿的环节，不进行一般的支转干或干转支，而是按干线或支线运输合理的要求进行适当加工，从而大大提高运输及运输转载水平。

4. 加工与合理商流相结合

通过加工有效地促进销售，使商流合理化，也是流通加工合理化的考虑方向之一。加工和配送的结合，通过加工，提高了配送水平，强化了销售，是加工与合理商流相结合的一个成功的例证。此外，通过简单地改变包装加工，形成方便的购买量，通过组装加工解除用户使用前进行组装、调试的难处，都是有效促进商流的例子。

5. 加工与节约相结合

节约能源、节约设备、节约人力、节约耗费是流通加工合理化重要的考虑因素，也是目前我国设置流通加工，考虑其合理化的较普遍形式。

对于流通加工合理化的最终判断，是看其是否能实现社会的和企业本身的两个效益，而且是否取得了最优效益。对流通加工企业而言，与一般生产企业一个重要不同之处是，流通加工企业更应树立社会效益为第一观念，只有在补充完善为己任的前提下才有生存的价值。如果只是追求企业的微观效益，不适当地进行加工，甚至与生产企业争夺利益，这就有违流通加工的初衷，或者其本身已不属于流通加工的范畴。

在确定了所选择的流通加工方式是合理化后，再对所选择的流通加工成本进行优化。优化涉及的内容比较广泛，既要对流通加工方式进行优化，也要对流通加工成本构成的四个方面流通加工设备费用、流通加工材料费用、流通加工劳务费用和流通加工其他费用进行分析和优化。下面以集中下料合理套裁来进一步说明优化过程和结果。

【例12-5】某物流中心流通加工部门加工100套钢架，每套用长为2.9米、2.1米、1.5米的元钢各一根，来自供应商的原材料长为7.4米，问应如何下料使原材料最节省材料？

分散下料需要：

长为 2.9 米需要：$100 \div 2 = 50$（根）；长为 2.1 米需要：$100 \div 3 = 34$（根）；

长为 1.5 米需要：$100 \div 4 = 25$（根），合计 109（根）

采用集中下料，经分析每根规格棒材可有下面几种套裁方案（见表 12-4，方案 I 是裁二根 2.9 米和一根 1.5 米，共用了 7.3 米，剩余的料头为 0.1 米，其他方案以此类推）

表 12-4　规格棒材的套裁方案

| 方案 | I | II | III | IV | V |
| --- | --- | --- | --- | --- | --- |
| 2.9 米 | 1 | 2 | 0 | 1 | 0 |
| 2.1 米 | 0 | 0 | 2 | 2 | 1 |
| 1.5 米 | 3 | 1 | 2 | 0 | 3 |
| 合计 | 7.4 | 7.3 | 7.2 | 7.1 | 6.6 |
| 料头 | 0 | 0.1 | 0.2 | 0.3 | 0.8 |

为了得到各 100 根所需的棒材，需混合使用各种下料方案。设集中下料需五种裁法的原料分别为：$X_1$、$X_2$、$X_3$、$X_4$、$X_5$。

约束条件：
$$X_1 + 2X_2 + X_4 = 100$$
$$2X_3 + 2X_4 + X_5 = 100$$
$$3X_1 + X_2 + 2X_3 + 3X_5 = 100$$

目标函数：$Z_{\min} = 0.1X_2 + 0.2X_3 + 0.3X_4 + 0.8X_5$

利用单纯型法得到结果为：$X_1 = 30$；$X_2 = 10$；$X_3 = 0$；$X_4 = 50$；$X_5 = 0$　合计 90（根）

即用原材料 90 根就可以制造，结果显示套裁比分散下料可节省原材料 17.4%，说明了流通加工成本优化的经济效果。

## 项目小结

本项目首先介绍了流通加工的概念、类型及流通加工在物流中的意义；在此基础上讲述了流通加工的成本构成，重点阐述了流通加工成本各项费用归集与分类，并通过例题详述各项费用核算过程；最后介绍了流通加工的优化措施。

## 项目实训

### 物流流通加工新业务

【实训背景】

仓储和配送中心在完成自身业务的同时，为了提高竞争力和服务质量，同时扩大收入，创新流通加工业务。

【实训目的】

使学生能和实际结合，了解流通加工新业务。

【实训准备】

找一家主要业务是配送或仓储的企业。

【实训步骤】

1. 两人一组。
2. 去该企业实地了解流通加工新业务。
3. PPT 演示文稿汇报。

## 思考与练习

一、单项选择题

1. 在物流过程中为防止产品在运输、储存、装卸搬运、包装等过程中遭到损失以顺利实现产品的使用价值而对产品进行的流通加工的目的是(　　)。
   A. 满足需求多样化　　B. 提高物流效率　　C. 保护产品　　D. 促进销售
2. 以下流通加工做不到的是(　　)。
   A. 增值　　　　　　B. 保护商品　　　　C. 有利装卸　　D. 储存

二、多项选择题

1. 流通加工在物流中的作用体现为(　　)。
   A. 增强物流系统服务水平　　　　　B. 提高物流效率
   C. 提高商品使用价值　　　　　　　D. 为配送环节创造有利条件
   E. 提高原材料利用率
2. 流通加工与生产加工的区别主要体现在(　　)。
   A. 对象不同　　B. 内容不同　　C. 目的不同　　D. 深度不同
   E. 所处领域不同

三、判断题

1. 通过改变包装装潢等简单的流通加工可以使商品档次提高而充分实现其价值。(　　)
2. 流通加工费用没有必要在完工产品和在产品之间进行分配。(　　)

四、思考题

1. 简述流通加工的作用。
2. 简述主要的流通加工类型。
3. 简述流通加工成本的主要构成。
4. 如何对流通加工成本进行优化？

五、计算题

某物流中心流通加工部门,本月制造费用总额为 156 000 元,各种产品机器加工工时为 70 000 小时,其中,甲产品由 A 类设备加工 16 000 小时,B 类设备加工 6 000 小时,C 类设备加工 10 000 小时;乙产品由 A 类设备加工 4 000 小时,B 类设备加工 20 000 小时,C 类设备加工 12 000 小时;丙产品由 A 类设备加工 20 000 小时,B 类设备加工 4 000 小时,C 类设备加工 1 200 小时;丁产品由 A 类设备加工 6 400 小时,B 类设备加工 8 000 小时,C 类设备加工 3 500 小时。该加工部门 A 类设备为一般设备,B 类设备为高级精密大型设备,C 类设备为较差设备,按照设备使用和维修费用发生情况确定的 A 类设备(标准设备类)系数为 1,B 类设备系数为 1.5,C 类设备系数为 0.8。

根据资料采用机器工时分配法编制制造费用分配表。

六、案例分析

## 榨菜的流通加工

四川人在销售其"拳头"产品——榨菜(图 12.2)时,一开始是用大坛子、竹篓子将其商品卖给上海人;精明的上海人将榨菜倒装在小坛子后,出口到日本;在销路不好的情况下,日本商人又将从上海进口的榨菜原封不动地卖给了香港商人;而爱动脑子、富于创新精神的香港商人,以块、片、丝的形式把榨菜分成真空小袋包装后,再返销日本。从榨菜的"旅行"过程中,不难看出各方商人都赚了钱,但是靠包装赚"大钱"的还是香港商人。

图 12.2 乌江榨菜

讨论:
流通加工如何增值?

# 参 考 文 献

[1] 易华，李伊松．物流成本管理[M]．3版．北京：机械工业出版社，2014．
[2] 鲍新中．物流成本管理与控制[M]．北京：电子工业出版社，2006．
[3] 赵刚．物流成本分析与控制[M]．成都：四川出版集团，2009．
[4] 朱伟生．物流成本管理[M]．北京：机械工业出版社，2004．
[5] 曾益坤．物流成本管理[M]．北京：知识产权出版社，2006．
[6] 崔介何．物流学[M]．北京：北京大学出版社，2003．
[7] 王之泰．现代物流学[M]．北京：中国物资出版社，2003．
[8] 傅桂林，袁水林．物流成本管理[M]．北京：中国物资出版社，2007．
[9] 刘慧娟，顾全根．物流成本管理[M]．北京：国防工业出版社，2015．
[10] 包红霞．物流成本管理[M]．北京：科学出版社，2007．
[11] 何开伦．物流成本管理[M]．武汉：武汉理工大学出版社，2007．
[12] 劳动和社会保障部教材办公室．物流成本管理实务[M]．北京：中国劳动社会保障出版社，2006．
[13] 王桂花，高文华．物流成本管理[M]．北京：中国人民大学出版社，2014．
[14] 孙强，等．物流成本管理[M]．北京：清华大学出版社，2015．
[15] 唐文登，谭颖．物流成本管理[M]．重庆：重庆大学出版社，2015．
[16] 赵秀艳，等．物流成本管理[M]．北京：电子工业出版社，2012．
[17] 财政部注册会计师考试委员会办公室．财务成本管理[M]．北京：经济科学出版社，2002．
[18] 傅桂林，袁水林．物流成本管理[M]．2版．北京：中国物资出版社，2007．
[19] 王欣兰．物流成本管理[M]．2版．北京：清华大学出版社，2015．